燃燒吧！金足農

雜草魂棒球軍團的逆襲

金足農業、燃ゆ

中村計 著

楊家昌 譯

準優勝

當日訪談「凶神惡煞集團」

吉田輝星（第三棒，投手。[1]）：「我覺得我們這群人根本就是凶神惡煞集團。」

菊地彪吾（第七棒，右外野手。[2]）：「就算是打練習賽，也會不斷地發出噓聲奚落對手。」

吉田：「如果對手投出觸身球就慘了，我們會直接大罵『喂！給我小心點。』」

彪吾：「吉田會狂瞪對手，這傢伙還會怒丟球棒呢。」

吉田：「我會立刻走出打擊區找對方理論，在隊友勸阻下才走回打擊區。畢竟被丟第二次觸身球了，我覺得對方根本就是故意的。如果因觸身球而受傷，對手該如何負責呢？有時候還會遇到對手投出觸身球，卻不脫帽致歉的情況，我都會心想，這到底是怎麼回事，也太得意忘形了吧。所以我會警告對手，叫他給我小心點。」

——你不怕總教練或其他教練大發雷霆嗎？

吉田：「沒有顧慮到這些，即使惹教練生氣也無所謂了。」

打川和輝（第四棒，三壘手。[3]）：「反而會感到開心吧。」

吉田：「這就是金足的球風，我們本來就不是彬彬有禮的集團。曾經有一次在比賽中，因不斷奚落而惹怒對方，我們把（秋田）商業當成最大的敵人。當時下定決心，不管場上發生什麼事，我們都要全力拼戰，也會毫不留情地奚落對手，要把對手的聲音蓋過去才行。因為我們的板凳區在一壘側，當時不斷地數落商業的一壘手，例如大喊你在搞什麼鬼等諸如此類的垃圾話。」

彪吾：「我還會在對方面前放屁。」

---

1 高中畢業後參加二〇一八年選秀會，被北海道日本火腿鬥士隊以第一指名選中，在火腿隊總計五個賽季，於一軍出賽六十四場，累積三勝九敗、五次中繼成功，平均防禦率六點二三。二〇二三年北海道日本火腿鬥士隊與歐力士猛牛隊進行投手一對一交易，將吉田輝星交易至歐力士猛牛隊，換得投手黑木優太。

2 高中畢業後進入青森八戶學院大學就讀，大學期間雖加入球隊，成績不盡理想，於二〇二三年大四打完春季聯盟賽後決定引退。畢業後任職於棒球用品公司，開啟上班族生活。

3 高中畢業後進入東日本國際大學就讀，在大三秋天之前，僅在聯盟賽出場一打席。到了大四的春天，以第四棒一壘手的位置出賽，協助球隊奪下聯盟優勝。於二〇二三年加入TDK社會人球隊。

吉田：「臭死了！」

——一、二年級生看起來反而比較成熟呢。

吉田「老實說，三年級生的態度都不太好，我自己也是。我挺擔心這群一、二年級生，他們在練球時會使用敬語，或是大喊『nice ball』等等。」

彪吾「記得吉田剛加入球隊時，也曾經被學長訓斥『給我有禮貌點！』」

吉田：「沒想到隊上最強的九人，就這麼剛好齊聚一堂。」

——如果在氣勢上輸給別人，在關鍵時刻就難以取勝吧？

吉田：「優秀的選手通常選擇轉學到商業就讀，例如明櫻高校。」

彪吾：「畢竟秋田商業是名聲響亮的品牌。」

吉田：「進入本校的選手，如果以上、中、下的等級來區分，大約位於中上的程度。只有在跟商業比賽的時候，全隊的氣勢完全不同，宛如抱著必勝決心，要把商業打得落花流水。」

——在第三輪賽事遭遇橫濱，感覺如何呢？

彪吾：「不可思議的是，居然沒有會輸的感覺。」

吉田：「教練團似乎都上緊發條，嚴加提防對手，但我搞不懂提防的意義何在，因為一路擊敗了鹿實跟大垣日大，應該是游刃有餘啦，哈哈哈！放手去幹吧，把對方擊倒就對了，我當時就是抱著這樣的心情。」

——果然有堅強的意志。

彪吾：「蠻不妙的想法……」

打川：「不愧是職棒選手。」

——大家的學生制服都好貼身呢。

吉田：「我們都會穿小好幾號的制服。」

打川：「大都市的學生不會這樣穿嗎？例如身穿短蘭制服[4]等。」

吉田：「制服是刻意瘦身的學長送我的，畢竟他們的身高較矮。制服越短越好吧，太長覺得礙事，一點也不帥。」

打川：「腿看起來不會很短嗎？」

吉田：「我想說要把下半身練得更壯，買了大號的長褲，看起來像是不良少年常穿的寬褲。」

——眉毛也修得很乾淨。

吉田：「因為修眉毛被罵得很慘呢。」

彪吾：「這傢伙剃得最徹底，剃成跟一條線差不多細。」

吉田：「老實說是牙籤的粗細度，學生證的照片看起來很驚人。我們這群都會修眉毛，不太會被別人唸。」

打川：「如果球打不好，就會被唸一頓。」

吉田：「如果是一、二年級生修眉毛，應該會被趕出球場。但如果有人唸我們，我們可能會把眉毛修得更細吧。」

——不過，你們對於棒球的態度是認真的。

吉田：「一開始打棒球的時候，我是很狡猾的，只想著要怎麼樣才能在他人面前表現出認真練習的樣子。我會趁教練出現的五分鐘前進入球場，開始進行T座打擊練習，然後把一堆球丟到四處，這樣看起來很像是練打一段時間了。最終，當這些被強迫的事情成為常態的時候，我們就會變得願意主動去做。」

彪吾：「說好聽點，是做事很有方法；如果講難聽點，就是很狡猾。」

吉田：「球隊的訓練內容相當艱辛，絕對無法從頭到尾都使出全力。像是參加長跑賽事的時候，天生腳程慢的選手一定要思考自己的配速，才能在關鍵時刻趕上別人，這是跟棒球共通的地方。」

彪吾：「我對自己的腳程很有自信，所以可以輕鬆拿到第三或第四名。即使跑到筋疲力竭，大概還是可以保持這個等級的名次。」

吉田：「你是在打破我們對你的印象嗎？」

4 將西式黑色立領制服「學蘭」下擺改短的制服。

目次 CONTENTS

準優勝

序章　「『我行我素』的二人」

因為二人的「我行我素」，誕生了絕佳好球。

二〇一八年八月十八日，阪神甲子園球場的上空，飄著一大片卷雲，宛如被切碎的棉花糖。卷雲是秋天的使者。

第一百屆日本全國高中棒球錦標賽進入半準決賽，第四場比賽於這天的下午三點五十八分開打。

可容納四萬名觀眾的觀眾席，因現場觀眾的服裝散發白色光芒。西沉的太陽，映照著鮮豔的綠色外野草皮與褐色內野黑土，其中白紫色相間的球衣，與淡藍色的球衣，顯得異常耀眼。

位於一壘板凳席的球隊為秋田代表——金足農業高等學校，三壘板凳席則是滋賀代表——近江高等學校。

甲子園球場中，被稱為「銀傘」的巨大屋頂[1]，覆蓋了內野觀眾席。賽前，銀傘的陰影覆蓋了一壘側的界外區；到了九局下半的下午五點三十八分左右，陰影擴散至部分外野與內野黑土區域。

比賽來到九局下半，二隊比數為一比二，金足農業落後一分。

首位上場打者為「第六棒一壘手」高橋佑輔[2]。高橋雖然不擅守備，卻是在關鍵時刻能發揮打擊功力的打者，綽號是「這個男人」。他的外觀特徵是勤做肌力訓練所練就的厚實胸膛，以及極粗的眉毛。大部分的三年級生都會修眉毛，但高橋在這個夏天，沒有修半根眉毛。

他說：「（菅原）天空跟吉田總是叫我修掉眉毛，因為看起來土裡土氣的；但我的眉毛可是會帶來好運呢。」

也許眉毛真的帶來好運。在半準決賽前的第三輪賽事，金足農遭遇橫濱高等學校，高橋曾在八局下半擊出讓金足農起死回生的逆轉三分全壘打。

高橋站上打擊區前，個性內向的二年級生小松雅彌，拿著高橋的球棒與頭盔來到高橋的面前，高橋對他說：

「好好看著吧，我會把球轟出去。」

高橋的心聲應該是這樣。

1 位於甲子園球場內野上方，遮蓋內野的銀色屋頂。

2 畢業後就讀東京農業大學生物產業學部，並加入該校棒球隊，同時修習畜牧與稻作等課程，畢業後考取教師執照，回到母校金足農擔任農業講師。

「如果在這個時刻能擊出安打，簡直帥呆了。話說回來，我本來就常常擊出安打。」

當現場播報員唸出高橋的名字時，除了三壘側阿爾卑斯看台[3]的藍色近江觀眾席，幾乎所有的觀眾席區域都發出如雷的掌聲。

近江的捕手有馬諒，回想起當時的情景。

「現場的掌聲蓋過了所有聲音，每個人都不斷地拍手、拍手、拍手，感覺整個人被現場的加油聲給壓過去了。」

近江的左投林優樹[4]，站上了投手丘。他的身高一百六十八公分、體重五十八公斤，體型就像是國中一年級生般嬌小。

雖然林優樹的球速均速只有一百三十公里，但他的控球能力像是精密的機器，加上犀利的變化球，在第三輪賽事對上常葉大學附屬菊川高等學校時，林優樹主投八局，投出十一次三振。

對上林優樹，高橋持續選掉了邊邊角角的球，球數來到一好二壞。林優樹投出第四球，高橋相中一顆跑到好球帶中央的變速球，擊出穿越三壘手右側的強勁滾地安打，球場發出響徹雲霄的歡呼聲與掌聲。

無人出局一壘有人。

應援團吹奏著金足農的應援曲《G flare》，大小音量的應援曲交替迴繞，宛如波濤洶湧的海浪。

下一棒是「第七棒右外野手」菊地彪吾。菊地的父母親會幫他取名為「彪」，是希望他能像大型貓科動物般，展現一雙快腿。菊地沒有違背父母的心願，他是隊上第一名的快腿；但考試的分數通常跟背號一樣，是隊上成績最差的球員。附帶一提，彪吾的背號為九號。

依照常理，金足農應該會使出犧牲觸擊戰術。

然而，教練在第一球下達了「擺出短棒先等一球」的暗號。面對投手所投出的第二球，教練改下達「收打打帶跑」的暗號。收打是先擺出短棒姿勢，再趁投手投出球後改為正常揮棒的打法。當打者擺出短棒的時候，可以誘使敵隊的內野手趨前守備，這樣有機會擴大安打的範圍。由於跑者會在投手投出球的同時起跑，無論投手投出的球跑到本壘板的哪個位置，打者都必須確實打到球，是風險極高的戰術。

---

3 為了容納更多觀眾人數的需求，於一、三壘內外野交界處增設的座位區。漫畫家岡本一平到甲子園觀看高中棒球賽的時候，因看到座位區都是身穿白色上衣的觀眾，看起來像是阿爾卑斯山的白雪，因而命名為阿爾卑斯看台。

4 畢業後加入社會人球隊西濃運輸，並於二〇二二年選秀會中，於第六輪指名被東北樂天金鷲選中。

如果近江為了提防金足農的犧牲觸擊戰術，而擺出內野大幅趨前守備的陣形，金足農的收打打帶跑戰術就會產生效果；但結果往往不從人願。彪吾的說話方式總是糊里糊塗的，不知道他是真的記得，還是已經忘記當時的過程。

「記得教練好像對我說，就算執行戰術失敗了，也不是我的錯，雖然當時聽到時有些驚訝。畢竟是教練下達的戰術，叫我不用在意。」

林投出偏高的第二球，彪吾收起短棒朝高角度揮棒，結果球急速轉向內角，犀利的滑球讓彪吾揮了大空棒。

彪吾立刻看了跑者一眼。

「還好跑者沒有往二壘跑，真幸運。」

不知為何，高橋從容地站在一壘壘包不動。他並不是漏看了教練的暗號，而是憑藉自己「我行我素」的判斷，才沒有跑向二壘。

「因為那傢伙（彪吾），經常看錯暗號。」

金足農在第二輪對上大垣日本大學高等學校，二隊三比三平手，進入四局上半。金足農一人出局一壘有人，一壘跑者同樣是高橋，打者為彪吾，這時候教練下達了打帶跑的戰術。但是，投手投出球後，彪吾卻沒有揮棒，導致往二壘跑的高橋在二壘前被觸殺出局。

「所以我當時超抖的，尤其面對左投，很難抓到盜壘起跑的時機。還要考量到自己的腳程，如果往二壘跑被觸殺出局，比賽可能就會結束了，所以我擺出假跑的姿勢停在一壘，結果彪吾揮棒落空，真的好險。」

球數為二好球，彪吾面臨被三振的絕境，教練在板凳區改為下達「正常揮棒」的暗號，彪吾並沒有受到過去的失敗所影響。

投手投出第五球，彪吾相中偏外角的變速球，擊出左外野平飛落地安打。

「真慶幸當時有打到那顆球。」

無人出局，一、二壘有人，金足農跑者站上得點圈。金足農的應援曲換成《Tiger Rag》，這首快節奏的應援曲，已經成為秋田縣各校在得點圈進攻時的首選。

下一棒是「第八棒捕手」菊地亮太[5]，他收到教練下達犧牲觸擊的指示，仔細選球獲得四壞球保送。立志考上大學農業系，未來進入縣廳擔任職員的他，在高二的時候便考取助理測量師證照，平常用功唸書，在棒球球員中實屬罕見，成績也相當優異。

5 畢業後任職秋田縣廳環境土木科，負責排水道等農業水利設施的維護，以確保當地農業用水。目前所屬社會人球隊Golden Rebirth的捕手。

金足農無人出局滿壘，站上打擊區的是先發九人中最瘦的「第九棒游擊手」齋藤璃玖[6]。三壘的跑者高橋，如此解讀總教練的暗號：

「無人出局滿壘，通常會讓打者正常揮棒；但輪到璃玖上場打擊，教練應該會下達強迫取分戰術吧。」

齋藤不是一位強打者，卻擁有優異的短打技術。

教練在第一球下達「擺出短棒姿勢先等一球」，投手投出壞球。第二球指示「正常揮棒姿勢再等一球」，投手投出好球。球數為一好一壞。

高橋說：「當時心想，下一球應該會執行強迫取分戰術吧，結果成真。」

投手投出外角偏低的變化球，齋藤擺出短棒觸擊，有技巧地控制球的走勢，將球點到三壘的方向。

三壘的高橋抓準起跑時機，趁投手投出球的同時起跑，近江的三壘手見市直哉趨前接到球的時候，高橋已經用撲壘方式回到本壘得分。

二壘的跑者彪吾，絲毫不輸給高橋，同樣抓到最佳的起跑時機。當高橋回到本壘的時候，彪吾已經繞上三壘並直衝本壘得分，這是二、三壘同時發動，奔向本壘的強迫取二分戰術。教練原本沒有下達這個戰術，完全是憑藉彪吾個人「我行我素」的判斷。

他說：「在教練下達強迫取分戰術前，我就打算直衝向本壘。如果齋藤成功把球點到三壘方向，我就有機會了。」

三壘跑壘指導教練船木弦急忙伸出右手，想要阻止彪吾繼續往本壘跑，但彪吾完全無視教練的手勢。

不過，身為三壘跑壘指導教練，阻止彪吾繼續進壘是理所當然的選擇。船木自信滿滿地說：

「當時並不需要急著取分，因為彪吾跑回本壘的時機不夠充裕。先利用強迫取分戰術，拿下一分取得平手後，對手通常會故意四壞球保送，形成一人出局滿壘的局面，這時候得分的機率比較高。當彪吾跑向三壘時，我如果比出手繞圈的進壘手勢，指示他繼續往本壘跑，代表我缺乏冷靜判斷比賽的能力。」

彪吾「有機會直接跑回本壘」的想法，並沒有明確的根據。硬要說的話，他跟高橋一樣，都是倚賴實地站在球場上的直覺。

三壘手見市要將球傳向一壘的時候，為了調整傳球姿勢，有一瞬間在手套中重新握球。現在回想起來，傳球時多花了零點幾秒，成為致命的隱形失誤。

6 畢業後任職私人企業，負責稻米品種「秋田小町」米倉設施營運與出貨等相關業務。

一壘手北村惠吾[7]接到三壘手的傳球後，立刻將球傳往本壘；但傳出的球稍微偏向三壘側，捕手有馬接到球時，只能俯身觸殺撲向本壘的跑者。

彪吾以頭部撲壘的方式，躲開捕手的手套，用左手觸碰本壘板。主審右膝跪地，雙手平舉比出安全上壘的手勢。

確認回到本壘得分的彪吾，立刻站起來大喊「喔啊！」興奮地向前揮出右拳歡呼。

他說：「在那一刻，我第一次覺得打棒球是件快樂的事。」

金足農業以罕見的二分強迫取分戰術，戲劇性地逆轉勝利，現場觀眾無不站起來忘情吶喊，歡聲雷動。

近江的多賀章仁總教練，目瞪口呆地站在板凳席前。

「我沒料到對方在無人出局滿壘會發動強迫取分戰術，而且還是二分強迫取分，簡直難以置信……」

金足農業令人「難以置信」的，並不只有這場比賽。

二〇一八年夏天，金足農業在日本全國高中棒球錦標賽奪下亞軍，引發「金足農旋風」。在採訪的過程中，發現金足農業從頭到尾的確是一支「令人難以置信的球隊」。

首先，在如此成熟與歷史悠久的業餘運動大賽中，金足農業能奪下亞軍，是跌破眾人眼鏡，令人難以置信的一件事。

從秋田大會到甲子園合計十一場比賽中，金足農業僅靠著九位三年級生一路打到決賽，這九位選手沒有特別厲害之處，他們來自秋田縣二市一郡，出身於縣內狹小地區，大部分的球員都住在三十分鐘內即可到校的地區，而且是就讀公立高中。此外，雪國秋田因先天地理與氣候條件，被視為是不利棒球發展的地區。

選手、訓練環境與時間，是打造一支運動強隊的必備條件，相較於決賽的對手大阪桐蔭擁有以上所有條件，金足農業可說是完全不具備任何一項。

看似荒謬的一段故事，充滿著荒謬的插曲。

沒想到在現代社會，居然存在這樣的球隊。

說個題外話，在金足農業擊敗近江的隔天，好幾家報社刊登了彪吾撲回本壘的照片，是他向前伸出右拳歡呼的照片。

這張照片在網路上引起廣泛的討論，因為照片中的彪吾，少了一顆門牙。有人

---

7 畢業後進入中央大學就讀，於大學聯賽曾二度獲得一壘手最佳九人獎，於二〇二二年選秀會中，以第五輪指名被養樂多燕子隊選中。

說他是在全力奔向本壘的時候掉了一顆假牙。但是，他其實原本就少了一顆牙齒。
聽說是在國中時期，騎腳踏車時因摔車而導致。
三年級的球隊女經理金子桃華說得很有道理。
「明明是超帥的一幕，卻因門牙成了敗筆，太可惜了。」

衝擊

二〇一八年八月八日

第一輪

vs.鹿兒島實業 ○ 5-1

因為極為發達的下半身，全身體格看起來不太勻稱；加上如同外國人的白皙肌膚，以及明顯的雙眼皮與挺拔的鼻樑。

身高一百七十四公分、體重八十一公斤的體格，其表情洋溢著自信。

這是金足農業的王牌投手吉田輝星，給人的第一印象。

二〇一八年八月八日，是秋田夏季代表性祭典竿燈祭結束的二天後，金足農業在這天迎來首戰，對手是鹿兒島的傳統學校，鹿兒島實業高等學校。

秋田竿燈祭與青森的睡魔祭、仙台的七夕祭並列為東北三大祭典，二〇一八年夏天，身穿祭典服裝的當地人會舉起二百七十九根竿燈，在市區道路遊行，懸掛在竿燈的燈籠被當成米俵，總計約有一萬個燈籠高懸於夏空中。

在八月三日至六日舉辦竿燈祭的四天期間，約有一百三十萬人造訪秋田。秋田縣的人口外移度是全國第一名（根據二〇一五年總務省統計資料），現今人口約有九十八萬人，在竿燈祭期間造訪秋田的人數，約為秋田縣人口的一點三倍，是縣內規模最大的祭典。

然而，在二〇一八年夏天，對秋田縣民來說最大的祭典還在後頭，也就是從八月五日至二一日舉行的「夏季甲子園」賽事。

被稱為夏季甲子園的全國高校野球選手權大會，於二〇一八年進入第一百屆，為了隆重慶祝具有紀念性的第一百屆大會，日本皇太子夫婦（現今的天皇、皇后）親臨出席開幕式。

於甲子園舉行的春季選拔高校野球大會（春季甲子園），以及夏季全國高校野球選手權（夏季甲子園），各家記者獲准在比賽開始的二個小時前採訪各隊，每隊的採訪時間為十分鐘。首先會在右外野看台下方的室內練習場，採訪位於一壘側板凳席的球隊十分鐘；採訪結束後移動到左外野下方的室內練習場，採訪位於三壘側板凳席的球隊十分鐘。

金足農業與鹿兒島實業的對戰，被安排在大會第四天賽程，預定在當天的第二場出賽，表定開賽時間為十點三十分。被分配在一壘板凳區的金足農業，於上午八點來到球場，八點三十分起在室內練習場接受採訪。

無論是哪間學校的賽前採訪，記者通常會圍繞在陣中的主力選手。輪到金足農業接受採訪時，可想而知，吉田的身旁一定會聚集眾多記者。

從秋田大會預賽的第二輪至決賽的五場比賽，吉田不僅一個人投滿五場，總計投了四十三局，奪下五十七次三振。此外，他在第二輪比賽中曾投出一百五十公里的快速球，寫下個人最快球速紀錄。

他擔任球隊第三棒，也是球隊的精神隊長。根據大會登錄名單，其實「第二棒左外野手」佐佐木大夢[1]才是正式隊長，但他原本擔任副隊長。隊長在賽前會跟對手球隊隊長交換球員名單，或是猜拳決定攻守順序，由於投手吉田得在賽前熱身，為了方便行事，佐佐木被稱為「比賽隊長」，只有在正式比賽的時候擔任隊長一職。

在這個時期，金足農業可說是吉田的一人球隊。

被大批記者包圍的吉田，雖然只做了短暫熱身，已經汗流浹背。為了從第一局開始保持充足的跑壘速度，他一到球場就反覆進行短程衝刺熱身。

當記者問到吉田所擁有的球種時，他毫不猶豫地回答：

「曲球、卡特球、滑球、二縫線快速球、快速指叉球、變速球。不過，直球還是我最有自信的球種。」

投出二縫線快速球時，會產生如同噴射球的旋轉，鑽到右打者的胸前；快速指叉球則屬於往下掉幅度較小的變化球。

聊到球速一百五十公里話題時，吉田輕描淡寫地說：

「雖然投出一百五十公里的速球，但球質已經死了。」

他持續用平穩的語氣說：

「狀況好的時候，投出的球看起來快要挖地瓜，卻能進入偏低的位置，球的旋轉相當漂亮，旋轉時摩擦空氣所發出的聲音也相當大。出手後從球所發出的聲音，就能了解當天的狀態。在絕佳狀態下投出的球，會發出宛如電風扇的咻咻俐落聲音；狀況不好的時候，則是會發出喀的聲音，很像是縫線卡住的難聽聲音。」

第一次聽到投手如此形容。

本格派投手[2]在場上的時候，往往很像在唱獨角戲，吉田則兼具能看透自己的冷靜性格。

「如果一心只想著三振對手，不僅會增加用球數，對於比賽的局勢也沒有太大幫助。」

果然聰明。

聽到吉田的回答後，他又給人聰明的印象。

另一方面，鹿兒島實業特別提防吉田。在鹿兒島大會預賽中打擊率五成二四、擊出一隻全壘打的第四棒西龍我說道：

「至今對戰過的投手中，球速最快大約為一百四十六公里，如果只有球速快，

1 畢業後進入日本體育大學就讀。

2 指球速、變化球、控球、球質等皆相當優異的王牌投手。

其實沒有什麼太大的差異。但是，吉田跟其他投手最大的差異，在於直球的尾勁。」

西所提到「最快球速」的投手，是當年在黃金週對戰的宮崎學園投手源隆馬（國學院大），他是受到職業球團矚目的本格派右投，曾被選為九州第一的投手。鹿兒島實業的宮下正一總教練也特別提到源隆馬：

「那一場我們被源完封，只打了二支安打。從那場以後，隊上打者的心態轉變許多，如果打不到這種等級的投手，就算晉級來到甲子園，根本贏不了任何一場比賽。之後，如果遇到投球均速一百四十公里的投手，開始覺得這樣的球速並不快；但我如果說了大話，打線的發揮通常會變差。我告訴他們，一開始被三振也沒關係，從第二個打席開始就要想辦法打到球。」

西也提到遇上吉田的打擊對策。

「站上打擊區時要仔細觀察他的球，跟不上速球的時候就把球棒握短一點。」

據說西從來沒有把球棒握得那麼短，由此可見他已經做好捨棄自尊心的覺悟。

球隊戰力評比均爲「B」

在那年的夏天之前，吉田在全國只是一位默默無名的選手。自從他在秋田大會一鳴驚人，場場投出好成績後，知名度突然躍升。

NHK球評、日本新藥的前任總教練前田正治說：

「甲子園大會正式開打前，球評與NHK工作人員一同聚餐的時候，工作人員問道『本屆大會最矚目的投手是誰？』九位球評中，有五位回答吉田輝星。」前田於二〇一一年起擔任秋田「高校野球強化計畫」（現為秋田型高校野球育成、強化計畫）顧問。由於秋田縣球隊從一九九八年至二〇一〇年為止，在夏季甲子園首戰已經吞下十三連敗，因而由秋田縣提出這項強化戰略。

在每年冬天，顧問會召集各隊投手，測量投球轉速[3]等數據，並提供專業的建議。前田回想當時的情況說：

「吉田顯得出類拔萃。協助測量的人也說，他的投球能力堪稱為職業等級。如

3 轉速為球離開投手手指後，於飛行過程中旋轉的圈數。轉速快慢會影響球速受空氣阻力的多寡，以及球進壘時的偏移量。

果吉田有顯著的成長，我想他在未來會成為不可多得的投手。」

測量者為國學院大副教授神事努，多家媒體報導了神事的測量數據，他說：「吉田的球會有上飄效果。」根據測量結果發現，吉田的直球上飄位移量，大幅超過職業球員的平均水平。

神事測量的直球上飄位移量單位為公分，高中生與職業球員平均的數據分別為三十二與四十四公分，相較之下，吉田的直球上飄位移量來到五十三公分。

然而，對比投手的實力，金足農業的打線很難算是全國的等級，全隊打擊率為三成二一，在所有出賽學校中排在倒數的順位。此外，全隊的全壘打數掛蛋，最明顯的是犧牲打數多達十八支，是典型的「投高打低」型球隊。

在秋田大會預賽時，金足農業僅靠九位三年級生應戰到底，在甲子園出賽學校中，只有金足農業創下在地方大會僅靠九人上場的紀錄，是一支板凳深度極為薄弱的球隊。

在甲子園大會開打前，五家體育報刊（日刊體育、體育日本、體育報知、產經體育、每日體育）將各校的綜合戰力分為A到B三個等級，或是特A（或是S）到C的四個等級。

金足農業的所有項目評比皆為「B」，由於吉田在陣中的緣故，不至於會被評為「C」級；但也因為全隊只能靠吉田，無法評為「A」級。這是相當透徹的評比理由。

附帶一提，所有項目皆為A級以上的學校，為木更津總合（千葉）、橫濱（神奈川），以及尋求春夏甲子園連霸的大阪桐蔭三間學校，這三間都是具冠軍相的學校。評比次高的為智辯和歌山與創成館（長崎），除了其中一項為B，其他都是A等級。

在八月二日進行第一輪至第三輪賽事抽籤，如果金足農業能打進第三輪，就會遭遇具有冠軍相的球隊——橫濱高校。

準優勝

紫色球衣

現在即使聽到高中投手能投出一百五十公里的高速球，已經不像從前令人感到震撼。

二〇一九年四月六日，U-18世界盃棒球賽日本代表隊進行集訓時，大船渡（岩手）的投手佐佐木朗希[4]，曾投出高中生史上最快的一百六十三公里速球，宣告進入一百六十公里的時代。

由於各校在平日進行打擊練習的時候，都會準備能投出一百五十公里以上速球的投球機，即使在正式比賽遇到速球水準在一百五十公里以上的投手，也逐漸適應該等級的球速。比賽結束後，很多打者都會說「對方投手的速球沒有想像中快」。

不過，吉田擁有如同外界評價的實力。不對，應該說是潛藏著超出外界評價的實力。

吉田的投球姿勢為固定式投法，也就是雙手沒有高舉過頭的投球姿勢。他在做投球準備動作的時候，會將紅色手套放在腹部前方，左腳往後拉，將手套抬到臉部的前方的同時，左膝抬到胸部的高度，過程中完全沒有任何晃動。由於他的下盤穩固，投球時上半身能保持放鬆狀態，他將力量放在下半身並移動重心，在投球的最後一刻宛如反彈般一口氣地扭腰。以拳擊來形容，就像是沒有多餘預備動作的狀態下連續出拳的感覺。吉田異常發達的下半身並非虛有其表，透過鍛鍊有成的下半身，才能足夠的力量能支撐投球姿勢。

一局上半，吉田控球稍微不穩，保送第一棒打者，讓對手站上一壘。甲子園投手丘的土太軟，一開始不能適應。亮太幫吉田辯解說：

「看到他一直在挖投手丘的土，找不到固定的落腳點，第一局就陷入苦戰。」身體還無法適應的，不僅只有甲子園投手丘的土。

金足農業的經典設計紫色球衣，是金足農業的象徵。球衣袖口與球褲側邊線條寬度較粗，達三點三公分，現在已經很難見到類似的設計。

一九七九年，當時的金足農業未曾在甲子園出賽，總教練嶋崎久美為了效仿強校奈良天理高校，於是選定該校的藍紫色為球隊代表色。由此可見相關人士對於紫色有特殊的寄託與情感。

對於母校懷有深厚感情的校長渡邊勉，剛好在更換球衣顏色的時期入學，對於球衣有更加強烈的情感與記憶。

「這套球衣很適合體型魁梧的人穿喔。無論何時，看到球員們身穿藍紫色球衣揮棒的姿態，都覺得十分帥氣，個人非常中意。」

渡邊雖然是金足農業的校友，卻沒有加入野球部。他在高中時期擔任學生會

4 於二〇一九年十月一日參加職棒選秀，在選秀會中同時獲得北海道日本火腿、千葉羅德海洋、東北樂天金鷲、埼玉西武獅的第一指名，經抽籤後由千葉羅德取得交涉權，最後簽訂合約效力千葉羅德海洋。曾於二〇二二年四月十日對陣歐力士猛牛的比賽中，達成日本職棒睽違二十八年的完全比賽紀錄。二〇二三年與大谷翔平、達比修有及山本由伸同為WBC日本隊先發投手。

長，當時是野球部的狂熱粉絲，現在則是最有力的支持者。

在秋田大會的時候，球衣的顏色為淡紫色，幾年前由於換了球衣設計廠商，廠商採用了類似藤花的淡紫色。不過，這次以金足農業睽違十一年再次打入甲子園為契機，學校再次更換球衣設計廠商，球衣也回歸偏藍的藍紫色。教練秋本元輝自豪地說：

「校友們都很興奮，他們異口同聲說，這就是金足農的象徵色。」

金足農業在二〇〇一年夏天於甲子園出賽時，秋本擔任二壘手的守備位置。金足農業有三位助理教練，其中秋本是唯一在學校任職的教練，其他二位為外聘教練，並不是學校職員。在教練團中，秋本最為年輕，也是跟選手最親近的教練。

吉田投出四壞球保送後，鹿兒島實業第二棒使出犧牲短打，一人出局跑者站上二壘。下一棒打出三壘滾地球刺殺出局，二人出局二壘有人。輪到備受矚目的第四棒強力左打者西龍我，由於當年NHK正在播放大河劇《西鄉殿》，西的綽號也被叫做「西鄉殿」。如同其名，西有著宛如西鄉隆盛稜角分明的方形臉，加上體型十分壯碩。

西的握棒方式是用右手小拇指扣住棒緣，很有強打者的風格，如此可提升手腕的靈活性，更容易運用棒頭擊中球心。

面對強打者西龍我，吉田只投直球，球數形成一好二壞。吉田投出第四球，是一顆內角偏高的直球，西的揮棒速度跟不上球速，擊出飛向內野後方球網界外球。球場LED螢幕顯示球速為「一百四十七公里」。

經過這一球，西改變了球棒握法，在握把尾端預留一至二個指頭的空間，也就是將球棒握短一點。沒想到吉田僅投了四球，就讓名校的當家第四棒捨棄自尊心。

吉田投出第五球，是外角偏低的一百四十四公里直球，西的揮棒依舊跟不上球速，揮棒落空三振出局，吉田奪下在甲子園出賽的第一次三振。西臉上所浮現的苦笑，述說了內心面對吉田投球時所產生的衝擊。

準優勝

技驚四座的「投球犀利度」

從這次三振開始，屢屢出現令人難以置信的光景。

鹿兒島實業的打者們經常揮空掠過臉部前方的離譜高球，並選擇放掉看起來並沒有特別低的球。

然而，這不是吉田原有的投球風格。捕手亮太回想說：

「吉田的球在平時並不會特別往上飄，這是因為甲子園投手丘的土較為鬆軟，讓他找不到固定的放球點。不過，上飄球往往能吸引對手出棒，反而幫了大忙。在甲子園出賽，本來以為每一支球隊都跟大阪桐蔭一樣強，結果發現對手居然打不到吉田的直球。」

鹿兒島實業的多數打者，都會跟西龍我一樣，改為將棒子握短，但沒有顯著的效果。進入五局後，吉田的三振率反而升高了。

檢視賽後成績，吉田投出了十四次三振，其中有十次三振是在五局以後投出。更令人吃驚的是，十四次三振中，有十二次的奪三振決勝球為直球。

許多高三振率的投手，大多屬於滑球水準更甚直球的「滑球型投手」。例如出身橫濱的松坂大輔（西武獅）、駒大苫小牧的田中將大（曾為紐約洋基隊，現為東北樂天金鷲）、桐光學園的松井裕樹（東北樂天金鷲）等，第一次見到幾乎靠快速直球奪下三振的投手。

從鹿兒島實業球員的談話中，能感受到其內心衝擊的程度。吞下二次三振的第五棒岩下丈說：「看起來像是要挖地瓜的球，居然能掉進好球帶。」

七局上半，鹿兒島實業二人出局，一、二壘有人，換上捕手益滿雄仁代打，結果他也揮了掠過臉部前方的壞球，揮棒落空三振出局。

他說：「在板凳區觀看比賽，心想隊友怎麼會去打這麼離譜的壞球；但實際站上打擊區，發現吉田的直球看起來都會跑到好球帶，我是第一次看見到這麼有尾勁的球。」

吉田讓鹿兒島實業球員們為之欽佩的，不只有投球而已，第三棒中島翔說：

「吉田具備身為大投手的氣概，感覺像在甲子園身經百戰的投手。他在場上投球時，看起來從容不迫、泰然自若，對於自己的投球充滿自信。」

換言之，吉田的投球不是「跟想像中的一樣好」，而是「比想像中更好」。提到「比想像中更好的投球犀利度」，擔任筑波大學棒球隊總教練，同時身為運動動作解析專家的川村卓如此分析：

「提到影響投球犀利度與尾勁的要素，除了球的轉速，旋轉軸的角度也十分重要。在投球的時候，手臂通常會承受橫向旋轉的離心力，相對投球方向會傾斜二十至三十度。不過，也有旋轉軸角度較小，甚至是接近於直角的投手，像是全盛時期的藤川球兒（阪神虎），旋轉軸角度大約為五度。旋轉軸角度越接近直角，投出的

5 球的旋轉方向和行進方向相反。

球更容易產生逆旋[5]，因此看起來更有尾勁。吉田的揮臂角度也是斜向，但出手時只有手腕看起來是垂直的，旋轉軸角度接近直角。然而，以技術層面來說，要下意識做出垂直旋轉軸角度的投球，是相當困難的事情，我認為那是他先天的才能。」

詢問吉田本人後，證實川村的分析有其依據。

「我並沒有刻意這樣投，但自己也有發現到這點，不知道為何會變成這樣。我只覺得手臂與手腕呈一直線的投球姿勢，看起來比較漂亮。以前會懷疑這種投球姿勢是不是不太好。」

比賽結束後，吉田還分享了有關於投球的有趣花絮。原來他將自己的直球，分為「三個等級」的檔位。第一檔位為壘上沒有跑者時，著重「控球與犀利度」的一百三十至一百四十二公里直球。第二檔位為跑者站上一壘時，「從低角度往上飄」的一百四十三至一百四十五公里直球。最後，最高檔位是面對壘上危機時，「無論球跑到哪裡也無所謂」的一百四十六公里以上直球。面對西的第一打席，吉田所投出的第四顆一百四十七公里直球，就是屬於最高檔位的直球。很多投手都會依照場上狀況來配速或製造強弱變化，但很少有投手能如此具體說明投球的策略。

將直球檔位拉到最高時，吉田也提到若干重點，讓人感受到他絕非泛泛之輩。

「想要把球速催得更快的時候，上半身往往會過度施力，因此我會反向操作，盡量放鬆上半身的力量。投球時保持上半身放鬆，將力量集中在下半身。」

也許是受到吉田的優異投球表現所鼓舞，當天金足農業的打線異常發揮，全隊擊出秋田大會以來最多的十二支安打，包含二支強迫取分的四支犧牲打，總計得到五分。

五比一。

金足農業力壓鹿兒島的傳統強校。

金足農業於一九九八年夏季、一九九九年春季、二〇〇一年夏季、二〇〇七年夏季，皆嚐甲子園首戰落敗的結果，這場比賽是從一九九五年進入甲子園八強以來，睽違二十三年的甲子園首勝。

準優勝

原本被禁止的全力校歌

提到金足農業，球員在唱校歌的時候，會一邊將上半身往後方大幅彎曲，一邊聲嘶力竭地大聲歌唱，造就「全力校歌」的景象，成為球迷間的廣大話題。不過，來到甲子園，原本被禁止以全力校歌的方式唱校歌。

金足農業前往甲子園比賽前，校方收到好幾通有家長打來的電話或傳真，都是對於全力校歌的質疑。根據傳統的觀念，唱校歌就是要採端正的姿勢，以適當的音量歌唱。

野球部部長久米信彥，通常會第一時間接收到類似的訊息。髮量稀疏的久米，在眾人面前打招呼的時候，總是會鋪陳說「雖然我少了髮根，卻有滿滿的鬥志」，他是一位長得很像俄羅斯總統普丁的幽默男子。久米跟總教練中泉一豐再三討論過後，因考量到球隊在甲子園的影響力，決定讓球員們以正常的方式唱校歌。

但是，金足農擊敗鹿兒島實業後，準備進入唱校歌的階段，看到滿腔熱血準備唱歌的球員們，久米產生不好的預感。

「你有跟球員提到這件事嗎？」

久米詢問中泉後，中泉露出慌張的表情。

「啊啊！（佐佐木）大夢！」

他們呼喊著距離最近的佐佐木，但呼喊聲被現場的歡呼聲蓋過。

球員們彎腰的幅度比秋田大會時更大，「全力校歌」在甲子園的天空中響徹雲霄。

金足農業在甲子園通常只會唱第一段校歌，如果要唱到第三段得花上六分鐘。在甲子園賽後唱校歌時，通常得在一分鐘內結束，金足農業的校歌節奏雖然較快，大約也要花一分半的時間。

在烈日下投了一百五十七球，賽後還要唱校歌，確實相當辛苦。吉田笑著說：

「對戰鹿實的時候，我是一邊唱著校歌，一邊感到頭暈目眩。沒想到甲子園如此炎熱，從熱身的階段到正式上場，我跟平常一樣全力投球。因為只帶了二件緊身內衣，比賽期間即使內衣濕透了，依舊只能穿著濕透的內衣投球。到了球賽後面幾局，我開始感覺頭暈目眩，很怕自己在場上突然倒下。」

回想起來，二〇一八年的夏天，日本各地異常炎熱，琦玉縣熊谷創下高溫四十一點一度，更新睽違五年的氣象觀測史上高溫紀錄。由日本氣象廳所公布的十大高溫紀錄排行中，有一半的高溫是由二〇一八年所寫下。

從甲子園第一場比賽的表現，就能發現吉田是一位與眾不同的投手。然而，當時眾人還沒有料想到，這支球隊將颳起名留甲子園青史的巨大旋風。

吉田輝星

秋田車站地處偏遠。

若從東京搭乘秋田新幹線「小町號」，大約要四小時才能抵達。若搭乘日本全國最快的新幹線「隼號」，約二小時二十分即可抵達盛岡車站，但從盛岡車站要到秋田車站得搭乘在來線[1]列車，列車行駛時速從三百公里一口氣降至一百公里，與在來線的快速列車沒有太大差別。由於行駛速度明顯降低，感覺從盛岡到秋田的距離特別遙遠。

從秋田車站換乘ＪＲ奧羽本線，搭乘列車一路搖搖晃晃，終於抵達第三站的追分車站。日本全國有很多地方皆有「追分」的地名，秋田便是其一。秋田車站面對日本海，是秋田市最北端的車站，平均一天的乘客運量約為一千七百人。從站前環顧四周，僅見幾間洗衣店或居酒屋等餐飲小店。

從追分站步行約十分鐘的距離，終於抵達金足農業。

如果繼續從追分車站搭車前進，路線會分為本線與男鹿線。本線延伸至青森，男鹿線則沿著男鹿半島行進。男鹿半島位於秋田縣西部，是突出的半島，看起來像是拼圖的突出部分。男鹿線全長約二十六公里，沿線共九處車站，是一條典型的「盲腸線[2]」，途中可見日本最大的圍墾地八郎潟，以及連結八郎潟與日本海的防潮水門水道。

男鹿線別稱「男鹿生剝線」，在男鹿半島流傳著二百年以上歷史的民俗活動，名為生剝節。每逢節日即將到來，列車車廂與車站四處可見生剝節的宣傳海報。每逢除夕夜，男鹿的男性會戴著鬼面具，身穿蓑衣和草裙，扮成生剝鬼的模樣上街，手持木刀與木桶喊著「有沒有調皮搗蛋的小孩？」「愛哭的小孩在哪裡？」，四處尋訪城鎮中有小孩的家庭。

生剝節於二〇一八年十一月，與其他八縣的來訪神民俗活動被聯合國教科文組織列為無形文化遺產。雖然一般人認為生剝節就是秋田的代名詞，但留有此習俗的只有以男鹿半島為中心的八十幾處村落，在秋田市並不具備生剝的文化。不過，位於秋田市與男鹿市之間的潟上市部分地區，依舊有舉行生剝節的習俗。田野環繞的「部分地區」，正是吉田的故鄉，潟上市是縣內面積最狹小的市。

如果吉田的臉龐變得臃腫，就完全跟父親正樹長得一模一樣。直到現在，正樹每年都會參加生剝節。

他說：「我會一邊喝酒，一邊在街上漫步吆喝。記得輝星在小學時期，每到除

1 日本的鐵道用語，為新幹線以外的舊日本國有鐵道，以及JR鐵道和各個民營鐵路的路線。
2 指某路線只有一端接到其他路線，中途各站及端點站皆無接續線，導致該路線形似盲腸而得名。

夕夜都會感到坐立不安，擔心生剝鬼不知何時會造訪家裡。」

吉田坦言：「我真的很怕生剝鬼。記得小時候，只要我不聽話，爸爸或媽媽都會說『我要叫生剝鬼過來喔。』我真的以為生剝鬼會來家裡，只好乖乖聽爸媽的話。提到男鹿的生剝節，恐怖指數堪稱第一。」

準優勝

親子三代皆爲金足校友

男鹿、潟上、南秋地區，秋田人經常將這三個地區合併稱呼。「南秋」是指位於男鹿市與潟上市北邊的南秋田郡，一九七七年，為增加耕地面積而進行圍墾工程，誕生了一大圍墾地大潟村，便位於南秋田郡。

此二市一郡，加上秋田市的四個地區，是誕生金足農業球員的主要來源地，也就是重要地盤。尤其是男鹿、潟上、南秋地區的居民，有很大機率都是畢業於金足農業，像吉田家親子三代皆為校友的家庭，並不罕見。

正樹也是野球部出身，他是一位身高一百八十公分的高大投手，但在隊上屬於替補的角色，未曾在正式比賽上場投球過，就此結束球員生涯，高中畢業後進入當地的日用品批發商工作直到現在。在甲子園比賽前後的採訪中，吉田常說「提到爸爸啊……」，一定會聊到有關於父親正樹的事蹟。

「爸爸未曾打進甲子園，背號也不是一號。跟爸爸的成績相比，也許我算是一位好投手，但一切都無所謂。我相信爸爸所說的話一路努力，才能走到這一步。」

金足農業的前總教練，現任男鹿海洋總教練的三浦健吾，一臉不可思議地說出自己想法，他在球員時代是大正樹二屆的學長。

「輝星跟父親是截然不同的類型，父親個性沉穩內斂，讓人快要忘記他的存在，就是一位投手而已。沒想到這樣的父親，能培育出輝星這位大投手。」

認識吉田父子的校友們，或多或少都有類似的感想。正樹開玩笑地說：

「這是永遠的謎團，但他的強健體格，應該是繼承母親的基因，畢竟我是一位瘦弱的投手。」

一直很想讓兒子接觸棒球運動的正樹，趁輝星就讀當地的天王小學時，買了棒球手套送他當作入學禮物。是MIZUNO製造的軟木褐色手套，價格約為八千日圓。

「打著慶祝入學的名號，我們一起去家附近的運動用品店，雖然現在手套已經不見了。我當時在猶豫要自己挑選，還是要讓輝星挑喜歡的款式。結果因為買棒球手套惹老婆生氣，她說怎麼可以買這麼昂貴的東西。」

之後，父子倆每逢週末便會在自家庭院傳接球，庭院大約有二十公尺的距離，傳接球的距離相當充裕。不過，正樹採取指導的態度，不是單純陪吉田玩耍。

「像是球的旋轉等，我會嚴加要求各種細節。明明他的傳球距離不夠遠，卻採用類似低肩投法的方式，對此我曾經認真動怒，警告輝星說如果再繼續胡鬧，就不要跟他傳接球了。結果，輝星嚎啕大哭，之後我們彼此約定，要傳接球就要用認真的態度去做。」

在自己所屬的草野球[3]球隊有比賽的日子，正樹都會帶著兒子到球場。

原本便熱愛到處跑跳的吉田，很快就沉迷於棒球運動。正樹曾經讓他接觸其他的運動，但吉田完全不感興趣。自從吉田在小學三年級時加入地方的少年棒球隊天王勝利隊後，從此專心踏上棒球之路。

早產的吉田，因成長速度較為遲緩，小學時期的身高比別人矮，在班上是從由矮到高數來的前幾名。然而，吉田具有優異的運動細胞，比吉田晚一年，於小學四年級加入天王勝利隊的小野滉翔，說出他對吉田的第一印象。

「雖然他的身材嬌小，無論投打都相當出色，腳程也挺快的，短距離或長距離都能保持不錯的速度。」

從小學至國中的六年期間，小野與吉田都是投捕搭擋，至今二人依舊保持聯絡，吉田造訪小野家的時候，會當成自己家無拘無束，晚上在浴室泡澡時，甚至會大聲唱出自己喜歡的歌曲。

「看到他在甲子園或職棒球團加盟記者會上，一派正經地回答記者問題的模樣時，心想這是騙人的吧。當地親朋好友看到電視畫面時，也都說『好假啊，他不是輝星吧。』每到正式的場合，輝星就會變得十分狡猾，他平常根本不是這樣子。」

從小學四年級的秋天開始，吉田以投手的身份，開始認真練習。小野在一開始可是吃遍苦頭。

「直到小學五年級前，他的控球嚴重不穩，常常往上或往下飄。小學的棒球賽只有打七局，但他投完一場比賽，用球數通常會超過一百球。」

此外，吉田在當時已經實踐了「換檔」投法。

「因為小學生被禁止投變化球，光是直球，吉田就分為五檔。一檔為大幅掉落的小便球、二檔為類似變速球的直球、三檔為慢速直球、四檔是較快的直球、五檔則是使盡全力的快速直球。」

3 日本的業餘棒球，相當於台灣的乙組成棒。

正樹採取的是傳統的教育方式，吉田本人也證實地說：

「父親曾說過，也許周遭旁人會稱讚我，但他絕不會對我說出任何稱讚的話語。」

沒想到平常看起來溫文儒雅的正樹，對吉田的教育方式如此嚴厲，小野也曾多次目睹。

「我常常搭輝星爸爸的便車一起回家，輝星在車上會自豪地說：『我今天的球速很快吧。』等等，但輝星的父親會回說：『不，完全不行。投手不能光靠球速，犀利度才是關鍵。』他絕對不會認同輝星的表現。」

面對正樹的「雙重性格」，吉田語帶諷刺地說：

「他很擅長見人說人話。」

正樹說出他嚴格教育兒子的理由。

「因為我覺得自己（球員生涯）不太中用，為何當時沒有奮不顧身地往前邁進呢？如果付諸更多的努力，未來應該就會產生轉變吧。所以，我不希望兒子有跟我一樣不好的回憶。」

如同想像，正樹其實具有一定的資質。小野回想起他跟正樹傳接球的過程。

「從他的姿勢就能看出是一位典型的投手，由於身高較高，丟出的球會呈現漂亮的縱向旋轉。」

吉田從小就是一位很愛出風頭的人，在他小學六年級的時候，有這麼一段故事。

某大會的準決賽與決賽，是在同一天進行，依據大會規定，投手一天只能投七局。換言之，要投完準決賽與決賽是不可能的事情。但是，無論正樹再怎麼解釋，吉田還是聽不進去。

他對父親說：「為什麼不能繼續上場投球？我二場都想上場投球，只要有比賽，場上的投手丘就少不了我。」

天王小學舉行畢業典禮時，規定畢業生被叫上台的時候，要大聲說出自己的夢想。在小學時代，吉田已經能有模有樣地仿效職棒選手，寫出潦草的簽名，他上台時毫不猶豫地說：

「我未來的夢想，是成為一位職棒選手！」

準優勝

「本大爺」棒球少年

小學畢業後，吉田進入鄰近天王小學的天王中學就讀，並加入軟式野球部。跟硬式棒球相比，秋田是國中軟式棒球盛行的地區，由在地報社秋田魁新報主辦硬式棒球縣大會，對戰組合會被刊登在報紙整版，電視台還會實況轉播決賽，這裡應該是全日本國中軟式棒球熱度最高的地區。

近年來，於甲子園出場的選手，大多出身於日本少年野球聯盟（Japan Boys League）或日本少棒聯盟（Japan Little League）等硬式野球部；但大部分來自秋田的選手都是「軟式出身」。因此，在其他地區常見「硬式出身＝精英」、「軟式出身＝非精英」的公式，在秋田並不成立。

潟上市有三間國中，其中一間是曾在東北大會二度奪下冠軍的強校羽城中學。金足農的亞軍班底中，包括捕手亮太與二壘手菅原天空，皆為羽成中學畢業校友。跟羽城中學的顯赫成績相比，天王中學遠遠落後。

男鹿海洋的三浦總教練表示，男鹿市與潟上市有眾多求勝心旺盛的選手。

「因為自古以來是以捕魚維生的小鎮，漁民們的個性較為直率，例如用秋田方言『kikane』來形容，就是指粗魯的意思，即使是女學生也是類似的性格。提到天王中的特質，就是一間不良少年少女學校。」

金足農的三位教練中，菅原天城也是從羽城中畢業，進入金足農業就讀。天城是菅原天空的父親，高中時期是正樹的同年同學。如同兒子菅原被稱為「隊上第一的帥哥」，天城也有著一張的輪廓分明的臉龐。

兒子就讀國中時，天城擔任國中棒球隊教練，之後隨著兒子進入高中，轉任高中棒球隊教練。天城在球員時期的英勇事蹟，是因不服裁判判決，而將頭盔重摔在地表示抗議。吉田表示，他們與菅原家從小便有深交。

「記得菅原先生在羽城中擔任教練的時候，他只要喊一聲『喂！』全場就會變得鴉雀無聲。他到高中擔任教練後，好像比較不會給人如此嚴厲的印象了。」

附帶一提，羽城中是日本綜合格鬥界傳奇人物櫻庭和志的母校。

即使在國中時期，就某些涵義來說，吉田依舊是隊上的頭號人物。當時擔任隊上三壘手的沼田優翔回憶地說：

「他完全抱著『本大爺』的心態。只要我守備發生失誤了，他就會大發雷霆。之後在比賽期間，我會盡量不要跟他對到眼，回到板凳席不要跟他交談。比賽結束後，他又開始調侃我說『如果沒有發生失誤就好了。』」

在比賽的時候，捕手小野的工作就是負責安撫暴怒的吉田。

「他在生氣的時候會漲紅著臉部，很容易察覺。我必須趁他失去理智前走向投手丘安撫，總之盡量逗他笑就對了。雖然他有時候會回說『吵死了！』這樣至少可以控制局面。」

小野跟吉田二人在玩樂的時候，吉田也是任性到不行。例如在玩棒球電視遊戲的時候，吉田一定要打到自己獲勝為止；或是在打桌球時，吉田為了獲勝不擇手段，還會自己更改規則。

「他叫我用球拍回擊高彈跳球，讓他可以盡情地殺球，真的是一位我行我素的人，但我已經習慣了。」

根據小野描述，吉田在小學與國中時期，對於練球的態度是「想做什麼就做什麼」。

「雖然球隊打擊訓練的規則是『揮棒擊球五次為一組』，他只要想練習打擊，就會一直揮棒下去，而且一心只想著把球打得更遠。投球練習時，他還會嘗試投出各種變化球，我還記得他狂練快速指叉球。由於投快速直叉球的時候，球會在本壘板前掉落，我跟他說很恐怖不要再投了，他還是繼續投下去。不過，如果遇到不想練習投球的日子，他通常投了三球就結束，真是有夠任性。」

吉田十分積極地鍛鍊身體。吉田與小野二人在某段時期，熱衷於肌力訓練。

「家附近有一間只要花二十日圓就能使用器材的健身房，暑假的時候我們幾乎窩在那裡。輝星一心嘗試高負重的器材，只要為了棒球，那傢伙會不斷自我要求，他很喜歡自我欣賞肌肉發達的身體，常常叫我摸摸看他的手臂肌肉。到我家的時候，他會把外套脫掉剩下一件短袖，總之就是要秀出他鍛鍊有加的身材。」

聽說吉田也喜歡跑步，吉田家離小野家大約有四至五公里的距離，他要去小野家玩的時候，都會直接跑過去，回程也是用跑的。

「距離終點約有五百公尺的直線距離，他會做最後衝刺，往往樂在其中，總之是一位很喜歡跑步的人。他在小學時期，屁股就很豐滿有力。進入高中後，他也曾經跑來我家過，還得意洋洋地說『我已經創下最快成績了。』」

吉田是一位天生的棒球少年，但他從未在房間貼上憧憬的棒球球員海報或擺放簽名球。在高中時代，吉田唯一貼在房間裡的，是熱愛的音樂團體「三代目J SOUL BROTHERS」海報。

「我不知道拿到職棒選手的簽名球有什麼值得開心的。對我來說，能投出超過一百五十公里以上速球的選手，就是一位真正的明星。我喜歡異於常人的選手，例如腳程異常地快、守備能力超群，或是常常揮出全壘打等，我想吸取這些長處。將來，我希望能成為一位球速超過一百五十公里的投手。如果要當野手，就要成為一位有長打能力，而且腳程快又擅長守備的全能選手。」

這就是吉田在甲子園的寫照。

吉田升上國三後，跟金足農業時期相同，他在隊上擔任「第三棒、王牌投手、隊長」的角色，引領天王中前進。在國三的夏天，天王中於地區大會擊敗羽城中，睽違二十一年獲得「全縣少年野球大會」的縣大會出賽資格。

三個學年的學生加起來，天王中只有十五名球員，屬於小型球隊；但靠著吉田的個人能力，彌補了先天性的劣勢。三壘手沼田也認同地說：

「因為有輝星在，我們才能打進全縣大會。跟金足農時期相比，隊友更依賴他，他也幫了我好幾次忙。記得有一次對手打者突然使出突襲短打，球滾向三壘，幸好那傢伙搶先接到球，快速傳球讓對方出局。」

吉田在縣大會所展現的高度潛力，令沼田刮目相看。天王中於半準決賽對戰橫手南中，那場比賽打到第十一局延長賽，吉田投出十一次三振，以四比〇完封對手奪勝。

「如果是一般的國中生，投到第十一局，球速一定會變慢，加上當天下雨，天候狀況不佳。不過，輝星的球速逐漸加快。每當站上大舞台反而展現旺盛的求勝慾望，果然是一位耀眼的選手。」

雖然天王中於準決賽以一比三輸給能代一中，在縣大會依舊取得前四強的優異成績。

原本在小學時期的身高只有一百五十公分上下的吉田，到了國中長高至接近一百七十公分。另一方面，他的「本大爺」性格依舊未變。身為金足農業退役球員，在當時擔任天王中與同地區天王南中教練的佐藤敏行，回憶起最後一年夏季大會開幕儀式的景象說：

「看他一臉跩樣，看起來十分散漫，我於是揪著他的衣領，把他帶到廁所，大罵『你這是什麼態度！』即使被大罵一頓，吉田依舊露出漫不在乎的表情，似乎在問說『你是誰啊？』」

雖然是別人的小孩，但聽說吉田的父親也是金足農業的校友，佐藤便無法保持沉默。多管閒事的性格，正是身為金足農業校友的特徵。

看到兒子站在投手丘上顯露自身的情緒，正樹也多次告誡他說：「如果你在場上賭氣，就是輸了喔。」

「雖然他會假裝在聽別人說話，但那種態度實在是……」

此外，吉田毫不顧忌他人大放厥詞的個性，顯得更為變本加厲。小野吃驚地說：「升上國三，大家都會開始認真思考未來的規劃。我問輝星：『未來要做什麼？』他回說：『當然是打職棒啊，應該能成為職業選手吧。』我心想他沒救了，根本沒有認真思考未來，但沒想到他真的成為一位職棒選手。雖然他沒有任何根據，往往會直接說出心中的想法。而且只要是輝星講過的話，幾乎都會成真，太恐怖了。」

對於與自身性格截然相反的兒子，正樹雖感到困惑，卻又懷有一絲期望。

「老實說，他根本不了解這個世界到底有多大。不知道他的自信是從何而來。」

講話毫無根據，加上沒見過世面。但是，吉田就是這樣的人。三年後，他在平成最後的甲子園大賽，寫下驚天動地的創舉。

準優勝

選擇金足農的理由

像吉田這種等級的投手，會選擇就讀金足農業，是一件令人感到不可思議的事情。如果立志成為職棒選手，應該有更多名校可供選擇才對。

國三的夏天，天王中於縣大會進入四強後，包含外縣市，有好幾間高中打算延攬吉田入學。

「國中的時候，隱隱約約覺得應該就是金足了吧。仙台育英是夢想中的學校，如果獲得仙台育英延攬的機會，未來就不知會變得怎樣。但是，夢想並沒有成真。」

在舉辦秋田縣地區大會時，會將縣內的高中大致分為三大區域，也就是縣央、縣北、縣南。但是，這種稱呼方式容易讓人混淆，也就是實際的地區與稱呼不一致的情形。由於縣北大致位於秋田縣的上半部，地圖上的位置當然也是縣北，較為複雜的是其他二個地區。剩下一半的區域中，縣南的靠海側被稱為縣央，縣南靠岩手側被稱為縣南。

在很久以前，如果出身秋田的球員想要打進甲子園，就讀縣央的四強學校是最快的途徑，也就是秋田高校、秋田商業、秋天經法大附（現今的北亞大學明櫻高等學校）、金足農業。這四間學校在春夏甲子園出賽的次數分別為二十四次、二十四次、十四次、九次。僅從出賽次數來比較，金足農業的排名最低。

近年來，秋田商處於絕對優勢，因此也最受國中生的歡迎。即使像是在潟上、男鹿、男秋等屬於金足農業地盤的學校，優秀的球員也會選擇進入秋田商。秋田高校是秋田縣內第一的升學學校，要進入就讀並不容易，因此近年來球隊戰力薄弱。此外，明櫻是縣內唯一的強隊私校，經常從關西地區挖角許多優秀的球員，並不受縣內生的青睞。

然而，近年來像是縣北的能帶松陽、縣南的大曲工業或角館等學校，也開始著重於棒球運動的發展，使得勢力版圖產生些許變化。

在某個時期，吉田曾經打算就讀這幾間學校以外的公立高中。他的成績在同年級中排在第二十名前後，算是成績不錯的學生，因此想跟好友小野一同就讀縣內屈指可數的升學學校秋田南高校。但是，正樹阻止了吉田。如果是一般家庭的父母，聽到兒子想要就讀升學學校，應該都會感到開心；但正樹如此說服了吉田：

「我這樣說也許會造成校長的不悅，如果就讀金足農業，就算沒有太過認真讀書，學校還是會想辦法照顧學生。可是，另一間可是升學學校，若沒有保持優異的成績，就無法繼續打棒球。我跟輝星說了很多次，要兼顧課業跟棒球，是相當辛苦的事情。」

進入金足農業就讀後，吉田完全遵照正樹的「建議」。跟吉田一樣擅長唸書的亮太說：

「中學時期的輝星，頭腦很聰明，全國模擬考的成績比我更好。但他進入高中後，完全沒在唸書，成績排名在後段班。」

出身於潟上市的亮太與菅原，對於兒時玩伴吉田，會直接喊他的名字「輝星」；至於其他的同年級生，大多稱呼他的姓氏「吉田」。

正樹並沒有期望吉田能成為一位職棒選手，直到選秀會前，即使吉田極力說服父親自己想進入職棒，正樹依舊抱持反對的態度。正樹心中的期望，是希望兒子能替沒有留下顯赫成績的自己，在高中棒球發光發熱，以及在未曾體驗過的大學棒球圈留下一片天。

「我在輝星小時候就經常跟他說，在國小與國中的義務教育階段要用功唸書，上了高中後，就不會要求他繼續專注於學業了。上高中後可以盡情地打棒球，我當時是這樣跟他說的。在高中與大學階段可以盡情投入於棒球運動，不要留下任何遺憾。」

吉田稍微偏移了父親所期望的路線，但對於正樹如此真摯而流露切身之痛的父愛，吉田的內心多少有些動搖。

「真是的，從小時候開始，爸爸就已經幫我鋪好進入金足農的道路了。」

國三那年的夏天，從國中棒球退役的吉田，趁著高中入學前的期間，加入硬式野球部秋田北青少棒隊，主要目的是為了適應硬式棒球。

計劃在高中開始打硬式棒球的部分國中生，會在秋天至冬天的期間暫時加入硬式野球部。加上隊上既有的球員，秋田北青少棒隊球員人數最多的時候，光是三年級生大概就有四十至五十人。

金足農業的甲子園亞軍九人班底中，當時有七人都跟吉田一樣，選擇加入秋田北青少棒隊。根據報導，大部分的選手都是在吉田的號召下決定就讀金足農業；但菅原表示「事實並不是這樣」，是新聞媒體過度渲染。

吉田也問過小野要不要來金足農業，但被拒絕了。問題並不在於吉田的影響力。

「進入金足農就讀，在畢業後的將來能從事什麼？這是很多人會問的問題。」

秋田縣總共有六間農業高中，包括金足農業、秋田北鷹、能代西、西目、大曲農業、增田，校名冠上「農業」的金足農業與大曲農業二間學校，並沒有設立普通科或綜合學科，只有農業相關學科。金足農業的學科為環境土木科、生物資源科、造園綠地科、食品流通科、生活科學科五類，各科學生數定額為三十五名，環境土木科環境幾乎為男生，生活科學科幾乎為女生，其他三科的男女比例約為各半。

金足農業的校舍與操場面積大約等同一般的公立高中，但如果加上農地面積，約有二十公頃，相當於二十八座足球場的大小。

金足農業有八成以上的畢業生，會進入縣內的企業工作，這是一間為了支持身為農業大縣的地方產業所創立的高中。校長渡邊表示：

「在秋田市中，本校是歷史悠久的傳統農業高中，希望畢業生都能留在地方工作，為家鄉盡一份心力。」

日本的農業逐漸衰退，吉田等人升上三年級的時候，全校學生人數為五百一十八人。但是，金足農業雖為農業走向的高中，專職農業家庭的比例僅佔一成。

由於金足農業在當地深根，對於將來想到外縣市工作的學生而言，能選擇的企業相當有限。小野對於就讀金足農業感到猶豫不前，也是這個原因。

還有另一個原因，多數選手對於進入金足農業感到敬而遠之，是因為他們對於金族農業的獨特校風有所抗拒，這有可能是比未來出路更嚴重的問題。小野繼續說：

「我對金足農有些感冒……那邊很像是宗教團體，尤其是野球部特別嚴重。觀察周遭的金足農校友，都會心想是這群人究竟是怎麼回事，總之很像不良少年。我絕對不想進入這間學校。」

宗教。

縣內居民時而帶有敬畏，時而帶有揶揄的含義，如此形容金足農業。

準優勝

令人瞠目結舌的訓練風景

例如，金足農業有一項名為「喊聲」的傳統習慣。當球員專注力不夠的時候，教練團會要求做出「喊聲」，這時候所有球員得跪坐在地，舉起單手，朝向天空吶喊。吶喊時不可間斷，喊到讓人喘不過氣的程度，如果吸氣的時間變長，教練就會大聲怒罵「誰叫你偷懶休息！」

如果是第一次目睹如此奇特的景象時，老實說會以為不小心看到不該看的教育方式，這算是在上個時代才會見到的行為，可以用失去理智來形容。

二〇一九年冬天，金足農業的校內集訓宿舍由於鍋爐故障，於是前往靠日本海的八龍町進行合宿集訓。當時全隊在狹小的山上進行訓練，數次「喊聲」，使得八龍町不斷發出奇怪的呼喊聲。市公所的職員還嘲笑說：「還以為鎮上住著一群神祕的新興宗教教徒。」這不是一種比喻方式，他們真的以為是宗教團體。

金足農業還有另一項令人瞠目結舌的處罰方式，就是「頭部撲壘」。球員在比賽或練球時只要發生失誤，教練就會命令「某某某，去做頭部撲壘！」被處罰的球員要從球場的角落，一邊喊聲一邊持續做頭部撲壘。實地求證退役選手或球員後，他們說：「教練有時候會忘記喊停，有些人會做了一小時甚至是二小時的頭部撲壘。」類似的有趣故事層出不窮。

這樣的處罰方式也許產生了效果，金足農業的球員相當習慣頭部撲壘動作。近年來，很多球隊都為了避免球員受傷，會指示球員盡量採腳部滑壘的方式；但金足農的球員們，對於用頭部撲向一壘的動作，完全沒有一絲猶豫，綽號「這個男人」的高橋是代表人物。

「我超喜歡把球衣弄髒，在甲子園比賽時展現優異成績的球隊，每個人的球衣不是都很髒嗎？從小時候起，我就很憧憬把球衣弄得髒兮兮的樣子。」

不是有球隊禁止球員往一壘做頭部撲壘動作嗎？當高橋被問到這個問題時，反而問說：

「真的有球隊禁止嗎？」

球隊的女經理對此常發出痛苦萬分的哀號，在甲子園比賽的期間，由於球隊投宿的飯店沒有設置投幣式洗衣機，替補球員與經理們只能將球衣分成幾袋，分別送到飯店附近的幾間自助洗衣店清洗。每天得花三至四小時洗衣服，完全沒有效率。

三年級生金子桃華發牢騷說：

「每當看到球員撲壘的時候，我心想『啊啊！拜託不要再這樣了。』如此只會徒增我們洗衣服的負擔。比分大幅拉開的時候，根本沒有必要繼續搶分，應該不太需要採頭部撲壘吧。」

隊上還有另一位三年級經理，名叫高橋桃佳。很巧地，她跟桃華的姓名漢字拼音都是「momoka」，因此在隊上被稱為「momoka姊妹」。

金子雖然一邊抱怨三年級生「真受不了那群猴子們……」但依舊勤快地照料球員的生活。金子的父親與哥哥都是金足農業的校友，是典型的金農家族。

「過往的金農學生，看起來像是一群凶神惡煞。只要看過以前野球部的照片，一定會大吃一驚。如果我在那個時代當球隊經理，可能做沒多久就不幹了。現在的學生可愛多了，可以用資優生來形容，唯獨野球部例外。」

校長渡邊也回顧自己在學生時期的景象。

「現在的學生會在走廊停下腳步，跟師長打招呼；在我們那個年代，我們絕對不會這樣做。大家都留飛機頭，身穿變形的寬褲與下擺很短的短蘭制服，看起來像是暴走族的預備軍團。這是一間當地不聽話的孩子們聚集的學校。

另一位「momoka」高橋桃佳，由於在國中時期曾加入壘球隊，進入高中後被選為球隊經理。她的個性與金子相反，看起來相當穩重，經常默默做著手頭的工作。根據長得很像普丁的部長久米表示，她們二人都是「近年來罕見的優秀經理」。

二位經理並不會以親暱的稱呼用語「君」來稱呼球員，而是直接叫球員的姓氏，例如「吉田」、「打川」、「高橋」等。金子皺起眉頭說：「我不想稱他們為某某君，聽起來很噁心。」

提到經理與球員的相處，屬於心有靈犀一點通的關係。金子表示：

「我們經常被叫去跑腿，例如『去幫我買麵包』等。雖然心想開什麼玩笑，但他們就是這種人。我因為跟打川同班，他還會跟我借修眉刀。吉田不改其本性，他的置物櫃真的有夠髒，還會叫我『喂，幫我打掃整理一下。』」

在前往甲子園的前一天，球隊準備了小驚喜要送給二位經理。經理被總教練叫到球場後，發現全體球員已經集合，隊長吉田與副隊長佐佐木，對二位經理發表謝詞，並將春季與夏季縣大會的優勝獎牌掛在她們的脖子。雖然是令人感動的一幕，但也許是感到害羞，金子半開玩笑地說：

「雖然由衷感到開心，但我們只是在做教練要求我們去做的事情。」

金足農業的球隊女經理，每學年人數限定二人，入隊前還要參加面試與作文考試。此外，雖然沒有嚴格禁止女性，女經理幾乎沒有踏入球場過。近年來雖然某些高中棒球隊會請女經理坐在板凳席，擔任比賽的紀錄員，但大部分的球隊還是會交由男性球員負責。金子補充說：

「雖然名為球隊經理，實際上依舊在做打雜的工作，但我們還是被賦予了存在的意義。不過，像是日劇般光鮮亮麗的球隊經理生活，在這邊是絕對不會上演的。」

準優勝

挑釁比賽對手的傳統

早上開始練球的時間也令人驚訝，大部分的隊員都會搭第一班電車出門，或是搭家長的便車，在六點半以前抵達球場。由於是自主訓練的性質，可自由參加，但沒有任何一位選手缺席。吉田的情況如下。

「第一班電車是五點三十八分發車，我會在五點二十五分起床，五點半準時出門。大約搭車十五分鐘抵達追分車站，再步行到學校，到校時間大約為六點十分。」

球員通常會帶二個便當，分別是早餐跟中餐，他們會在早上通車途中吃便當，或是到校後在棒球部室裡匆忙地吃掉。在練球之前，高年級生必須來到學校正門至正面玄關前，沿著球場約八十公尺的校園道路「花道」，進行打掃工作。在這段期間，低年級生會整理場地與準備練球用品，各自完成前置工作後，直到八點前各自進行訓練。

金足農業至今依舊留存許多該校獨有的特殊習俗與文化，根據「金足農業高等學校野球部校友會」網頁記載，可見「金農野球部常有之事」項目，當中列出了超過一百項有關於金農棒球隊的「常有之事」。雖然有些故事聽起來超乎常理，但有九成是真實故事。以下列舉其中幾項加以介紹。

〈賽前跟對手致意後，一定要上前逼近對方〉

簡單來說就是挑釁對手，其中也會遇到絕對不會退讓半步的學校，這時候雙方會逐漸逼近，互瞪一段時間。

看起來較為成熟的游擊手齋藤說：

「曾經有其他學校的球員說，不想跟金農比賽，連教練都會感到退避三舍。」

那是當然的。但是，只要讓對手產生這樣的想法，金足農業在氣勢上就先贏了一半。

以下的「常見之事」，更令人感到震撼。

〈比賽五局結束時，一年級生要去搶整地沙耙，如果搶不到，跟對方吵架也無所謂〉

在正式比賽的五局下半結束後，通常由二隊的替補球員進行整理場地的工作，但金足農業的作風是絕對不能讓對手整理場地。

曾擔任比賽隊長的佐佐木說明：

「中場是替補球員決勝負的時刻，到了第四局，一年級生就會陸續湧入擺放沙耙的地方，開始進行爭奪大戰。如果沙耙被對手搶走，有可能會惹學長生氣，即使跟對方吵架也無所謂，發現沙耙被搶走的時候，就要大罵『還我！』把沙耙搶回來。這在秋田是相當常見的情形。」

不光只有金足農業，搶沙耙是秋田縣內各校的「常有之事」。

某位退役球員第一次目睹沙耙爭奪戰的時候，一臉不可置信地問說：「為什麼大家這麼喜歡整理場地呢？」的確，如果能搶先對手一步整理場地，是值得稱讚的行為，但若是發展到吵架的程度，是讓人難以理解的行為。

例如，被對手投出了觸身球保送，金足農業的球員會面露怒色，即使言行舉止有些粗暴，只要當成是「提振士氣」的方式，就不會有人責備他們。

像是屢次被吉田等人奚落的秋田商，總教練太田直這麼說：

「金足農業對於棒球的思維，跟我們正好相反。我們都是教導秋田商的球員，要像個紳士。」

不過，對於金足農業的作風，太田補充說明：「我並不覺得這所高中的球員缺乏禮節。」

「實地觀察他們在賽前或賽後的態度，我不會產生厭惡的情緒，認為這所高中沒有贏球的資格，要不然當地居民就不會這如此支持他們了。只要接觸棒球，他們就是一群純真的熱血青年，過於熱血與純真，秉持正直的生存方式。因此，即使在高中時代品性稍有不良，出社會成為一位大人後，就會有大人應有的模樣，會開始為別人設想，多方照顧他人。記得我當時也深受金農的退役球員們諸多照顧。」

「金農野球部常有之事」還有另一項，那就是特殊的打招呼方式。進入球場要一定要喊「cha」，離開球場要喊「osu」。以前有球員不小心喊成「cha su」，因為多了「su」而遭到嚴厲處罰。

跟學長或教練打招呼的時候，也要講「osu」，很像是空手道的問候用語「押忍」（ossu）。在校園內當然也要打招呼，父親也是金農校友的菅原，即使自己從小「一路看著金農」長大，在加入野球部的時候，對於這項鐵則也是感到不知所措。

「光是打招呼就被糾正好幾次，在走廊一看到對方的時候就要打招呼，即使距離三十公尺左右，也要大聲喊出『osu!』。接近對方的時候也要打招呼，錯身而過時再打一聲招呼，總計要打三次招呼。如果打招呼的聲音太小聲，沒有讓對方察覺到，就會被臭罵一頓。剛加入球隊時候，我還記不住學長的長相，總之看到留平頭的人就對他打招呼，有時候會不小心對柔道部的人打招呼，這時候就只能裝作若無其事地快速通過。」

提到吉田這一屆的球員們，如同女經理金子所說：「只要一得意忘形，無論到哪裡都是肆無忌憚。」，有其不受控的一面。但是，唯有對學長或教練打招呼的時候，他們會跟歷代的球員一樣，以精神抖擻的姿態，用高亢洪量的聲音打招呼。

記得在某一天，太陽完全下山後，球員們在球場旁的部室接受採訪。他們透過窗戶看到秋本教練開車離去的時候，瞬間如同觸電般站了起來，採立正姿勢喊出「osu!」以當時的情境來看，並無法確定教練是否察覺到有人對他打招呼。

即使是桀驁不拘的吉田，在入學時也有類似的經驗。

「這顛覆了我以往對球隊的傳統觀念，只有在這裡宛如時間靜止的狀態。像是打招呼的方式，聲音大到令人不舒服的程度，感覺要用『從肚子的深處大叫』的音量，而且我超怕學長。」

如果光聽學長的描述，感覺不出來吉田有任何畏懼學長的地方，但相信金足農的某些傳統，的確讓吉田感到一絲壓力。

準優勝

「這就是金足農的風格」

從整間學校都能感受到這樣的古老作風。新生在入學後的第一個禮拜，每天午休時間要到體育館集合，練習唱校歌。在練習的時候拿著寫有校歌歌詞的學生手冊，還被規定要舉在肩膀的高度，高年級生會逐一巡視檢查，如果手舉的高度降下來，會被要求「抬高點」。當有野球部的球員時，學長會特別嚴厲，好幾位學長包圍著一年級生大罵「唱大聲點！」只見有些球員在快要哭出來的狀態下唱著校歌。

此外，在舉行開學或畢業典禮的時候，還有一項「持校旗入場」的儀式。依照傳統，會從棒球隊一年級生中選出三人，戴上制帽與白手套，以軍隊行軍般的端正動作持校旗入場。在吉田這屆，是由吉田、打川、彪吾三人負責持校旗入場。

入場時要用力地揮動雙臂直到肩線高度，大力踩踏地板，發出響聲。將校旗插在講台的時候，三人完美地控制每一個動作，整齊劃一，流露認真而嚴肅的表情。最早在昭和時代初期，由應援團的顧問提出持校旗入場的想法，並獲得學校採納後，成為每年沿襲的一項傳統。

在金足農業，說出「為什麼」三個字是不被允許的事情。不，學生似乎也沒有表現出質問的態度。為什麼要大聲打招呼？為什麼要互相爭搶沙耙？為什麼要採取如此不合常理的訓練方式？

學校相關人士常說：

「這就是金足農的風格。」

他們試圖用這句話來解釋一切。實際上，似乎已經解釋了一切。

在練球場一壘側的板凳席，可見一片白板，吉田經常在白板寫下球隊的目標。其中一條寫著：

〈因為這裡是金足農〉

記得吉田剛入學的時候，也極度抗拒金足農的校風，但逐漸熟悉環境後，他被感染的程度比任何人更深。

二〇一八年的夏季甲子園，由於是具有紀念性的第一百屆大會，主辦方將參賽隊伍數量從往年的四十九校擴大為五十六校，為此取消了以往提供每隊三十分鐘的「甲子園練習」，改成十五分鐘的「甲子園參觀」。由於在現場不能使用棒球練習，各校選手可以在球場內走走，摸摸內野土壤與外野草皮的觸感，或是確認內野至全壘打牆之間的距離等。打川裝傻地說：

「我們一直在球場玩耍，例如飛身衝撞全壘打牆，做一些令人摸不著頭緒的事。還有站在各自的守備位置，確認眼前的景色；或是站在打擊區，從那裡感受場上的視野與風景，不禁發出『啊啊』的讚嘆聲等等。」

當時在吉田的提議下，大家做了喊聲。全員來到各自的守備位置，跪坐在地，舉起單手朝向天空吶喊。

近年來，有些人開始主張，高中棒球比賽不再需要毫無意義的喊聲方式。但是，「聲音也是一種技術」的觀念，依舊在金足農業滲透。

當筆者問到是否需要喊出如此宏亮的聲音時，吉田用恍然大悟般的語氣說道：

「如果是技術高超的選手齊聚時，應該沒有問題。但我們就像是一群雜草。」

秋本教練下定決心地說：

「金足農的執教風格，就是勇於採取不合邏輯的訓練方式。秋商則是採完全自主性的訓練方式，也許那裡比較適合天資異稟的選手。不過，金農的方式是先以強制的訓練方式，讓球員首度產生自主性。雖然是處在強制的體制，球員不能侷限於框架中。只要脫離了框架，就會看見不同的世界。如果沒有經歷這些過程，我們絕對無法贏球。」

準優勝

連續二年在首戰落敗

從各種涵義來看，吉田這屆的球員都是非比尋常。

秋田公立高中的入學考試，分為前期選拔與一般選拔二種方式，前期選拔類似推薦入學的制度。金足農業的各社團皆保留前期選拔名額，野球部約有十二、三名的名額。吉田這屆總計有十二名選手，都是以前期選拔的方式入學。

依照往年的例子，透過一般選拔合格的學生，大約有十人加入野球部，加上前期選拔入學的學生，一學年總計約有二十人。然而，在吉田這屆的時候，一般選拔組並沒有任何學生加入野球部，這也是金足農業史上的首例，且原因不明。

不過，唯一可以提出的一件事實，是近年來金足農業的凝聚力顯著降低。

在前總教練嶋崎久美執教的時期，金足農業棒球隊被冠上「雜草軍團」的稱號。嶋崎於一九七二年擔任總教練一職後，由於學校棒球隊本身沒有顯赫的戰績，加上屬於農業學校的特性，很難吸引球員加入，往往得耗費一番苦心。在嶋崎執教第十年的一九八一年春季東北大會，終於迎接轉機。金足農業在準決賽擊敗宮城的名門東北高校，隔日在報紙可見斗大的「雜草軍團」標題，嶋崎逐漸對自身的執教方式產生自信，透過嚴加訓練，依舊能讓先天能力較差的選手逐漸提升技術。

在三年後的一九八四年夏天，嶋崎棒球終於開花結果。在甲子園準決賽中，金足農業面對衛冕軍ＰＬ學園，一路緊咬比分，雖然最後不幸落敗，依舊寫下全國四強的成績。

在十一年後的一九九五年夏季，金足農業打入全國八強，再次擠身全國前段名次。來自秋田的學校，大多會在第一或第二輪輸球，但金足農業只要能打進甲子園，往往越戰越勇，這是這間學校所營造出來的氛圍。

嶋崎於一九九九年暫時辭去總教練一職，於二〇〇六年重掌兵符。不過，從九〇年代後起開始，金足農業已不再是雜草軍團，變身成為秋田眾多優異選手齊聚的精英集團。然而，令人訝異的是，球隊並沒有凝聚在一起，不僅長年無法打進甲子園，即使打進甲子園，往往也會在首戰落敗。

嶋崎時代的第一期子弟兵佐藤敏行說出他的看法。如同前述，佐藤曾對國中時期的吉田訓斥一番，是金足農業知名的退役球員。

「在某一段時期，因為找來太多球員，反而變得不受歡迎。即使球隊戰力齊全，卻無法贏球。提到吉田這群選手的技術水平，在金農歷屆球員中屬於後段班，他們卻創下最佳的成績。在各縣市雖然有更多實力更強的球隊，但越優秀的球隊，團隊默契通常越差。」

因眾人的期望與結果的落差太大，開始有人對嶋崎的執教體制感到質疑與不滿，逼得嶋崎於二〇一一年辭去總教練。

從此之後，金足農業徹底進入低迷期，由當時的野球部部長接下嶋崎的兵符，但新任總教練並不是金足農業的退役球員。像是秋田的秋田高校、秋田商業、金足農業等傳統公立高中，找退役球員以外的人士擔任教練，是不合常規的事情，因此這算是破例的人事調動。

熱愛母校並具團結意識的退役球員們，大多冷眼看待這位非出身於金足農業的總教練。他們有別以往，不再協助挖掘優異的選手，將這些選手送進母校。在新任總教練剛執教的時期，由於隊上幾位優異的選手尚未畢業，尚能撐過這段過渡時期，但在三年或四年後，對於球隊戰力的影響顯而易見。

在新任總教練執教的第三年，金足農業於二〇一四年夏季的縣大會首戰落敗，非校友身分的總教練請辭以示負責，由現任總教練中泉於二〇一五年接掌。二〇一五的夏天，延續前年的低迷成績於首戰落敗。退役球員佐藤感嘆地說：

「金足農在縣大會首戰落敗，這是不應該發生的事情。而且是連續二年。」

金足農業陷入低迷的深淵。吉田這屆的選手於隔年進入金足農業就讀。

在吉田等人升上三年級的二〇一八年，是金足農業創校九十周年，也是夏季甲子園大會進入第一百屆的年度。因此，學校相關人士力圖重振，但中意的選手大多選擇前往其他學校就讀。中泉回想：

「當時幾乎沒有挖角到想要延攬的選手，這跟球隊多年來屢嘗敗績也有關係。有能力的選手會去秋田商業，成績不錯的選手則會選擇秋田中央或秋田南等一般高中。」

跟吉田同屆的選手，大多不擅長念書，如果想進入金足農業就讀，透過前期選拔入學是最為有力的管道。

不過，在這群新生中，吉田選擇金足農業，對學校來說是一大收穫。曾擔任投手的打川，是秋田市內名聲響亮的選手，他原本有意就讀秋田商業，卻在吉田的勸說下改變心意。吉田還成功說服另一名選手進入金足農業，這名選手是淡路巽。

某位強校的總教練，曾評比吉田這屆的球員等級。

「特A級二人、A級一人、其他為B或C級。」

吉田與淡路是特A級，打川為A級。由於吉田選擇進入金足農業，還帶了二位A級以上選手加入。

當時的棒球隊主將，三年級生堀井冬哉回想：

「當時在這批新生中，我認為只有吉田與淡路是即戰力，淡路更是特別的存在。」

淡路跟菅原及亮太一樣，都是羽城中畢業。國二的時候，秋田三地組成了「男鹿、潟上、南秋田選拔」代表隊，淡路與吉田都獲選為代表隊成員。淡路是代表隊中的王牌投手兼第四棒；吉田轉為打者身分，擔任球隊外野手。

二人從小學時期就認識了，對於國小、國中時期的吉田，淡路表示：「他從小球球技就比較好。」從言談中可得知當時二人的實力高低。

淡路入學後，從春季大會起便固定擔任隊上先發游擊手的位置，雖然體型嬌小，臥推時能舉起一百公斤的啞鈴，不僅具有天賦，力量也相當卓越。

另一位「特A級」的吉田，在入學時身高不到一百七十公分，跟淡路相比力量明顯不足。雖然投球的旋轉轉速不錯，但球速只介於中間等級的一百二十公里。然而，從那時候開始，吉田的實力在幾個月內急速成長。

具高度運動能力的吉田，似乎比較適合從事容易傳導棒球力量的硬式棒球。小野在回想起他在高中時期，與吉田久別重逢的場景。

「聽他津津樂道地說，可以把硬球打得大老遠。投變化球的時候，變化的角度也更為犀利了。」

準優勝

出現一位不得了的傢伙

吉田是在夏季大會正式開打前，升格加入先發成員替補的A隊。

高一的夏季，吉田的背號為「二十」號，屬於板凳球員。淡路的背號為「十六」號，擔任隊上先發「第一棒，游擊手」。

金足農業於第二輪遭遇橫手高校，這一場是金足農業所面臨的第一道難關，也是吉田初次登場亮相。面對在春季大會奪下前八強的對手，五局結束後，金足農業以三比四落後一分，在第六局換上吉田中繼。金足農業打進甲子園的時候，吉田採取手套放在胸前的固定式投球法；但在當時第一次登板的時候，他是採高舉過頭的揮臂式投球法。中繼上場投球的吉田，從第六局以後就沒有讓對手得分，終場金足農業以七比四逆轉勝利。

吉田於該場比賽首度投出一百四十公里的快速球，比三個月前快了十五公里以上。

金足農業的渡邊校長，當時任職於縣教育委員會，他特地請假前往觀賽，幫場上球員加油。

「吉田的初登板令我大吃一驚，他完全壓制對手的進攻。當時心想，金足農業出現一位不得了的傢伙。」

第三輪與能代工的比賽，由於金足農業王牌投手堀井於第三局陷入亂流，緊急換上吉田中繼。吉田投完剩下局數僅失一分，雖然球隊最後以五比六落敗，吉田的優異投球表現依舊有穩定軍心的作用。從任何人的眼中看來，吉田已經是一位名符其實的王牌投手。

能代松陽預定在金足農業對能代工的下一場出賽，總教練工藤明坐在金足農業板凳席旁邊的總教練休息室，觀看該場比賽。能代松陽的前身為能代商業時代，於二〇一〇年起連續二年打進夏季甲子園，並於一一年的甲子園奪下二勝，這是秋田縣球隊睽違十六年以來的紀錄。之後，能代松陽在縣內固定成為一支實力堅強的常勝軍。

回想起吉田在場上投球的姿態，工藤說：「他完全吸引我的目光。」

「沒想到這傢伙才一年級，場上的氣勢絲毫不輸人。他的求勝企圖心超過本身的球技，在夏季大會上，雖然只是一年級新生，投球時卻散發『老子天不怕地不怕』的霸氣氣勢，完全沒有露出一絲笑容。此外，金農不是一支學長學弟制相當濃厚的球隊嗎？在這樣的氛圍下，沒想到這位一年級新生卻有如此威風八面的投球表現，這是有些反常的現象。因此，我叫來二位同為一年級生，在二年後可能會成為隊上主力的球員，跟他們說『你們要仔細觀察他的投球，以後遲早會在場上遇到。』」

在那年夏天，堀井等三年級生，對學弟們留下二則重要的訊息。

輸給能代工的那場球，九局上半，金足農業首位打者上壘，形成無人出局一壘有人的絕佳反攻機會。比數為五比六，二隊僅差一分。下一棒打者為第三棒，中泉總教練選擇強攻策略。

「雖然第三棒打者也擅長犧牲觸擊，如果讓他正常揮擊，相信他也能擊出安打。經過再三思考後，決定採強攻策略。」

第三棒選擇揮擊第一球，結果打出內野高飛球，接殺出局。下一棒為第四棒堀井，對方的外野手為了防止長打，選擇後退到全壘打牆前的深遠佈陣守備。

「我經常跟隊友們討論那一球，因為我打出飛向右外野的深遠飛球。如果前一棒使出犧牲短打將跑者送上二壘，我們應該就贏球了。但這一切都是事後諸葛了。」

如果用犧牲觸擊將跑者送上二壘，會變成一人出局二壘有人，對方外野手就會採趨前守備佈陣，以阻止跑者回到本壘。如果依照這樣的佈陣，堀井打出的深遠飛球就會穿越外野手守備範圍形成安打，但因為對方外野手採後退佈陣，堀井打出的右外野深遠飛球落入手套出局。下一棒第五棒，打出內野高飛球出局，比賽結束。

中泉懊悔地說：

「完全是我個人的判斷失誤，當初應該讓第三棒做犧牲觸擊。」

如果決定下犧牲觸擊戰術，無論是再好的打者，只要處於不利的球數，就有可能會被對方察覺戰術，二〇一八年的金足農業就是如此。

不過，當時的金足農業，完全是相反的球隊。堀井說：

「因為我們一直在進行打擊練習，曾經在三場比賽打出四十幾支安打。但是，再強的打線，依舊無法獲得理想的結果（贏球）。」

這是第一則訊息。

另一則訊息，則是與吉田有關。秋本教練回想說：

「堀井提醒說『一定要有人盯著吉田，否則他會偷懶喔。』也許是二人經常一同練習投球，才會如此了解吉田吧。因為他是一位天賦異稟的球員，有時候沒有經過特別練習，也能在場上即時發揮實力。」

燒肉

二〇一八年八月十四日

第二輪

vs.大垣日大 〇 6-3

在擊敗鹿兒島實業的隔天，金足農業所有球員休息一天不用練球。中午過後，全隊前往具有溫泉與游泳池設施的SPA WORLD放鬆身心。到了晚餐時間，出發前往位於門真市的燒肉店「One Karubi」。這是為了慶祝球隊首度在甲子園贏球，全隊去吃「燒肉吃到飽」作為犒賞，這是他們來到大阪後第二次吃燒肉。

在秋田的縣大會預賽獲得冠軍的時候，依照慣例會帶全體球員到當地的「燒肉王」吃燒肉。

幫球隊尋找合適的超級錢湯[1]除了基本的泡澡池外，通常附設三溫暖、按摩水池、休息區、按摩區、飲食區等設施）或燒肉店，是東武top tours旅行社秋田分店職員高谷智之的工作。他在高中時期曾在青森打過棒球，現年四十一歲。

球隊確定晉級甲子園後，校方必須先找一間代辦事務的旅行社，像是訂機票或巴士車票、在練習球場訂便當等雜事，往往會突然增加許多光靠學校職員無法處理的工作。這時候會請旅行社一位職員負責學校的加油團、另一位負責球隊，總計二位負責人。這一次是由高谷擔任球隊代辦事務的工作。

「學校請我就近找一間燒肉店，我仔細尋找是否有合適的店家。如果是過於廉價的燒肉店，似乎有些寒酸。」

雖然野球部部長久米叮嚀「選最便宜的吃到飽方案就好」，但因秋本教練擅自作主，將吃到飽方案升等一級。原本要選的是四十八種品項的三千零八十日圓（含稅三千三百二十六日圓）吃到飽方案，升等為九十五種品項的三千五百八十日圓（含稅三千八百六十六日圓）吃到飽方案。高谷回想說：

「秋本教練跟我說，看在球員們都很努力的份上，他會在事後跟部長報告，真不好意思。」

在這樣的狀態下，他們在大會期間去了四次燒肉店。在準決賽前一天的休息日，也去吃了燒肉。通常在比賽前一天，讓身體適度放鬆休息是比較好的方式，在關鍵時刻往往有優異表現的「祭典男」吉田說：

「一邊吃著燒肉，一邊喧鬧起鬨，就是我們的最佳休息方式。」

原本在決賽的前一天，也有人提議去吃燒肉，但因為有很多球員說「已經吃膩了」，最後否決這項提議。

來到大阪後，秋本教練切身感受到選手們的變化。

「自從脫離將獲勝當成理所當然的秋田大會後，他們似乎樂在其中地投入棒球運動。像是在進行打擊練習時，球員們屢次將球打到外野全壘打牆外的球網上，是

1 為普通錢湯（公共澡堂）的升級版。

自然地把球打得大老遠，不是刻意用力去打，讓人覺得在大阪的球場打球時，球的飛行距離是不是都比較遠，就算打出全壘打也不足為奇的感覺。」

彪吾也對自己的擊球力量大吃一驚。

「沒想到我也能把球打得那麼遠，有點忘記球的落點在哪裡。因為球場很大，咚地一聲打到中外野全壘打牆後方的打者之眼[2]。對球員而言，大阪的氣候反倒讓人感覺舒適許多。打川表示：

「秋田的悶熱天氣讓人覺得煩躁，加上濕氣很重。相較之下大阪的生活舒適多了。」

球員當時住在位於守口市站前方的Hotel Agora大阪守口飯店，飯店總共有一百七十五間客房，附設宴會廳或餐廳等齊全設施，在參賽學校所投宿的飯店中，算是一間頂級規模的飯店。球員與工作人員包下飯店的五樓。

二位選手共住一間客房，飯店還提供四樓的二間客房當作治療室使用，一間提供給球員做賽前體能訓練或低週波治療，另一間則是設有一台高壓氧艙。

治療室中有一名整型外科醫師與二名物理治療師常駐於此，由秋田大學整形外科與秋田縣物理治療師協會合作，每年招募有意願報名的人士，分配工作人員給甲子園出賽隊伍，基本上全員都是志工性質。大部分的選手會每天使用高壓氧艙，或是請醫師診斷身體狀態。

久米部長回想起住在飯店期間的生活，用「置身於天堂」來形容。

「在參加秋田大會的期間，全隊住在校內的集訓場地，但房間內沒有空調設備，加上鍋爐故障，連熱水都沒有，而且八個人要擠在一間房間裡睡覺。來到大阪後，每天可以狂開客房的空調，食物也都很好吃。很多人以為在甲子園待久了，就會想趕快回家；但我們全隊包含工作人員，當時沒有任何人想回秋田，而且還想待更久一點。」

準優勝

「什麼是自卑感？」

在打完第一輪比賽的六天後，金足農業於八月十四日要對戰岐阜代表大垣日大高校。吉田在賽前顯露他的雙面性格。

2 為了讓打擊區的打者更能看清楚球，而架設在中外野全壘打牆後方的大型深綠色屏幕。

他一邊提到：「因為在上一場比賽著重球速，下一場想要著重於犀利度與控球。」由於前一天的比賽，背負大阪桐蔭背號一號的王牌投手柿木蓮[3]投出一百五十二公里的快速球，成為球迷廣泛討論的話題，也讓吉田產生競爭的心理。

「嗯，我只是覺得自己不能輸。如果發揮正常狀態，我也能投出一百五十公里左右的快速球。」

大垣日大也準備了一套對付吉田的策略，原本投手丘到本壘板的距離為十八點四十四公尺，他們在練球時將兩邊的距離縮短為十五公尺左右，並將投球機的球速設定為一百五十公里。但是，實際站上打擊區練打的時候，這樣的距離與球速會讓打擊姿勢跑掉，因此只是為了訓練打擊時的視覺適應感。

「可以揮擊偏低的球，即使是彈地的挖地瓜也沒關係；但遇到偏高的球，死都不能揮棒。」

這是甲子園參賽學校中，最高齡的七十四歲總教練阪口慶三所下的指示。包含他在東邦高校執教的時期，這是他第三十二次帶領球隊在甲子園參賽。他曾經於八九年春天，率領東邦奪下全國冠軍，相信沒有任何教練比他更適合用「身經百戰」來形容。

八局上半是這場比賽的高潮，兩隊在比賽開始的前幾局互有得分，維持三比三平手。五局以後，兩隊投手穩住戰局，比賽陷入膠著狀態。金足農業一人出局壘上無人，下一棒是「第五棒，中外野手」大友朝陽[4]。中泉總教練評論他為「不知該怎麼說，是一位不可思議的球員」。

當我們問大友：「是否有感受到出身於雪國的自卑感？」時，他一臉不太高興地回說：

「什麼是自卑感？」

也許這句話，幾乎代表大友給人的一切形象。

此外，大友還有這樣的一面。對於久米部長來說，他對大友的印象是「很能強忍受傷的選手」。

「看到大友走路一跛一跛的，詢問他不要緊嗎？他回說：『請您千萬不要跟總教練說。』雖然他曾因為自己的身體狀態跟我訴苦，我問他要休息一段時間嗎，他還是會回說『我沒事的』。」

---

3 柿木蓮在二〇一八年選秀會，以第五指名加入日本火腿鬥士隊，於二〇二二年在一軍初登板，當年於一軍僅出賽四場，留下〇勝〇敗，防禦率二成八的成績。季後被宣布為戰力外球員，之後與球團簽下育成選手合約。

4 畢業後進入秋田市建設公司伊藤工業工作，目前所屬社會人球隊Golden Rebirth外野手。

對於大友而言，在現役球員中，自己完全沒有進入過「傷兵練球分組名單」中，是最大的驕傲。

事實上，在大阪比賽的時期，所有球員中唯有一人完全沒有進過治療室，他的理由是「不想讓別人碰觸身體」，這個人就是大友。

大友在六局上半的第三打席，犯了一個致命的失誤。當時金足農業為一人出局、二壘有人，下一棒為第四棒打川，對手選擇故意四壞球保送打川，輪到下一棒大友，中泉令人意外地下了犧牲觸擊的戰術。

「雖然對大友感到過意不去，但我希望他能成功推進壘上的跑者。若犧牲觸擊戰術成功，這樣變成兩人出局二、三壘有人，下一棒只要打出安打就有可能一次得到二分，對方投手會倍感壓力。一人出局一、二壘有人，輪到第五棒打者上場的時候，教練通常不會下犧牲觸擊戰術，但我認為這是決定勝敗的關鍵一局。如果讓大友強攻一決勝負，不就正中阪口總教練的下懷了嗎？阪口總教練的調度方式也令我感到吃驚，他往往不會讓我們隨心所欲地執行戰術，像是會透過叫暫停，或是這局的故意四壞球保送等方式，來阻止我們得分。對了，他在第七局也下達了故意四壞球保送。」

然而，大友執行犧牲觸擊失敗，觸擊三好球判定出局。所謂的觸擊三好球，指的是在二好球後打者使出犧牲觸擊時，若擊出界外球即視為第三好球，判定打者三振出局。

「我對犧牲觸擊已經完全失去自信了，真的很討厭做犧牲觸擊。」

由於大友的犧牲觸擊失敗率偏高，隊上還出現「大友應該是故意犧牲觸擊失敗，讓教練團不再對他下達犧牲觸擊的指示」的質疑聲浪，但他本人否定說：「這樣講就太誇張了。」

八局上半，輪到大友的第四個打席，他站在右打打擊區，心中想著「總之，先上壘再說」。

在秋田大會的時候，他的打擊率只有一成八八，一度陷入低潮。不過，在甲子園的第一輪比賽，於第一打席擊出中右外野方向的三壘安打，頓時放下心中的大石。

「站在甲子園的打擊區，從那裡所見的風景實在太美了，原來這就是站上甲子園打擊區的感覺，真的很開心。我在第一個打席也擊出安打，當時覺得太棒了。」

大垣日大的先發投手內藤圭史，讓金足農業的打線奪下三分，但大垣日大在第三局換上中繼投手杉本幸基，在第八局之前僅讓金足農業擊出三支安打。他是一位本格派的右投手，用一百四十公里左右的快速球，徹底壓制金足農業打線。

球數來到二好球，陷入絕境的大友，選擇將球棒握短一個指頭的位置，取消原本右腳抬腿的打擊準備姿勢，改成更寬的站位與不落足打法。面對投手接下來的投球持續纏鬥，擊出六個界外球。

「當時的想法很單純，因為面臨絕境，只要球接近好球帶就要先破壞掉。不管對方投出何種球路，我都有自信能打到球。感覺腦袋一片空白，沒有任何思考。」

球數來到二好三壞後，大友面對投手所投出的第十二球，是一顆偏內角的直球，大友迅速地扭動身體揮棒出去。

「突然面對一顆內角的直球，我心想『嗚哇！真的假的！』只能硬著頭皮使勁地揮棒。如果採取抬腿的打擊準備姿勢，應該就會揮棒落空吧。」

擊球的瞬間感觸相當輕，不像是有咬中球心的感覺。只見球飛向左外野標竿，大友一邊盯著球的飛行軌跡，緩緩地往一壘走，確認小白球上了左外野全壘打牆後方的看台時，他朝向隊友所在的一壘板凳區用力高舉右手，開始繞壘奔跑。

「當時心想，唉呀，居然飛出大牆了。現場的歡呼聲十分驚人。隱約感覺到歡呼聲一度停了下來。在我擊出球的瞬間，聽到現場觀眾發出『喔喔』的聲音，球飛到看台前，開始聽不到歡呼聲。最後在球落入看台的瞬間，又聽到『喔喔』的歡呼聲，這是為什麼呢？」

這是大友獨特的表達方式。他擊出了高中棒球生涯的第三支全壘打，也是金足農業在那年夏天所擊出的第一支全壘打。

久米部長一邊看著大友將球擊到外野看台，他並沒有感到特別驚訝，這反而是讓他最感驚訝之處。

「我當時並沒有特別感到驚訝。很多人都說，甲子園存在著隱形的惡魔，我始終認為一定會發生戲劇性的變化。對鹿兒島實業的那場比賽也是如此，只要持續纏鬥，到比賽的尾聲一定會有風雲變色的時候。雖然沒有確切的根據，但我覺得自從我們打進甲子園後，就絲毫沒有會輸的感覺呢。」

準優勝

武士拔刀動作

在晉級甲子園之前，金足農業是典型的「投高打低」型球隊；但自從在甲子園首度對上金足農業後，在大垣日大選手們的眼中，似乎不是這樣子的。目送大友將球打至全壘打牆後方看台的「第四棒，左外野手」修行惠大回想：

「原本聽說金足農業打線的實力平平，但實際上他們還是能發揮打擊的實力。」

第一局，金足農業的第一棒菅原，便擊出了飛越左外野手上空的二壘安打。

「對手在第一局就突然掌握一波攻勢，進攻氣勢旺盛，加上吉田輝星的投球表現鼓舞了全隊，打者趁勢加強了進攻火力。」

金足農業因大友擊出全壘打，取得四比三領先。在八局之前已經投了一百二十七球的吉田，也因大友的奮力纏鬥並擊出超前全壘打的表現而大受鼓舞。

「我當時已經感到有些疲憊了，但那支全壘打讓我完全醒了過來。大友很少對外顯露出他的鬥志，當時的他卻展現出旺盛的鬥志。雖然他在前一個打席因觸擊三好球出局，但他不是一位就此結束的男人。到了下個半局要換我上場投球，我心想一定要壓抑對手的打線，要全力以赴，以連續奪下三次三振的決心在場上投球。」

像這樣的男子氣概，往往會打動校長渡邊的心。

「吉田是一位體貼他人的不良少年，他熱愛身旁的同伴。在我們那個年代，所有的不良少年都是這樣的性格，吉田也是如此。因此，大家才會想做他的後盾，替他加油打氣吧。」

金足農業在進入第一、六、九局的守備時，吉田有一項必定會進行的儀式，就是他跟大友會做的「武士拔刀動作」。他們會單膝跪地，有默契地同步做出武士拔刀的動作。這是他們在高三春天的正規賽起，固定會做的例行動作，當初是由大友所提出的點子。

「這是我跟吉田常玩的遊戲裡頭的動作，原本只有在第一局才會做。在第九局做武士拔刀動作，代表要上緊發條，拔刀後結束比賽。在第六局做，代表重新振作，拔刀後要站起來。」

第一局只有拔刀，第六局拔刀後站起來。第九局拔刀收尾，各有不同的含義。對於大友的提議，吉田爽快地答應了。

「如果以比賽的心情上場投球，往往無法發揮好表現，畢竟我也是一位快樂（喜歡快樂打球）的人，上場就像是在玩遊戲的感覺吧。」

提到二人常玩的遊戲，名為「小雞雞遊戲」，是聽起來有些不雅的遊戲。依照遊戲規則，在玩遊戲的時候，被別人指著唸到「武士！」的人，要喊出「唰鏘」的拔刀出鞘聲音。因此，吉田的棒球手套接觸手掌的區域，繡有「唰鏘 吉田輝星」的文字。

「我只是想在棒球手套的刺繡開個小玩笑。」

附帶一提，吉田成為職棒選手後，他在手套的同個區域繡上了「人生，從頭開始」的文字。運動報社煞有其事地報導了這句話的故事，但只要是金足農業的相關人士或球員，都知道這是吉田特有的幽默。菅原說：

「只要是金足農的人，看到這句話都會秒懂，心想這傢伙又在惡搞了。因為他是一位投手，從來不會被要求做頭部撲壘。」[5]

八局下半，吉田切換到第三檔位的投球，他在投出快速直球後，身體會順勢反轉。亮太回想：

「他是喜怒無常的人，看得出來他在這場比賽的情緒十分高昂。」

八局下半，面對大垣日大第一位上場打者第四棒修行惠大，吉田僅投了三球便將他三振出局，第三顆好球是內角偏低的一百四十二公里的直球。修行在第二打席時，面對吉田投出外角偏低的直球，也是站著不動就被三振出局。這二個打席的最後一球，看起來都是算準了時機停下揮棒動作，不可思議也站著不動被三振。

修行說：「本來以為球會一個彈跳挖地瓜，等到回過神來，就發現自己被三振了。吉田所投出的球看起來像是壞球，結果都會跑進好球帶。隊友跟我說，即使打出內野滾地球也沒關係，至少要打到球，但我還是難以揮出手中的棒子。進入最後一個打席，因為前面已經看了三個打席的投球了，原本想鎖定吉田的直球揮擊，但看起來還是很像壞球。」

修行在對星稜高校的練習賽時，曾遇過星稜投手奧川恭伸[6]投出超過一百五十公里的快速直球，但他表示吉田的球「有上飄的感覺」。奧川是在二〇一九年夏季甲子園幫助球隊奪下亞軍的投手，在日本職棒選秀會上獲得三個球團的第一指名。

「吉田的直球跟一般投手的直球不同，比想像中更具球威。將我三振的這二顆球，是我至今所見過最高等級的直球。」

面對大垣日大接下來的第五棒與第六棒打者，吉田同樣用偏低的直球，讓他們站著不動被三振。八局下半，吉田的投球表現吸引了在場所有人的目光，但唯有一人置身事外，他就是中外野手大友。

「我完全忘記他的投球內容了，因為當時還沉醉於上個半局的超前全壘打，實在太開心了。賽後觀看電視重播，才發現他在八局下半三振所有的打者。」

九局上半，金足農業因吉田等人擊出安打得到二分，以六比三擴大比分差距。進入最高投球檔位的吉田，直球的球威絲毫不減，他在九局下半每投出一球，球速越催越快，引起看台觀眾一陣騷動。

5 吉田根據金足農業特有的「從頭開始」頭部撲壘懲罰方式，而在手套繡上了「人生，從頭開始」。

6 於二〇一九年入選U-18國家隊，同年於日本職棒選秀會上獲得讀賣巨人隊、阪神虎隊與東京養樂多燕子隊三隊的第一指名，最終由養樂多隊抽中交涉權，成功爭取奧川加盟。奧川於職棒生涯第二年的二〇二一年，拿下九勝四敗，防禦率三成二六的成績，是該年養樂多隊奪下冠軍的功臣之一。

面對第二位上場的打者時，吉田連續投出三顆一百四十九公里快速直球，創下當天最快球速的紀錄。雖然在九局下半只投出一次三振，最終以壓倒性的投球表現，讓打者三上三下結束比賽。

他說：「因為累積疲勞，進入無法施力的狀態，但投球的感覺反而變得更好。」

在對鹿兒島實業的比賽時，吉田也是從五局以後逐漸進入狀況。這場面對大垣日大的比賽，他投完四局的時候投出五次三振，進入五局以後則是投出八次三振，表現漸入佳境。

準優勝

與主審之間的攻防戰

吉田在這場比賽總計投出十三次三振，其中有九次讓打者站著不動被三振。他田稱讚捕手亮太說：

「我通常會將球投在捕手較為難接的位置，因此特別提醒亮太在接球時，不要移動捕手手套，否則會（讓主審）產生不好的印象。低球是相當難接的位置，但他的接球技術比任何人更好。」

優秀的捕手很擅長跟主審討價還價，亮太揭開他與主審的好球帶攻防戰內幕。

「第一輪比賽的主審，有很多球都不願意給出好球的判決。此外，當我把腳伸出捕手蹲捕區的邊線時，還被主審要求『不要伸出去』。雖然國際棒球規則禁止這種動作，但我在高中棒球賽還沒有被提醒過。當我將捕手手套放在外角的時候，我會習慣將腳伸出蹲補區，如果被主審禁止的話，明明指示投手投外角球，看起來就會像是將手套放在紅中的位置。跟大垣日大比賽的時候，由於主審沒有禁止我伸腳，這樣在接球時更為靈活了，外角空間變寬了一半。我多次試探主審的好球帶，接到球後，終於聽到主審喊出好球。」

在很久以前，即使是在高中棒球賽，也經常會看到捕手在接到球時，理所當然地將捕手手套移動至好球帶，也就是所謂的偷好球帶行為。然而，近年來美式棒球風格急速普及，即使是在日本高中棒球界，這種「欺瞞主審的行為」會受到嚴格檢視與禁止。亮太接著說：

「忘記是哪一場比賽，我站上打擊區打擊的時候，因為對方捕手疑似移動手套偷好球帶，主審憤而警告說：『接球時不要移動手套，再犯的話我就會判壞球。』

在甲子園比賽時，如果捕手沒有做出移動手套的動作，往往會給主審較好的印象，感覺好球帶會變寬許多。我通常也不太會移動手套，但如果主審的好球帶較為嚴苛的時候，有時候稍微移動手套反而比好。這時候只能在場上臨機應變了。」

賽後，記者在採訪吉田時，對於他在場上做的武士動作評論說：「你在這場比賽完全砍殺對手了呢。」

吉田回說：「因為失了三分，不能說是完全砍殺。」

不，以他在第八局與第九局的投球表現，可說是砍到對手鮮血飛濺的壓倒性投球內容。

金足農業進入第三輪的比賽，將遭遇第二輪花咲德榮與橫濱之間的勝隊。花咲德榮是前年的夏甲冠軍隊，橫濱則是具有冠軍相的球隊。面對實力更為堅強的對手，吉田發出「全力以赴」的宣言。

「在下一場比賽，我從第一局到第九局都會全力投球。」

同個時候，大友待在混合採訪區，還在沉浸於短暫的「賽後英雄」時刻。

「我們當時都在討論，今天哪位球員的身旁會圍繞最多記者。記得還有人說：『今天一定會有很多記者要採訪大友，我不想待在他的旁邊。』那時候我一個人坐在長椅，喝著AQUARIUS運動飲料，看到記者蜂擁而至，嚇了一大跳，只能頻頻喊太靠近了。那時候有三台相機在拍我呢。」

當天回到飯店後，大友目不轉睛地看著自己打出全壘打的影片。

「我用手機重複播放十次左右，把手機靠在耳邊仔細聽，還能聽見觀眾的歡呼聲。」

隔天，球員們前往「One Karubi」吃燒肉，大友點了三輪最愛的牛五花肉，吃得津津有味。

傳說的教練

堀井等三年級生畢業後，吉田成為名符其實的王牌。

二〇一六年秋季大會，是攸關能否晉級隔年春季甲子園的賽事。金足農業於中央地區大會第一輪對戰秋田商業，吉田雖完投九局，金足農業以一比四落敗。在接下來的敗部復活戰中，秋田工業以四比三再見逆轉金足農業，原本在第九局，金足農業還取得三比一領先，但陣中最可靠的選手吉田無法壓制對手打線，遭到逆轉。金足農業吞下連敗，阻斷了前進甲子園的道路。

這年秋天，這支新形態球隊的先發陣容中，主要為四位一年級生，包括游擊手淡路、投手吉田、一壘手打川，以及二壘手菅原。

堀井提到他對淡路、吉田以外的一年級生印象：

「感覺是一群實力不怎麼樣的耍嘴皮子集團，只有嘴巴很伶俐，態度十分傲慢。畢業的退役球員，有時候都會回母校觀看學弟打球，在球場上往往會聽到他們喊著：『我會轟出全壘打！』卻常常打不到球，守備也失誤連連。記得吉田在一年級的時候，也常常把自己會成為職棒選手掛在嘴邊，但那傢伙的確有成為職棒選手的實力。」

吉田雖然會用言語引發對手的反感，卻擁有讓對手啞口無言的實力。在十月的新秀大賽中，發生以下的故事。當時金足農業確定要對上具有冠軍相的球隊明櫻後，吉田跟從天王中轉學到明櫻的前隊友說：「幫我轉告你的隊友，有種就打打看我的球吧。」這明顯是充滿挑釁性的話語。

明櫻的球員們聽到這番話，必然是引發一陣騷動。從大阪進入明櫻就讀的同年級生山口航輝[1]，在比賽當天面帶怒容。

「當天的比賽在本校的球場舉行，聽說金足農業的球員在室內練習場練習傳接球時，想說去一探究竟，看看這傢伙的實力究竟如何。到了現場，發現他投球的球威的確不錯，這時候隊友們才紛紛表示認同。」

由於明櫻的選手終於了解到，吉田不是一位只會說大話的球員，當天的比賽和平落幕。

淡路很擔心這支新球隊的未來。

「自從三年級生離隊後，球隊戰力變弱許多，真的沒問題嗎？」

十月下旬，淡路決定退出野球部，部分校友傳言，他是認為球隊的未來沒有希望，因而做出這個決定；但本人表示，主要原因是屢次受傷。國中時期，淡路的肩

1 於二〇一八年選秀會中，獲得千葉羅德海洋隊第四指名加入職棒，並於二〇二一年單季擊出十六支全壘打，為全隊全壘打數最多的選手，是羅德的新生代重砲。

膀與手肘曾經受傷，加上前陣子腰部發生疲勞性骨折，更是雪上加霜。

「我經常在想，我可能不適合打棒球吧……我曾經立下成為職棒選手的目標，但如果受了這麼多的傷，應該就無法成為職業球員了。雖然旁人再三勸說，我還是決定要離開球隊。」

淡路之後轉為加入舉重部，他活用自身的優異身體素質，曾經在六十九公斤級的全國高等學校綜合體育大會與國民體育大會登場。

在同個時期，還有另一位跟吉田同屆的球員離隊，球隊剩下十名球員。剛好在這個時候，某位傳說的教練回歸球隊。

準優勝

西裝與圍巾

二〇一六年十一月三日，球員們在當天才得知這個消息。高橋回想：

「當天早上，秋本教練跟大家說：『我的師傅伊藤先生今天會來到這裡，大家要把場地打掃整理乾淨。』我心想，剛才他說的是伊藤嗎。記得我們在一年級的時候，當時的三年級學長經常提到，他們在一年級的時候，隊上有位名叫伊藤的教練，這位教練不太好惹喔，聽說他是隊上歷任的教練中，最可怕的教練。因此，我覺得他應該是一位相當嚴厲的教練，結果見到本人的時候，完全超乎我的想像，心想『什麼，他居然是教練？』」

伊藤誠開著一輛白色TOYOTA PRIUS轎車，他看起來是一位出奇成熟而沉穩的大人。提到野球部的教練，通常會身穿運動服等運動穿著，但他卻身穿一套剪裁看起來相當考究的西裝，披著高級的羊毛絨圍巾。以四十二歲的年紀來說，白髮略為明顯，但搭配整體打扮反而更為時髦。伊藤的高雅紳士形象，在球員之間越來越膨脹，甚至有傳言說他只喝高檔葡萄酒，或是家裡有酒窖等，但這些都純屬謠言。

伊藤的眼緣很像鈴木一朗，因此球員在用ＬＩＮＥ傳訊息的時候，經常會在「發現伊藤教練」的訊息下方附上鈴木一朗的照片。

伊藤也是金足農業的校友，他在高中二年級的春天，以「第七棒，左外野手」的身分在甲子園出賽，他在升上高三的時候成為隊長，擔任「第三棒，捕手」。中泉總教練是大伊藤一屆的學長。在高中畢業後，身高一百六十六公分的伊藤，加入當地的社會人強隊ＴＤＫ並擔任捕手，待在隊上約有十一年的時間，雖然直到球員生涯的第七年都是替補選手的身分，到了第八年的一九九九年，他終於成為隊上主力球員，一路走來相當艱辛。伊藤於二〇〇二年退役，在二〇〇三年的時候，他受當時擔任金足農業總教練的同班同學三浦請託，擔任母校的外聘教練。至於秋本回到母校擔任教練的時間，則是在伊藤加入球隊的十年後，也就是二〇一三年。

然而，伊藤與秋本的「師徒關係」並沒有持續多久。二〇一四年夏天，因發生某事件，學校開除了伊藤教練。當年的堀井還是一年級，這是發生在六月下旬熱身賽的事件。當時由於正逢夏天，為了做好防曬，金足農業的球員在比賽或練球的時候會身穿長袖汗衫。然而，由於當天的天氣異常炎熱，球員必須依照炎熱天氣改穿短袖汗衫，但大多數的球員都沒有帶短袖汗衫。

原本預定上場投球的堀井，在牛棚接收到更換穿著的訊息。

「隊長走過來說：『嘿，你有帶短袖汗衫嗎？』因為我沒有帶，只好先捲起袖子。結果，我聽到另一邊傳來伊藤教練的怒罵聲……」

大多數的球員都捲起了袖子，藏在球衣袖子裡頭，假裝身穿短袖汗衫的模樣。如果沒帶短袖汗衫，老實說出來也許比較好，但球員們有所隱瞞，因為打算以活動性不佳的穿著上場打球，球員耍小聰明的行為，惹怒了伊藤。

「既然沒帶的話，就把袖子剪掉！」

球員們乖乖聽從教練的命令。但是，聽聞事件始末的部分家長，無法保持沉默。像是美國職棒大聯盟的球員，自行剪掉汗衫袖子的行為並不足以為奇；但教練以半強制性的方式要求球員剪掉袖子，以當今的學校教育倫理來看是行不通的事情。雖然伊藤立刻賠償汗衫的費用，但無法平息家長的怒火，問題擴大到校方出面協調的層級。最後，伊藤被迫離開野球部。

在當年的夏季縣大會，金足農業於首戰輸球。賽後回到學校球場，家長們包圍著非校友身分的總教練，對他放話說：

「給我記住了，我們可不會輕易饒過你！」

金足農業的前總教練，現任男鹿海洋總教練的三浦，替同班同學伊藤抱屈說：

「那一輩的球員心理素質都十分脆弱，因為脆弱才會做出這些行為，不是嗎？父母親也會經常表達不滿。」

伊藤於該年八月起，在恩師嶋崎擔任總教練的北亞大學執教，北亞大學是位於秋田市內的大學，明櫻是該大學的附設高中。

伊藤離開金足農業後，堀井誠實地吐露他的心聲：

「當時鬆了一口氣。每當看到伊藤教練開著PRIUS來到球場的瞬間，那種緊張感真是不得了。等等，我突然想到如果少了伊藤教練，不知道這支球隊會變得如何。果然不出所料，戰績毫無起色呢。」

伊藤離開後，金足農業從二〇一四年起經歷第一輪落敗、第一輪落敗、第三輪落敗，連續三年提前淘汰收場。

佐藤敏行是促成伊藤回到金足農業執教的人物，他是大伊藤二屆、大中泉一屆的學長，也是將中學時期的吉田帶進廁所大罵一頓的金足農業校友。

佐藤是YAMAKO綜合物流會社的常務董事，這是一間總公司位於秋田的貨運公司。聽說高中時期的佐藤人見人怕，學弟更不用說了，甚至連同學都不敢跟他搭話。

自從嶋崎辭去總教練一職後，佐藤長期以慚愧的心情看著母校處於低迷的狀態。剛好在二〇一六年秋天，佐藤聽說嶋崎卸任北亞大學總教練，伊藤也同時辭去教練職位，當時已經有好幾間高中有意延攬伊藤擔任教練，佐藤詢問伊藤內心真正的想法，伊藤說：「我想回到金足農。」佐藤因此決定助他一臂之力。

準優勝

新任總教練的「革命」

二〇一五年春天起，金足農業聘用中泉擔任新任總教練。中泉在球員時期，從高一秋天開始固定負責中外野手守備位置，在隊上多為第三棒或第四棒的棒次，他在高中深受後輩的尊崇。三浦說出主要的理由：

「他的打擊能力優異，也不會多管閒事，光這點就令人感激。總之，以後輩的角度來看，就是一張安全牌。中泉的課業也十分優異，是一位完全不像是金足農學生的學長。」

現任的球員也對於中泉的打擊感到敬佩不已，即使是有些瞧不起大人的打川，也讚嘆地說：

「他的打擊技巧跟神一樣，在做long tee長打揮棒練習[2]的時候，擊球的飛行距離比我還遠。」

中泉在就讀青山學院大的四年期間，從未坐過板凳，大學畢業後，他在秋田商

2 在球場空曠處，請隊友或教練協助低手小拋球，由打者揮擊打向外野的練習。

業執教五年的時間，曾在九七年夏季與〇〇年夏季，二度率隊打進甲子園。九七年夏季靠著隊上的嬌小型王牌投手石川雅規[3]，在甲子園奪下一勝。

中泉之後轉任軟式野球部總教練，於五城目高校首度擔任硬式野球部總教練。執教四年期間，於某年夏季甲子園僅奪下一勝，之後來到金足農業。

「老實說，我當初根本沒有任何信心，畢竟只有四年的總教練經驗。但我不想因為缺乏經驗就放棄自己的理想，或是要等到有自信或創下優異成績後才有資格擔任總教練。因此，我首度向母校提出申請，希望能獲得學習的機會。」

不過，中泉的行事作風相當大膽，在金足農業裡，可說是革命性的執教方式。簡單來說，中泉的目標就是「脫離嶋崎路線的棒球」。

嶋崎的執教方式是完全的激進派。在中泉的現役球員時期，金足農業在高二時的秋季東北大會獲得亞軍，幾乎篤定能晉級隔年春天的選拔大會。打完東北大會回到秋田後，嶋崎要求全體球員住在校內的集訓場進行集訓生活，他告訴球員，如果在選拔大會開打的前四個月期間，若爆發醜聞事件，球隊就得放棄參賽資格。簡而言之，球員的一切生活都要受到嚴格監視。

集訓場的生活非比尋常，即使到了就寢熄燈時間也不能關燈，房間的收音機會播放廣播，且開啟最大的音量。嶋崎解釋他的意圖：

「為了在甲子園贏球，無論何時都要保持一顆平常心。因此，我必須訓練球員，置身於任何環境下都能進入入睡狀態。像是遠征外縣市比賽的時候，我曾叫他們站在上野車站前唱歌，這就是鍛鍊個人心志的練習方式。」

歷代選手中，有些人可能對於嶋崎的奇特執教方式感到有趣，但中泉是打從心裡感到厭惡與抗拒，他認為「這不像是金足農的風格」。

「因為根本很難辦到，把收音機的音量開到最大，怎麼可能睡得著。我雖然試過各種方式，例如戴上眼罩或耳塞，但我時常在想，這樣是正常的集訓方式嗎？」

提到金足農業，一九八六年由時任總教練嶋崎所開創的「地獄田澤湖集訓」，是著名的冬季集訓方式。年初，全隊會在秋田縣降雪量最多的地方之一——田澤湖，舉辦為期五天四夜的集訓。

從秋田市向內陸開車行駛約一個半小時，就會來到東北地區的脊梁奧羽山脈。田澤湖位於山脈之間，即使某年秋田地區的降雪量較少，在這裡依舊是另外一個世界。在田澤湖，每年都會遭逢大雪。

在田澤湖的集訓期間，球員每天早上五點半起床，穿著雪地長靴，靠著雪地的

---

3 於二〇〇一年選秀會加入養樂多燕子隊，此書繁體中文版出版時四十四歲，是現役球員中最年長的球員。生涯成績為一百八十五勝，防禦率三成八八。

反射光，從六點開始於雪徑跑步一個半小時。跑完步吃早餐，九點至十二點回到山上訓練，積雪往往達到腰部的高度。下午一點半至六點，回到體育館繼續訓練。一整天的訓練沒有使用棒球或球棒，集訓的目的，是為了讓他們置身於異常的環境下，也能努力進行嚴格的訓練。

九八年夏季，金足農業於決賽遭遇宿敵秋田商業，六局結束時，金足農業以六比十六落後十分。然而，金足農業在第七局得下二分，在第八局追回四分，追到只剩四分差。九局上半，金足農業打者上場打擊前，嶋崎對球員只說了這句話：

「回想一下田澤湖的集訓。」

結果，金足農業打線在第九局繼續爆發，拿下五分，終場以十七比十六寫下大逆轉勝利。老實說，這是超乎現實的比賽過程，但這段看似真實又虛構的故事，至今依舊為人所津津樂道。由於這場比賽成為傳說，球隊對外聲稱「金足農的訓練是東北第一嚴格」；對內則是宛如向球員洗腦，由於進行如此嚴格的訓練，比賽時不會輕易輸球。

中泉接掌總教練後，廢除了田澤湖集訓的制度，將冬季集訓的場所換成校內，依舊維持集訓的優良傳統。

「那樣的訓練方式，我想只有嶋崎總教練才能辦到。最近覺得，如此嚴格的集訓方式很像是一場表演，如果考量到家長的意見或學校預算，沒有非得選在田澤湖辦集訓的必要吧。如果學校就有合適的場地，我認為在校內舉辦集訓應該是比較理想的方式。」

每年球隊集訓的時候，由於家長得幫小孩負擔各項的花費，家長對於到外地集訓也會感到排斥。雖然中泉說得很有道理，但金足農業可不會讓球員們太好過。身為伊藤的同學，於〇二年至〇五年擔任總教練的三浦，也打算中止田澤湖集訓的方式，但他還是辦不到。

「在田澤湖集訓的球員們，雖然內心感到矛盾，還是硬著頭皮去做。即使在集訓途中受傷，大家還是會勉強自己撐到最後一刻，因為這就是金足農業的傳統。曾經有球員感覺韌帶疼痛卻持續練習，在之後僅僅半年期間，便葬送了選手生涯。老實說，我也常思考是否有必要採這種集訓方式，但我無法中止這項傳統。」

在田澤湖以外的場所進行集訓，其意義不是只有改變地點如此單純而已。秋本教練說出在田澤湖集訓的目的：

「即使對田澤湖感到抗拒，也無法逃離；但如果在學校集訓，只要感到抗拒，就能立刻搭電車回家，這是最大的差異。如果選擇逃避，球技一定不會進步。田澤湖是男人的修行場，在這裡才能鍛鍊心性與不屈不撓的精神。」

換言之，田澤湖就像是金足農業的「總寺院」。如果捨棄統轄宗派的寺院，就意味著脫離門派。

中泉發起的另一項「革命」，是捨棄犧牲觸擊戰術，從嶋崎所建構的短打棒球，轉變為強攻棒球的路線，這是從他曾在秋田商業擔任教練所得來的經驗，受到秋田商業強攻棒球路線所影響。秋本教練證實說：

「他上任總教練後，曾經跟我們說，他想要走強攻棒球的路線。」

從前球隊得花大半的時間練習守備與犧牲觸擊，自從中泉上任之後，練習時間幾乎花在打擊練習上。但是，這項改革很快就遇到阻礙。如同前述，在中泉執教的第二年，也就是二〇一六年夏季秋田大會，金足農業的強攻策略在最後一局適得其反，輸掉一場勢均力敵的比賽。從那場比賽以後，開始看出中泉的戰術產生變化。

準優勝

「千萬不要忤逆這個人」

金足農業知名校友佐藤為了促成伊藤回到母校後，他提議要跟中泉、伊藤、中泉那屆的隊長四人一同吃飯。

「我打電話給中泉，跟他說如果找makko（伊藤誠）回母校如何呢，結果他回說：『學長，這好像有點為難……』於是我跟他說，到底要介意過去的事情多久。隊上不能只有溫和的教練，嚴格的教練也有其存在的必要。我便邀約中泉，大家不妨找個時間先一同吃晚餐。」

九月的時候，四人來到秋田車站附近的「千兩壽司」包廂聚餐，佐藤繼續說：

「中泉是一位外野手，他上場打擊的時候，不是被三振就是轟出全壘打，在現役球員時期，教練幾乎沒有對他下達犧牲觸擊的戰術。他平常笨手笨腳的，短打技巧也不是很好，我想也很少執行過打帶跑戰術吧。因此，我覺得他不太了解下達戰術的時機，既然如此，借助他人之力不是更好嗎。我跟他們說，明年的目標是先培養出打進四強的戰力，再率領吉田這屆的球員打進甲子園。這是我們在聚餐時所取得的共識。」

然而，無論過了多久，中泉都沒有向伊藤傳達具體的消息，佐藤從伊藤那裡得知此事後，立即打電話給中泉。

「我想中泉感到十分猶豫吧。我用強硬的口氣問他，是否能給出確切的答案，他回說：『我明白了，請他明天過來吧。』我於是立即打電話給makko說：『你明天可以去野球部報到了。』」

球隊練球的第一天，伊藤有時候會一邊作筆記，一邊靜靜地觀看球員的練球過程。最後，他會稱讚球員說「做得很好」。

他說：「要多加觀察現場狀況，不要突然去做一些虛張聲勢的事情。先試著分析，要做到什麼樣的程度是最恰當的，或是如果這麼做會讓球員感到抗拒等等。」

高橋表示：「伊藤教練跟傳聞中的感覺不同，是一位好人啊。」

伊藤跟隨嶋崎執教的時期，雖然在平日也有來過球場，基本上是限定在六日指導球員的教練。

伊藤所任職的工廠位於日本海沿岸的仁賀保市，距離秋田市內的老家大約一個小時的車程。如果下午五點下班離開公司，大約在六點半能抵達金足農業棒球場。但是，伊藤表示他是刻意選擇不在平日前往。

「因為想長久地擔任教練一職，不能給自己造成太大壓力。從禮拜一到禮拜五認真工作，在六日從事喜歡的棒球指導，這是最適合我的生活型態。如果平日也要來到球場，感覺球員們蠻可憐的，也許他們會累垮吧。因此，六日是恰到好處的時間。」

基本上，金足農業沒有支薪給外聘教練。

「冰箱的飲料喝到飽，中午也有供餐，這樣就夠了。」

伊藤肯定地說，無論是工作或棒球執教，從來都不覺得辛苦。他會要求自己提早一小時進公司，每天早上五點起床，六點二十分出門，上班時間為八點半，但他最晚會在七點半抵達公司。他說自己總是在預想冬天最差的路況。

「來到冬天，即使遇到大雪造成路上塞車，如果我提前二小時出門，就算遲到也不會有任何人對我有意見。於是，我決定訂下這項規則，並努力遵守規則，我也樂在其中。我不喜歡早上爬不起床的感覺，雖然每年的酒量越來越差了，自己很像在接受各種考驗，這也是另一大樂趣。」

金足農業的六日練球時間是從九點開始，伊藤依舊會提早一個小時，在八點到達球場。

「我個人最理想的情況下，如果是九點開始練球，在九點就要讓自己進入上場比賽的狀態。擔任教練也是如此，這就是我提前一小時到達球場的原因。」

在第三週練球的時候，伊藤顛覆了球員們對他的第一印象。

當天，球員們在校地內的室內練習場進行訓練。一九八四年夏天，金足農業打進前四強的時候，學校運用募集而來的剩餘捐款蓋了這座練習場。因年代久遠，練習場的設施變得十分老舊，現場的照明相當昏暗，會讓人誤以為燈具故障。

在進行攀繩訓練的時候，隊上體重最重，超過九十公斤的打川，自始至終都處於落後狀態。全隊都在等打川完成訓練，結果他連基準的三條繩子都無法攀爬完成，只能中止訓練。

在結束訓練收拾繩索的時候，由於打川精疲力盡，收拾的動作相當緩慢。這時候，一道彷彿劃破空氣的怒吼聲響起。

「你這傢伙，難道不用帶頭收拾嗎！」

球員們的視線集中在發出聲音的方向，只見伊藤憤怒地瞪大眼睛，一臉憤怒的模樣，讓全部球員們愣在原地。連隊上最不服輸的吉田，也瞬間領悟到這點。

「千萬不要忤逆這個人。」

之後，伊藤曾多次對打川發飆。

「因為打川在打擊的時候，往往沒有經過大腦思考就任意揮棒。我已經忘記他被我罰跪幾次了。」

不經思考，這也是打川的長處之一。然而，這就是惹伊藤不悅的原因。

打川面無表情地說：

「國中的時候，我在打球時也不經思考，如果想太多反而會揮空，結果往往是不好的。」

發怒的時候也要用嚴肅而認真的態度，這是伊藤銘記在心的地方。

「不可以用半調子的態度發怒，而且要現場找出犯錯的地方。如果發怒的時候沒有確切的證據，無法讓選手心服口服。另外，發怒後要花三倍的心力去關心對方。」

伊藤吹噓地說，「GNP」是自己的指導三大原則。

「情義（giri）、人情（ninjyou）、禮物攻勢（present）」。

他每個月會送二次慰勞小禮物給球隊女經理，通常會包含飲料、布丁、泡芙三種。

此外，製作金足農業的原創T恤，也是他的「戰術」之一。

「先做幾件送給女經理，如果感覺球員也想要的時候，再送給球員。我會送給三年級生，不會送給一、二年級生，因為要擄獲三年級生的心才行。」

從打川被怒罵的那天為分水嶺，今足農業的球場飄散著有別以往的緊張氣氛。

伊藤非常愛乾淨，可說是有潔癖的程度，儘管他的那輛PRIUS轎車車齡已經接近六年，遮陽板與變速桿至今依舊套著剛交車時的塑膠套。由於天性使然，他在開車穿過校園正門時，只要看到花道散落著樹枝或葉子，就會看不下去。此外，對伊藤而言，球場是嚴肅對待棒球運動的場所，如果看到選手懶懶散散地坐在板凳席上，他無法認同這樣的行為。

「只要踏入球場，就應該認真進行各種練習。如果有人不想練球，就應該待在部室裡頭才對。」

如果不小心惹到伊藤，可不是光打聲招呼就能解決。每當伊藤下車時，第一位跑過去打招呼的選手就會淪為犧牲品。伊藤驚訝地說：

「是這樣子嗎？」

如果中泉是改革者，那伊藤就像是一位佈道者。

「我們並沒有嘗試新的制度，那是不可能的事情。如果發生海嘯就要立刻逃離這裡，這是自古以來在當地所流傳的一句話，但隨著時間的流逝，很多人逐漸忘記這件事。從前人們總是會告訴後人一些重要的道理，我始終感到深信不疑，這不是天經地義的事情嗎？」

準優勝

殘破不堪的手掌

對於在秋田土生土長的伊藤而言，一九八四年的夏天，是決定他人生方向的重要時期。那一年，金足農業打進準決賽，這是秋田縣的球隊睽違十九年第四度打進四強。伊藤望著遠方說：

「……在昭和五十九年（一九八四年），我還是小學五年級時，看到金足農業的精彩表現，童心未泯的我非常感動。」

當時的嶋崎總教練，崇信「用犧牲觸擊戰術逐步拿下每一分」的棒球策略。雖然八四年夏天準決賽以落敗收場，嶋崎仍然嘗試執行強迫取二分戰術。

由於想在嶋崎的麾下從事棒球運動，伊藤在五年後進入金足農業就讀。

「精神棒球是金足農的原點，無論是練球或比賽的時候，都一定要全力跑壘與喊聲。教練的戰術大多是犧牲觸擊與強迫取分，打擊是充滿不確定性的一環，如果遇到優秀的投手，往往很難打到球。守備才是最可靠的事情，只要有時間就要不斷地做knock[4]滾地球守備練習。嶋崎總教練的嚴厲執教風格，是現代所難以容許的程度，我雖然曾經當過隊長，但沒有跟他交談過，唯一能做的就是回話。此外，當時是用鐵拳懲罰的時代，你不知道何時會被踢一腳或出拳教訓一頓。總教練的手臂就跟圓木棒一樣粗，被揍一頓的話，很害怕自己會不會死掉。高中時期，我總想著飛

4 knock為基本的守備練習。由擊球者自行拋球揮棒擊球，將球打向防守者，讓對方練習接球與傳球的技術。

機會不會墜落到球場上，因為實在不想練球。是否有辦法忍受教練的嚴厲指導，這是我唯一學到的事情」

近年來，率領球隊創下佳績的高中棒球教練總是篤定地說：

「在夏季的比賽，若打線無法發揮，就難以贏球。」

除了各隊著重於調整打者的狀態，拜鋁棒性能提升所賜，夏季「打高投低」的現象更為顯著。二〇一七年夏季，各校總計擊出破大會紀錄的六十八支全壘打，即使用犧牲觸擊戰術能一分一分地累積分數，若打出長打，一次就能打下大局。難怪教練會說出「若打線無法發揮，就難以贏球」的結論。以守住小比分贏球的棒球風格，已成為過去的產物。在二〇一八年夏季，金足農業替如此陳舊的棒球風格，增添不同的色彩。

伊藤經常在思考「如果我是嶋，我會怎麼做」。本人不在現場的時候，球員們都會以「嶋」來稱呼嶋崎。

如果詢問伊藤「為什麼」的時候，他通常會說出制式的答案。為什麼總是身穿體面的服裝來到球場指導練球？「因為嶋從未穿過運動服。」為什麼在冬天打knock的時候，揮棒擊球時沒有戴手套？「因為嶋從未戴過打擊手套。」

但如果在寒風中打knock，揮出數百甚至是數千顆球後，就很容易造成皮膚的裂傷。

「滿手都是血呢，但我自己往往沒有察覺，等到守備練習結束後，發現血液已經凝固。如果手掌流血，代表knock打得不夠好，這是過度使力的證據。越用力擊球，反而無法將球打得更遠。」

伊藤的手掌皮膚反覆經歷裂傷與再生，變得殘破不堪。

「只有六日才能狂打knock，如果平日也要進行knock守備練習，手掌就會感染細菌，腫到無法揮棒的程度。這時候只能自行擠出膿包。」

秋本也是不戴打擊手套的類型。

「因為擊球數非同小可，如果戴上手套，手套很快會變得皺巴巴的，反而妨礙擊球的手感。因此，我在打knock時不會戴手套，讓手掌組織重建反而比較好，但在賽季初期，真的很難受。」

所謂的手掌重建，就是讓皮膚持續長出水泡，等水泡破了長出厚厚的繭。

在伊藤的腦海中，只有嶋這個人。他加入社會人球隊ＴＤＫ後，有十一年的期間在學習「成人棒球」，但一切都得取決於「幹勁和毅力」，這是他最終得到的結論。

僅受伊藤指導三個月時間的堀井證實：

「伊藤教練在場的時候，他只叫我們做knock守備練習、犧牲觸擊、跑壘；換成中泉總教練指導的時候，則是專注於打擊練習。」

也就是說，自從伊藤回到金足農業後，依舊著重於knock守備練習、犧牲觸擊與跑壘。

伊藤在進行knock守備練習時相當嚴厲，吉田回想說：

「因為擊球節奏太快，導致內野手們亂成一團，常常無法跟上他的節奏，大家都快要撞在一起。」

如果球員守備的動作變得遲緩，就會被命令「回家！」金足農業的球員們，如果聽到「回家」，通常是指要換上學生制服的意思。如果真的回家了，教練一定會大發雷霆。球員們換上學生制服後，要懇求教練給他們繼續練球的機會。教練不會馬上同意球員的懇求，即使同意了，也會要求球員「在三分鐘內迅速換上球衣」。

伊藤解釋他的用意：

「神奈川大學總教練古川祐一，是我在ＴＤＫ時期的學長。他在某一天前往球場指導球員練球的時候，明明已經準備開始練球了，他卻下令將所有球具放回車上，叫所有球員回到宿舍，先練習如何將日式床墊收進衣櫃。我當時在思考，學生到底做錯什麼呢？需要做到這樣的程度嗎……但執教的過程就是如此。如果無法理解箇中的含意，應該立刻辭去教練一職。記得以前會叫球員換上制服，要他們跑到追分車站，然後再從那裡跑回來，因為他們到球場後，一直搞不清楚狀況。」

在seat knock[5]各守備位置練習的最後，內野手會趨前守備，將球傳向本壘，也就是所謂的「快傳本壘」。成功完成動作的球員可到場邊休息，如果場上最後一名的球員，就會遇到「在那個距離不應該揮擊」（吉田）的強襲球，如果能用身體擋住球倒是還好，若球穿越守備，就會得跑到外野全壘打牆前撿球。從那時候開始，同樣的場景一遍又一遍地重複上演，並不是一件罕見的事。

如果接球者無法接到飛球的時候，在下一輪的knock就會被叫到中外野的最後方，接著開始進行美式knock守備訓練。美式knock是充分運用外野範圍的守備訓練，接球者必須從左外野的固定位置往右外野跑，以接住打向右外野的高飛球。

伊藤回想起當時接任教練後的印象。

「在進行knock守備訓練的時候，完全無法持續擊球，我的擊球技術太弱了。我當時沒有練習過，即使經過練習，光是盲目地擊球是沒有意義的，要一邊思考要把球打到哪個位置，以及擊球的方式等。」

5 在場上的各個守備位置配置防守者，擊球員依守備位置順序擊球，進行傳接球練習。

伊藤指導內野守備的方式也相當獨特，二壘手菅原在一開始的時候，對於伊藤的指導方式感到不知所措。

「教練跟我說，要用手套靠手掌下側的土手部接球，不是用掌心部位接球。如此一來，即使球改變了彈跳軌跡也不會漏接，就像是碰到手腕後再接球的感覺。」

伊藤也恢復了犧牲觸擊的練習，不僅要練習短打的技巧，還要想像實際上場比賽的情況，反覆跟中泉與球員灌輸「在這個局面下要使用犧牲觸擊戰術」。

「即使是進行模擬實戰打擊練習（防守者在各守備位置就定位，進行接近實戰的打擊練習）的時候，我也會營造犧牲觸擊的情境，讓他們反覆練習。」

當中泉正在重新設計球隊的犧牲觸擊戰術時，雖然伊藤可以直接提供建議，但這不是伊藤所期盼的做法。

然而，球員們依舊感到困惑。吉田回想說：

「記得大我們二屆的學長們，由於在一場比賽時頂多只使用一次犧牲觸擊，或是完全沒有用，所以我花了很長的時間才逐漸相信伊藤教練的做法。」

不喜歡執行犧牲觸擊的大友，直截了當地說：

「我被排在第二棒的時候，常常在心中對第一棒打者祈禱『拜託你不要上壘』。如果第一棒沒有上壘，我會站在打者預備上場區比出勝利手勢。」

宛如在挑戰這些球員們的極限，伊藤要求他們持續練習犧牲觸擊。

「我一直在思考這件事，如果不這樣教球，就無法創造超越昭和五九年的那份感動。使用短打犧牲自己並推進壘上跑者，若跑者站上三壘，再用強迫取分戰術拿下一分。秋田時下的棒球風格就是『強攻、強攻』，金足則是反其道而行。也許對手會認為『為什麼要用犧牲觸擊戰術？即使因強迫取分被拿下一分，也不痛不癢』，但這就是金足的傳統。此外，隊上有吉田當後盾，只要拿下一分或二分，就有機會擺脫對手的糾纏。」

在ＴＤＫ的成功經驗，讓伊藤的信心更為堅定。〇六年，在社會人棒球最高峰的舞台都市對抗野球大會上，長年來都是首戰失利的ＴＤＫ創造了奇蹟。第一輪賽事，王牌投手野田正義面對伯和勝利隊投出完投完封勝，ＴＤＫ以二比〇首度在都市對抗野球大會奪下勝利，從此以後ＴＤＫ勢如破竹，一路拿下勝利。伊藤回想說：

「當時的我們也是一支防守型球隊，常常遇到短兵相接的本壘攻防戰時，成功讓對方跑者在本壘前出局。進攻的時候，偶爾會擊出讓人意外的全壘打，我當時認為這就是秋田的棒球風格。」

每一場勢均力敵的比賽，ＴＤＫ都成功拿下勝利。第二輪以三比二（ＪＲ東海）、半準決賽以五比二（本田）、準決賽以八比七（日本通運）、決賽以四比三（日產自動車）獲勝，是東北地區球隊首度奪冠。

野田在每場比賽皆有上場投球，獲得大會ＭＶＰ殊榮。從吉田身上，能看出些許野田的影子。

「野田的臀部很大，是一位體力充沛的球員，吉田跟他很像。既然如此，應該要先把金農塑造成一支擅長守備的球隊。雖然總教練想走強攻路線，但我不想因此妥協。」

這並不代表金足農業完全沒有進行打擊訓練，但伊藤只會採取「讓人倍感壓力的打擊訓練項目」。

「我不會用正常的打擊訓練方式，會要求他們一律把球打到中外野前方，也會將發球機設定連發，蹦蹦蹦地連續發球；或是訓練球員用竹棒將內角球打往反方向等。我一直在構思一套讓他們徹底討厭打擊的訓練項目。」

結果，球員們在自主訓練的時候，有時候會以玩樂的心態，看誰能打出最多的全壘打，但伊藤會假裝沒看到。

「球員會想要自由地揮棒，這也是沒辦法的事情。因此，他們在團體訓練時往往不敢這樣做，只會在自主訓練的項目中練習揮大棒。」

伊藤偶爾會在場上展露自身打擊或傳球的技巧，他的球技往往球員們大吃一驚。就連吉田也不得不認同。

「伊藤教練無論是打擊或傳球的臂力都相當驚人，他從本壘傳到二壘的傳球能力，比（菊地）亮太更好，最大的不同在於傳球軌跡。因為實在太厲害了，我還特地跟他請教一番，會讓人產生想試試看這種傳球方式的動力。」

伊藤傳向二壘的球，跟所謂「如同弓箭般」的傳球不同，球飛行的速度乍看緩慢，傳球路徑相當低，卻能不偏不倚地傳到二壘壘包上方的位置。

自從伊藤開始指導球員後，球員在練球時產生一定的節奏。吉田說：

「自從伊藤教練來到球隊，很多事情都突然發生轉變，他在六日所指導過的訓練項目，平日會由秋本教練接力完成。在下一個禮拜，又有新的訓練項目。自從伊藤教練執教後，教練團的心態也有所改變。」

由於伊藤不會在平日到球隊指導，主要由秋本與菅原教練填補他的角色，伊藤特別倚賴秋本。

「（菅原）天城是外聘教練，但（秋本）元輝則是學校職員，他是未來有望成為金農總教練的人才。他在平日所負責的工作，不光只有持續進行我所安排的訓練課表，還要思考如何運用其他的方式來提升球員的球技。在六日觀察球員的練球內容，就能看出他是否有貫徹這點。」

不是只有球員會被檢視平日的訓練型態，秋本也是如此。秋本經常得緊繃神經，斥責球員的次數也增多了。另一方面，脾氣暴躁程度不落人後的菅原卻說：「我應該是最親切的教練吧。」相較之下性格反而溫和許多。由於伊藤與秋本平常對球員相當嚴厲，菅原往往找不到插話的餘地。

在練球的時候，中泉幾乎都交由教練團指導，即使有需要特別提點的地方，教練團會先提出建議，總教練很少發表意見。一開始的時候，中泉會詢問伊藤要進行哪些項目的訓練，但隨著訓練效果逐漸顯著後，中泉幾乎不再過問。

伊藤提到自己所擔當的角色之界線。

「在更換球員守備位置的時候，我可以自作主張地指示球員說『你移到那裡去』。但是，像是安排替補或先發球員名單的時候，我並不會加以干涉，總教練不會找我商量，我也不會參與所有的環節。雖然平常花很多時間進行犧牲觸擊訓練，在正式比賽的時候，只要總教練想讓球員採正常揮棒的進攻方式，就要依照總教練的指示。在配合總教練的調度下，球員在甲子園依舊能打出長打，我認為這是相當好的平衡點。」

雖然不是所有的環節，身為一位總教練，如果許多決定權遭到剝奪，往往會感到不悅，但中泉在這一點倒是顯得落落大方。

「漸漸開始有這樣的感覺了呢。」

記得曾經見過這一幕，秋本對中泉說：「在比賽結束後，我有時候會毫無顧忌地對你說：『你為什麼會下這樣的暗號？』對吧。」中泉站在旁邊，一臉不好意思地笑了出來。

「沒關係啊，被這樣一說，反而會讓我意識到忽略的細節。」

直言不諱的教練團和沉默寡言的中泉，這個組合誕生了統御與自由之相反要素共存的球隊。

也許是平常很少參與球隊練球的緣故，久米部長對於總教練與教練團皆保持一定的距離，有關球場裡頭的事務，都貫徹著「不加以干涉」的立場。

「雖然教練的指導方針各有不同，但我覺得這反而是一件好事，這樣能給球員更大的選擇與發揮空間。」

金足農業奪下甲子園亞軍後，球員們紛紛讚揚伊藤，並表示「都要歸功於伊藤教練」。然而，在伊藤一開始執教的時候，球員根本無心表達任何感謝之意。打川曾抱怨說：「每天心情都很鬱卒。」吉田則是露出無奈的苦笑說：「真的有夠難受。」回到部室後，都會聽到球員交相辱罵伊藤的話語。

即便如此，伊藤吸引球員的地方，其實是與「幹勁和毅力」相反之處，也就是高超的技術指導。如果還要加上其他要素，應該就是「GNP」的G與N吧。

準優勝

「甲子園眞是無趣」

伊藤首度擔任金足農業教練一職，剛好是在二〇〇三年的黃金週時期，他當時才二九歲。

當時有一位名叫三村祐平的右投，他是二年級的替補投手。現在從事稻米生產行業的三村回顧，當時自己是一位「無可救藥的投手」。

「最快球速只有一百二十四公里左右，沒有關鍵的決勝球，控球不穩，也不是左投，只有體力尚可，總之是一位毫無特長的投手。」

伊藤看中三村的潛力，在夏季的某一天，伊藤對三村說：

「把你的棒球人生託付給我吧。」

對於能獲得指導者的關注，三村感激地立刻回說：

「麻煩教練多加指導！」

伊藤著重於二項訓練，加強鍛鍊下半身與固定投球姿勢。

在球隊結束團體訓練後，伊藤會對三村進行一對一指導。加強鍛鍊下半身的訓練中，特別著重於弓箭步，這是採站姿的時候，將單腳往前踏出並彎曲的訓練，能鍛鍊大腿前側與臀部的肌肉。

伊藤還會改良訓練內容，在單腳往前踏出的同時，伊藤會從肩膀的高度拋下球，三村必須接住球，立刻恢復原本站立的姿勢。

「教練不會保持一定的拋球節奏，我明明已經踏出單腳了，他會故意逗弄一下，一直保持在即將拋球的姿勢，卻遲遲沒有拋球。」

越來越習慣訓練後，三村能做的弓箭步次數變得更多，單腳前踏的持久時間也變得更長。此外，他在一天內至少得達成一百次仰臥起坐與背肌鍛鍊的標準，即使是伊藤不在球隊指導的平日，三村依舊認真地執行伊藤所設計的訓練項目。

出身於秋田商業的投手石川雅規，被譽為家鄉在地英雄，他的投球姿勢是伊藤眼中的理想姿勢。

「石川的放球點相當低，投球軌跡由上至下的高壓式投手相當多，但他的下半身具有韌性，且能從低位置延伸出手投球的投手並不多。所以，石川的球非常難打。無論是哪種類型的投手，如果都能像捕手一樣在蹲下能立刻起身投球，應該會投出品質不錯的球，如果覺得吃力，至少也要用到下半身的力量。雖然想將類似的感覺與投球姿勢結合，但執行上具有一定的難度。」

伊藤為了讓三村學會最佳的投球姿勢，他教三村大幅張開雙腿，先將重心放在前腳，接著暫時將重心移到後腳的同時出手投出，反覆進行這項投球練習。經過一番練習，三村的右膝至小腿球褲部位已經出現明顯的黑色髒汙。

接受伊藤指導的四個月後，在十一月底的練習賽中，三村的最快球速測得一百三十八公里。僅過了一百天的時間，球速提升了十公里以上。

「比賽時嚇了一大跳，太開心了。屢屢投出三振，還能投出縱向與斜向二種變化球，這也是伊藤教練教我的。投出縱向滑球的時候，打者揮棒完全沒有削到球的邊緣。」

二〇一八年夏天，三村在甲子園看到吉田的投球姿勢時，產生以下的想法。

「那就是伊藤教練所培養出來的完成型態吧，如果下半身不夠穩定，就無法從那麼低的放球點投球，他的投球軌跡跟大阪桐蔭的柿木蓮完全不同。」

由於練習的成果顯而易見，三村充滿了動力，夢想中的一百四十公里球速已近在眼前。

然而，他的高昂情緒卻適得其反。在冬天的某一天，三村因為無法克制想要投球的慾望，沒有好好熱身便不斷使力投球，肩膀開始感到輕微疼痛。到了春天，三村樂觀地認為身體應該不會有任何狀況，依舊能繼續投球，但身體在春天依舊殘留輕微的不適感，伴隨著投球轉變為明顯的疼痛，在不久之後發生劇烈疼痛。最後到了夏天，三村完全無法投球。

在那年的夏天，發生一件比肩膀疼痛更令人感到心痛的事件。某一天，三村嚴厲地訓斥了一年級生，由於引發了問題，教練集合了所有高年級生，當三村老實地承認自己所犯的錯時，伊藤顯露出相當失望的表情。伊藤述說了當時的心境。

「明明只剩幾個禮拜的時間了，如果是二年級生倒還說得過去，現在可不是得罪一年級生的時候。」

對於自己的輕率行為，三村打從心底感到懊悔。儘管伊藤對三村的所作所為感到震驚，但他還是帶三村一起去該名一年級生的家中道歉。對於三村來說，伊藤的體貼之處，反而讓他覺得更加難受。

「對我而言，伊藤就是一位恩人。雖然他的作風往往讓人感到緊張，但我從來不覺得他是一位可怕的人。」

回顧伊藤的執教人生，都是擔任教練一職。問他是否有想擔任總教練的念頭，他立刻給出否定的答案。

「我喜歡陪著球員練球，我想如果成為總教練，情況可能會有所改變。我只想陪伴在球員的身旁，如果是總教練的身份，有些事情是不被允許的。如同吉田松陰[6]的名言：『雖然我不能教導你，但我們可以一同學習。』因此，雖然我不是一位老師或總教練，已經感到心滿意足。」

二〇一八年夏季，伊藤沒有打算隨隊前往甲子園。事實上，金足農業在二〇〇七年夏季晉級甲子園的時候，伊藤也沒有隨隊前往。伊藤有他自己的理由。

「甲子園是最無趣的地方吧，畢竟在那裡的練球時間很短。思考如何建構新球隊反而比較有意思。」

進行甲子園第一輪比賽的時候，伊藤還留在秋田，他在假日跟其他留在學校的替補球員一同揮汗練球。三浦描述伊藤當時的模樣。

「感覺他變成一位魔鬼教練了呢，明明沒什麼人關注，看到這一幕還是深深觸動我的心。既然是留在學校的替補球員，應該不用把他們逼這麼緊吧；但誠就像是魔鬼教練，熱心教導這群孩子們。雖然大家都會將注意力放在三年級生，但這些小細節就是金農的強項所在。」

然而，大伊藤二屆的學長佐藤，訓斥了伊藤一頓。

「第一輪的時候他始終保持沉默。擊敗鹿實後，我問他有什麼打算，他卻說不會前往甲子園，我便斥責他，到底在想些什麼。陪在球員身旁，擔任打擊訓練餵球投手也好，協助球員不就是他的角色嗎？那傢伙總是懷抱著奇怪的自尊心。」

經佐藤如此一說，伊藤也無從頂撞。

伊藤過著單身的生活，雖然周遭朋友多次介紹女性朋友給他，但據說都沒有成功撮合。如果結婚了，六日是否就無法到學校指導球員練球了呢？被問到這個問題時，伊藤露出稍有不滿的表情回說：

「我想我還是會去吧。」

6　日本江戶時代末期政治家、思想家、教育家、改革家。明治維新的精神領袖及理論奠基者。

神風

二〇一八年八月十七日

第三輪

vs.橫濱 ○ 5-4

這一年似乎有別以往。

進入八月，由神戶地方氣象台所發表的最高氣溫，有連續好幾天超過三十度。然而，八月十七日金足農業對戰橫濱的第三輪賽事，當天清晨的氣候涼爽，甚至令人感到涼颼颼的程度。

在七點四十分進入球場的中泉，曾有這樣的記憶。

「唯獨那一天，不知道為何從早上開始有想吐的感覺。大阪從清晨開始通常就讓人感到悶熱，但那天卻異常涼爽，我自己也感覺到異樣，也許當天的天氣是讓我想吐的原因吧，雖然大概過了二小時就沒事了。」

延續前幾天的氣溫，這天的最高氣溫為三十度、濕度約為50％，前一天為止的悶熱天氣消失，氣候變得乾爽許多，這應該是進入八月以來最為舒適的一天。這種天氣也許受到十二日至十六日連續五日形成颱風的影響，這是氣象觀測史上的頭一遭，颱風在八月頻繁形成，可說是相當罕見的現象。

水澤博文是金足農業於一九八四年打進全國四強時的王牌投手，他目前任職於秋田市內的NORTH HANPTON高爾夫俱樂部，跟身穿紫色球衣的年輕時期相比，體態也隨著年齡而增長。

不變的金農風格。曾經在春夏連續兩季於甲子園出賽的水澤，陳述他的回憶。

「當年春季甲子園的第一輪比賽，我們曾經在球場跪坐。我記得吉田也會跪坐在投手丘喊聲吧？當年，在賽前進行seat knock各守備位置練習的最後一分鐘時，我們會跪坐在各守備位置閉目沉思，每個人頂著一顆五厘平頭（約1.65㎜）。結果惹怒了高野連（日本高等學校棒球聯盟），從下一場比賽開始就不做了。」

二〇一八年夏天，除了第二輪的大垣日大戰，水澤在其他五場比賽都坐在甲子園球場的阿爾卑斯看台觀賽。

「身為投手的習慣，我總是在觀察外野打者之眼的旗幟方向。」

夏天的時候，當甲子園處於高氣壓區時，球場聞名的「海風」會從右外野吹向左外野的方向。但是，形成颱風的時候，隨著低氣壓區的接近，風向會從左外野吹向右外野。

然而，在八月十七日這一天，沒有出現這兩種風向。水澤回想：

「橫濱之戰的賽前，發現風居然是這樣吹的。看到風從本壘往中外野方向吹，旗幟整齊地飄揚著，呈現筆直吹拂的狀態。」

風從本壘後方的山區向下吹，從六甲山系吹下的落山風，稱為「六甲颪」。六甲颪經常發生於春、秋、冬，也就是夏天以外的三個季節。這時候雖然已經是晚夏時節，八月颳起六甲颪是相當罕見的事情。

一九八五年，阪神虎睽違二十一年奪下中央聯盟冠軍。當年四月十七日，阪神與巨人在甲子園球場比賽時，七局下半，阪神三至五棒中心打線連三打席擊出中外野全壘打，至今依舊成為球迷津津樂道的話題，當時球場內也是吹著相同的風。

沒想到因為小小的天氣異象，決定了這場比賽的勝負。

準優勝

沒有在分析對手的數據資料

作為奪冠熱門隊伍的橫濱，正如外界所預料，到目前為止已經充分展現真正的實力。第一輪以七比〇輕鬆擊敗愛知產大三河，第二輪以八比六擊敗上屆夏甲的冠軍花咲德榮。橫濱在二場比賽總計擊出二十三支安打，打線正處於極佳的狀態，投手群的戰力也相當堅強，隊上的兩大左投三年級生板川佳矢與二年級生及川雅貴[1]，分別在第一輪與第二輪的比賽擔任先發，各自發揮優異的天賦。板川的投球表現穩定，而及川的最快球速超過一百五十公里，是受到職棒球團矚目的超級新人左投，雖然控球略為不穩，投球具有爆發力。

金足農業的情蒐與數據分析工作都是由捕手亮太主導，他也會加入秋本教練的分析資料，資料的廣度與深度都是比賽所需的最低限度。亮太說：

「如果二年級生能幫忙分析資料的話，我應該會輕鬆許多，但他們完全無法勝任這份工作。從高三的春天開始，我學會如何配球後，我便自行做資料分析。老實說，如果輝星的狀況特別好，對手的數據資料就不是那麼重要，因為他不會讓對手輕易打到球。」

身兼外野隊長的中外野手大友，也完全信任亮太的指示。

「我們完全沒有在分析對手的數據資料，回到飯店頂多會觀看比賽的重播。有關於對手的守備位置等資料，都在亮太的手中，我通常會直接問亮太，對手的實力大致如何。」

在金足農業擊敗大垣日大的隔天一五日，球隊從上午八點半開始觀看橫濱與花咲德榮於第二輪比賽的錄影重播，之後，亮太自己反覆觀看了重播，感覺橫濱和以往所遇到的對手，實力並不在同一個水平上。

「我看了一些上傳到YouTube的影片，我認為橫濱的實力比之前的對手高出一至

1 二〇一九年選秀會以第三指名加入阪神虎隊，至今生涯成績為五勝四敗十七次中繼點，防禦率三成零七。

兩級。雖然橫濱的打者屬於巧打型，打擊實力相當強。」

亮太特別提防的橫濱打者為第四棒萬波中正[2]、第五棒內海貴斗（左打），以及第六棒角田康生（右打）。

亮太會在筆記本簡要地寫上面對每位打者需注意的地方，以下為他對這三位打者的分析。

〈萬波　注意偏高的球 擅長打外角球 前腳跨進↓內〉

〈內海　左肩膀有力（擅長打外角球、不擅長打內角球）〉

〈角田　力量型打者　注意偏高或紅中的球〉

萬波在第一、二輪的比賽都沒有擊出安打，但他在南神奈川大會曾擊出二支全壘打，打擊率為五成四二，充分發揮打擊實力。如果可以的話，希望他在甲子園的打擊手感能持續冰冷下去。〈↓內〉代表當萬波在做預備擊球動作時，如果他的踏步站位太靠近本壘板，就要攻擊他的內角。亮太說明：

「因為萬波的臂展較長，如果沒有投內角近身球讓他往後站，他還是打得到外角球。」

橫濱對戰愛知產大三河的時候，內海曾經以快腿創下場內全壘打的紀錄；在對付角田的時候，如果不小心失投，他就有可能把球轟到外野看台上。

賽前，吉田一如既往地平靜，令人肅然起敬。

「雖然大家都認為橫濱應該贏球，但我們可是勝券在握。如果採取跟以往相同的投球策略是無法贏球的，因為一開始給對方下馬威相當重要，我打算第一局就要用最高檔位投球。」

然而，吉田在第一局就被第一棒打者山崎泉登擊出飛越右外野手的三壘安打。右外野手彪吾在接球時，看似第一時間已經掌握飛球的掉落位置，但他又急忙地往後退，結果球飛越他的頭上，這是受到六甲颪的風向所影響。中外野手大友回想：

「平時會有一陣劇烈的熱風從右外野方向吹過來，但這場對橫濱的比賽，風向完全不同。感覺球場下方的風是由後往前吹，上空的風向則是相反，是從前面吹過來。」

吉田面對第二棒打者，讓他擊出一壘方向滾地球出局，但橫濱先馳得點。之後連續被擊出二支安打，加上投出四壞球形成滿壘，吉田因投出暴投失掉第二分。

2 右打者，剛果與日本混血，二〇一八年選秀會以第三指名加入火腿鬥士隊，至今生涯成績為二百二十六支安打、四十四支全壘打，打擊率二成三六。

吉田在第一輪投了一百五十七球、第二輪投了一百五十四球，耗費相當多的用球數。這場對上橫濱的比賽，他光在第一局就投了三十球。

「雖然再三告訴自己，不要太在意對手是橫濱，但投球過度用力，反而無法投出理想的球速。」

一壘手高橋難得感到畏懼地說：「看來還是贏不了對手吧。」

「因為面對首位打者就被打出三壘安打，而且是吉田的投球。如果已經面對吉田四個打席而打出安打，這是可以理解的事情，但對手的攻勢來得太過突然。他們還能輕易選掉吉田的壞球，製造四壞球保送。打者在面對吉田的投球時，往往會忍不住揮棒追打壞球，但橫濱的打者卻能忍住，這才是最大的重點，心想這群傢伙果然厲害。雖然還不能輕言放棄，但我們面對的可是橫濱，真的能贏球嗎？」

準優勝

追平全壘打

但是，到了三局下半，吉田自行擺脫了劣勢。金足農業二出局三壘有人，吉田站上打擊區，球數為一好三壞，投手投出第四球。

吉田豪邁地由下往上揮擊一顆正中偏低的直球，吉田當下覺得「擊中球棒細端部位造成擠壓」，橫濱的先發投手板川也認為球受到擠壓，應該形成不營養的高飛球。不過，還好受到擠壓的飛球飛得很高，受到六甲颪吹拂的飛球，看起來會掉在場內，卻遲遲沒有掉下來。

中外野手萬波以踉蹌的步伐持續向後退，退到中外野全壘打牆護網的前方，他一度舉起手做出接球的姿勢。然而，球卻飛到接球位置的後方。萬波證實：

「站在球場外野的草皮時，並不覺得風有多大，所以我認為那只是一顆普通的中外野飛球。當我就接球定位後，發現球還在飛，只能一邊確認護網的位置繼續向後退，最後奮力跳起來接球，結果球掉到看台上了。」

看到身後掉到看台的全壘打球彈了起來，萬波跪坐在草皮上，臉上露出苦笑。

「究竟是輝星的擊球力量，還是現場的風力所造成，又或者是甲子園的某種神祕力量將球吹向看台呢？我已經搞不清楚了。」

板川露出能面般的表情說：

「風真的有那麼大嗎……我站在投手丘上完全沒有感覺，也沒有阻礙我的投球。」

受到甲子園的巨大內野看台所遮蔽，投手丘上空幾乎是無風的狀態。

吉田繞過一壘壘包時，確認球上了看台後，興奮地舉起右拳，接著右手手掌朝下舉至頭頂。他在繞過三壘壘包與回到本壘後，分別再次做了右手掌平舉的動作，原來他是在模仿橫濱的萬波在南神奈川大會中，擊出全壘打後的「敬禮動作」。

「我的目標就是擊出全壘打。大家說好了，如果擊出全壘打就要這樣做。」

換句話說，吉田偷走對手的招牌動作，這是盛氣淩人的行為。

二〇一八年十一月下旬，筆者造訪金足農業時，看到吉田暢快地正在做long tee長打揮棒練習。吉田的擊球目標是架設在左外野後方高度約十二公尺的護網，如果能越過護網，擊球的飛行距離大約能達到一百二十公尺，就連力大無窮的吉田，也無法輕易辦到。

「把上等的球全部拿過來！」

吉田命令著低年級生。這一幕看起來很像是小孩在公園玩耍，而不是練球。

左外野護網後方有一間名為「美麗故鄉」的短期護理之家，附設一座大型停車場。事實上，在前往甲子園比賽之前，吉田在進行長打揮棒練習時，也曾經以同樣的方式打破停在停車場的汽車玻璃。由於野球部每年有投保五萬圓保額的保險，尚足以支付理賠金給車主，但為了向車主道歉與辦理理賠手續，久米的工作量因此增加。不過，由於是在球隊結束甲子園賽程後，正式拜訪對方致歉，整個過程意外地順利。久米說出當時的情況：

「車主看起來非常開心。另一位受害的職員車主還一臉自豪地跟我說，吉田擊出的飛球也曾經打破他的車窗。」

一邊看著吉田做長打揮棒練習，伊藤發牢騷地說：

「看到吉田樂在其中就行了，雖然他這樣打蠻危險的，但也沒辦法。因為危險而提醒他的話，他可能會鬧彆扭，所以我不會跟他說，因為他說過自己想要盡情做想做的事情。身為指導者能做的，只能祈禱球不要飛越護網，如果發生意外，就只能立刻向對方道歉。」

即使是在現役職業球員時期，只要到了自主練習的時間，吉田還是持續在做長打揮棒練習。伊藤回想起他在擔任教練的第三年時，也就是二〇〇五年夏季秋田大會決賽的情景。

秋田商是決賽的對手，對手在第二局拿下六分的大局，金足農業在前幾局就處於劣勢。不過，金足農業的王牌投手渡部光俊在第三局擊出飛向中外野打者之眼的滿貫砲，雖然球隊最後還是輸球了，渡部的全壘打一度幫助金足農業逆轉，讓戰局陷入膠著。在伊藤的眼中，渡部與吉田二人有相似之處。

「渡部為了轉換心情，每天也會做長打揮棒練習，把它當作每日例行公事，所以在比賽時能發揮長打能力。因為有類似的經驗，在某種程度上對投手必須給予更大的空間與包容，我不會禁止他們做長打揮棒練習。吉田不是也曾在甲子園擊出全壘打嗎？」

準優勝

意外事件

吉田的追平全壘打，讓金足農業吹起反攻的號角。

但是，從第二局以後，吉田在每局都讓對手擊出安打，投球陷入困境。

「這是我第一次遇到全員強打型球隊，從第一棒到第九棒都是打擊能力不錯的打者。」

吉田有他自己的一套應對方式。一般來說，投手在投球時的時候，都會踩在投手板相同的位置，前腳跨步於同一處投出，前腳踩踏的紅土會慢慢被挖開，就能逐漸固定跨步的位置。但是，對於吉田這種大力跨出前腳的投手來說，甲子園的黑土過於鬆軟，經踩踏後土往往被挖得過深。在第一輪面對鹿兒島實業的時候，吉田的控球明顯不穩。因此，在第二輪面對大垣日大時，他在前幾局與後面幾局改變了投球的位置，對上橫濱的時候也沿用了這種方式，為了方便站在投手板靠一壘側與三壘側的兩側都能投球，他在前腳跨步的黑土位置挖了記號。

「雖然都是快速直球，從一壘側與三壘側進入本壘板的角度完全不同，如果可以分別運用二種位置，無論是任何球種都會產生二種角度。」

此外，他的敏銳度似乎變得比平常更高。

「如果覺得對手打不到球，往往會不小心投到紅中的位置，端看投球跨步的感覺就知道了。如果用盡全力跨步到頂端的位置，通常會被打安打；將跨步範圍稍微縮小，沒有踩踏在頂端的位置時，對手往往打不到球。因為我從跨步到投球出手的時間較長，大致能了解這種感覺。當我發現打者在偷偷觀察（用斜眼）捕手的蹲捕位置時，我會刻意投到另一側，或是使出全力將球投到我擅長攻擊打者的位置等。」

吉田著重於干擾對手的投球節奏，他在這天比賽時，如果投捕之間沒有固定的暗號時，吉田會一邊做投球準備動作，一邊觀看亮太的配球手勢暗號。如果中意亮太的配球暗號，吉田就會點點頭投出；投捕之間若沒有共識，吉田會自行決定投出的球種。因此，亮太在平常得進行投捕特訓，才能接住吉田的球。

吉田在場上持續發揮他與生俱來的能力，在五局上半卻發生意外事件，二人出局後，第五棒內海貴斗面臨被三振的危機，吉田投出第四球時，卻突然以投球練習般的緩慢動作投出直球，球速為一百二十九公里。內海大吃一驚，由於揮棒的節奏被打亂，揮棒落空跌在地上。

吉田跑回板凳席的時候，緩緩地拖著他的左腳。

「當我踏出前腳的時候感到劇烈疼痛，球就不小心滑掉了。」

甲子園的比賽五局下半結束後，約有三分鐘為裁判的休息時間，吉田趁著中場時間來到醫護室接受按摩舒緩。

然而，按摩似乎沒有起到太大效果，吉田在第六與第七局皆被對手擊出得點圈安打，分別失掉一分，比數來到二比四落後二分。直到第八局，吉田每局皆讓對手打出安打，總共被打出十二支安打。

「上場時因為激發了腎上腺素，感覺疼痛沒有那麼劇烈了，第六局以後我開始縮小投球步伐，避免造成下半身的負擔，並使用較多的變化球來對付打者。但在後面幾局已經失去專注力了……加上本隊打者在第六與第七局都是三上三下，讓我倍感壓力。」

來到比賽尾聲，橫濱有可能會換上另一位左投及川雅貴中繼，他也是令金足農業畏懼萬分的投手，高橋感到死心地說：

「只要讓那傢伙站上投手丘，比賽就結束了吧。面對球速一百五十公里的左投，根本打不到他的球。不過，雖然板川的投球均速只有一百三十公里，尾勁非常好，感覺像是左投版的吉田。」

板川也曾接受測試直球上飄位移量，約為四十三公分，雖然沒有達到吉田的等級，卻也是職業球員的水準。

六局結束，板川的投球數為一百零二球，已經超過一百球，他覺得自己應該會被換下場了。

「教練團一開始跟我說，到了第七局應該就會換上及川中繼，但我在第六與第七局輕鬆讓對手三上三下，因此總教練判斷可以讓我繼續投下去。」

因差距二分造成的「隱形失誤」

八局下半，金足農業第一位上場的打者為第三棒吉田，面對板川投出的第一球，吉田的球棒雖受到內角球的擠壓，依舊將球打到中外野手前方，吉田用盡全力跑壘，他繞過一壘壘包後沒有減速，甚至跑到了一、二壘之間。吉田的髖關節十分疼痛，加上已經投了一百四十三球，他所激發的強大的意志力與鬥志，已經超乎身體所能承受的範圍，讓看台上的觀眾感到熱血沸騰。

這場比賽，板川被吉田打出三支安打。

「被吉田擊出安打的那一球，記得應該是直球。第一打席是變速球被打出安打（中外野前安打），第二打席是外角直球被打出全壘打，第三打席我投到內角，還是被打出安打，三個打席都被他打出安打。吉田看起來是球來就打的類型，但他的揮棒技巧其實相當靈巧，面對任何球種都能打出安打。」

無人出局一壘有人，打席輪到第四棒打川，中泉打算讓打者繼續強攻。

「如果叫第四棒打者做犧牲觸擊，感覺無法提振士氣吧。」

打川事先被中泉告知，只要吉田上壘就會讓他正常揮棒進攻，他不負總教練的期望，繼續打出一支中外野前方的安打。

無人出局一、二壘有人，金足農業擴大了得分的契機，下一棒是討厭犧牲觸擊的第五棒大友。果不其然，中泉下達犧牲觸擊的指示，大友的不妙預感成真。

「看到打川沒有做出犧牲觸擊的時候，我便心想，該不會又要輪到我做短打了吧……」

金足農業在這場比賽嘗試三次犧牲觸擊戰術，但有二次執行失敗。板川的直球會上飄，要做犧牲觸擊並不太容易。大友握出短棒觸擊，結果球棒上緣碰到球，點出投手前方的小飛球，板川從容地接殺，形成一人出局一、二壘有人。

然而，板川將這次的守備處理視為「隱形失誤」，懊悔地說：「那一球是我在這場比賽中最需要反省的地方。」

「橫濱進行隊內練習的時候，打者會將球點成投手前方的小飛球，投手故意讓球落地以製造雙殺或三殺的守備練習。但我當時面對無人出局一、二壘有人的危機，看到打者點出小飛球的瞬間，我太過於心急接球，想要先製造一人出局。」

八局上半橫濱進攻的時候，有一球讓板川感到些許失落。一人出局三壘有人，第二棒小泉龍之介執行強迫取分短打，卻把球點到界外。

「當然是希望他能成功執行戰術，但畢竟只是二年級生……領先二分跟領先三分，心情完全不同。如果只領先二分，對手只要站上得點圈，一支安打就有可能追平。如果領先四分以上，有時候在投球時會失去緊張感，所以三分是最佳的分差，心情會稍微輕鬆，又能保持適度的緊張感。」

選擇直接接住投手前方的小飛球，是二分之差所產生的「隱形失誤」。

雖然對金足農業來說是致命的失敗，但唯有一人為此感到高興，就是下一棒的第六棒高橋，他在前幾個打席都沒有擊出安打。

「當下覺得太幸運了，不用短打。如果前一棒成功犧牲觸擊將跑者推進到二、三壘，教練應該會叫我執行強迫取分短打。」

高橋站上打擊區的時候，菅原從一壘板凳席走過來，教練團叫了暫停，由菅原負責擔任場上傳令[3]。高橋暫時退出打擊區。

金足農業在進攻的時候，大多數的場合都是由選手自行向總教練提出至場上傳令，當時的菅原也是如此。

「由於前一棒執行犧牲觸擊戰術失敗，我詢問總教練能否叫個暫停。我認為這個打席的勝負關鍵，是投手投出的第一顆好球。因為高橋有時候會想太多，我告訴他，如果遇到第一顆球是中意的球，就要盡全力揮棒。」

菅原傳令結束後，高橋要菅原拍他的背部，菅原於是用左手輕拍高橋背號三號上方的背部。

金足農業在秋田大會的第三輪對上能代，當時為一人出局滿壘，高橋擊出再見滿壘全壘打。那時候是由吉田負責傳令，吉田用力拍了高橋的背部。

「因為我在那一場比賽發生守備失誤，吉田跟我說：『用打擊討回來！』接著用力拍打了我的背，也許是被拍打過招來好運。不過，（菅原）天空則是用輕拍的方式。」

進入金足農業後，大多數選手的長相都變得跟國中時期不同，這是因為身處於嚴苛的環境，相貌因而改變，高橋也是其中一人。

「他們告訴我，站上打擊區的時候，要面露凶光，看起來像是要殺人一樣。」

站上右打打擊區的高橋，露出殺氣騰騰的表情，用棒頭指向投手喊聲。接下來進入寂靜無聲的世界。

「因為全神貫注，完全聽不到場上的加油聲等聲音，眼中只盯著投手手中的球，想要全力把球揮出去。」

3 負責傳達教練的指示或安撫投手情緒，傳令和隊友說話的時間限制為三十秒，一場比賽只能使用三次。

「不會吧？」

在比賽途中被換到右外野守備的萬波，回想起當時的情景，心中產生「不妙的預感」。

「我記得很清楚，當時是無人出局一、二壘有人，看到對方打者點出小飛球的時候，心想『三殺（守備）要來了！』由於打者搞砸了，沒有把球點好，壘上跑者也不敢往前跑，這時候就可以比照平常練習的模式，投手刻意讓小飛球落地以製造三殺守備，板川很擅長這方面的守備。結果，還沒等到球落地，他就直接接殺小飛球。這時候，整座球場開始瀰漫著金農的氣息，我想投手也能感受得到。我有種感覺，站在投手丘上的投手，不再是平常的板川。」

總是急於表現的高橋，只要一心想打安打的時候，身體姿勢會過於張開，往往會把球拉打至左邊方向，最後形成不營養的滾地球。因此，在這個打席，高橋進入打擊區前向誦經般不斷唸著「往反方向打、往反方向打……」

板川表示，面對高橋的第一球，是「偏高的變速球」。

「為了吸引打者出棒，我從持有的二種變速球中，選擇投出下墜的變速球。但是，球看起來並沒有往下掉。」

面對外角偏紅中的變速球，高橋用銀色的球棒以由下往上撈的角度揮擊。他以右手將球推出去，左手畫出大幅度弧線的順勢收尾動作。

「確實有打中球的手感，但球的飛行角度偏高，正常來說應該是平凡的中外野飛球。以那顆球的飛行距離來說，在最壞的情況下，跑者應該可以觸壘待跑[4]，我當時看到吉田正打算回壘。」

不過，吉田原本打算回壘，卻停下了腳步。

吉田說：「因為我已經打過一支全壘打，以當天的風勢來看，這球應該會飛出去。」

這一幕映入板川的眼簾。

「因為看不清楚球的飛行位置，我只能看著中外野手的追球走向。看他似乎停了下來，卻又繼續往後退；接著又停了下來，然後繼續往後退，反覆著停止與退後的過程。」

高橋即將抵達一壘壘包時，他看到中外野手小泉已經退到全壘打牆的圍欄前。

4 跑者踩在壘包上，待野手接捕後往次壘起跑。

「我心想，不會吧。」

隨後，球在打者之眼前方落地，大幅彈了起來，原來是掉落在設置於圍欄邊緣的防護網上。無論是球的飛行軌跡和中外野手的移動方式，就好像在重現吉田擊出全壘打的那一幕場景。

站在右外野目睹這球飛出去的萬波，再次露出苦笑。

「內心當然是祈求這球不要飛出全壘打牆，我當時認為這球一定是個普通的中外野飛球，因為打者像是用砍的方式把球打出去，結果球還是飛出去了。不會吧。」

很恰巧地，他跟高橋都說了同樣的話。

繞過一壘壘包的高橋，興奮地振臂歡呼，跑壘時在腰間緊握雙拳，全身充滿力量。

伊藤、菅原、秋本三位教練，總是坐在一壘側阿爾卑斯看台最上層的「奧樂蜜C」廣告看板前方觀賽。在這年的夏天，金足農業從秋田大會到甲子園的十一場比賽，板凳區都位於一壘側。高橋擊出全壘打的瞬間，三人都立刻站起來，高興地抱在一起。其中一人伊藤坦言：

「原本想將高橋放在替補名單裡頭……」

高橋與大友的組合被稱為「重訓之友會」，他們一有時間就會致力於重量訓練。因此，高橋擁有強而有力的揮棒能力，在低年級的時期開始，偶爾會被放在球隊先發名單中。重視團隊打擊的中泉，看中了高橋的打擊能力，但他的守備糟糕透頂，亮太一臉無言地說：

「他的移動範圍只有橫向一步，所有打到一壘方向的滾地球，都會穿越他的防守範圍變成右外野前安打。不過，他的肩力倒是不錯。」

如果高橋打算提升自己的守備技術，倒還說得過去，但他從一開始就沒有把注意力放在守備上。伊藤看不慣他的態度。

「如果要把二年級生放入先發名單，只能安排在一壘手的位置。我已經給二年級生好幾次機會了，但往往以失敗收場，只有高橋堅持到最後。」

伊藤與中泉的棒球觀念截然相反，簡單來說就是分別重視守備與打擊。如果中泉沒有擔任總教練，高橋可能早就被逐出野球部。

令人驚訝的是，這支戲劇性的逆轉三分全壘打，是高橋在高中棒球生涯的首支全壘打。

近年來，源自美國的「飛球革命」開始在高中棒球界蔓延，簡單來說就是盡量把球往空中打，製造更多形成長打的機會。然而，宛如存在於異世界的金足農業，從古至今都遵奉著「把球往投手腳下打」的觀念。高橋也受到這種觀念的束縛。

「某一天接受採訪的時候，記者問我印象最深刻的安打是哪一支，我印象最深刻的是高二春季大會時，打出一支差點成為全壘打的三壘安打。但是，因為我也曾將球打到投手的腳下，我於是跟記者說，那支腳下安打令我印象最為深刻。結果，教練們紛紛誇獎我。」

將球打到投手腳下的方向，可以說是金足農業的教條。這一天的比賽，金足農業在八局下半所擊出的三支安打，都是中外野方向的安打。

但是，來到甲子園後，被高橋形容為「金農石膏」教練團，想法稍有改變，開始允許球員提高擊球的仰角。

「隊中只有吉田能盡情用自己的方式打擊，老實講真的很羨慕他。不過，自從在甲子園出賽後，教練就沒有管這麼嚴格了，由於打擊時可以自由發揮，大家開始學會打出飛球的感覺。因為大阪的氣候較為乾燥，球經常會飛得更遠。原來吉田的打擊就是這種感覺啊，可以用全力揮棒，而不只是用球棒碰到球而已。如果一開始就這做，大家在高中生涯至少都可以打出二十支全壘打吧。」

準優勝

最後一局的一百五十公里直球

高橋打出逆轉三分全壘打後，吉田的情緒比任何人都還激昂。

作為二壘跑者回到本壘後，吉田在板凳席前迎接高橋，兩人以身體互撞的方式擁抱，吉田還拍了高橋的背部好幾下。

板川一臉茫然地站在投手丘，隨後調適了心情，面對第七棒彪吾，板川連續投出當天最快的一百三十九公里快速直球，最後以一顆變速球讓彪吾揮棒落空三振出局。面對下一棒的第八棒亮太，板川以直球讓亮太揮棒落空三振出局。

板川發現當時自己還留有餘力，感到有些懊悔。

「在那場比賽被擊出逆轉全壘打後，我終於投出最高品質的球。回想起來，從一開始就應該這樣投才對。」

比賽的關鍵時刻，金足農業以五比四逆轉。九局上半，吉田以衝刺的方式跑向投手丘，屢次大喊自我鼓舞。

play ball。吉田雙手合抱胸前，發出怒吼。

「很好！上吧！」

他在第九局前已經投了一百四十三球，雖然一度被疲勞所影響，但隊友所開啟的能量，再度點燃吉田的引擎。延續第二輪的表現，隊友都是用全壘打讓吉田甦醒。

橫濱的打序輪到第四棒萬波、第五棒內海、第六棒角田之中心打線，這三位是亮太最嚴加提防的打者。這一場比賽，吉田被萬波擊出二支安打，被內海與角田各擊出一支安打。即使是擊出逆轉全壘打的高橋，也感到一絲不安。

「第九局真是可怕，面對每一位打者都不能鬆懈，因為這幾棒都有擊出全壘打的能力。如果對手打出全壘打，就會立刻扳平戰局。」

吉田對萬波投出第一球，是一百四十五公里的偏高快速直球。吉田投球出手後帽子掉了下來，似乎無法控制全身所散發出來的能量。

然而，吉田接下來改變了球路，持續使用變化球，經過打者一番纏鬥，最後以外角的滑球讓萬波吞下第二次三振。連手臂較長的萬波也無法打到這顆外角滑球，這是因為吉田之前用直球攻擊萬波的內角所產生的效果。

萬波也就此服輸了。

「沒想到會被打三分全壘打逆轉，全隊處於一種奇怪的氛圍中。到了第九局，我想輝星的體力已經快要耗盡，加上他的個性，一定會用直球來決勝負。因此，如果遇到直球，我就要用盡全力把球轟出去。不過，我是這局的第一位上場打者，還是無法自我克制，心情過於急躁，一心只想著鎖定直球，結果追打了壞球。完全被騙了。」

跟萬波的性格正好相反，吉田外表滿腔熱血，頭腦卻是冷靜的。

「因為球隊已經逆轉，對手可能會認為我會趁勢用直球來搶好球數。這時候就要來個出其不意。」

吉田面對下一棒內海所投出的第三球，是當天最快的一百四十七公里直球，用球數剛好來到一百五十顆球，場內發出波浪般的鼓噪聲。吉田回想：

「當我投出那顆一百四十七公里的直球時，感覺球場的氣氛開始轉變。」

接球的亮太，對於吉田深不可測的實力感到驚嘆。

「如果是第一局或第二局還蠻正常，沒想到投到第九局，居然還能投出這樣的球速，令人難以置信。除了有球速，控球能力也很強。」

然而，內海開始一路纏鬥，球數來到二好球後，連續將吉田的四顆直球打成界外，即使面對較不擅長的內角球，依舊可以把球破壞掉。從內海的嘴角，可看出他多次說著「可惜了」。

吉田投出第十球，他投了一顆還沒對內海使用過的快速指叉球，球忽快忽慢擾亂了節奏，內海沉不住氣，揮了個大空棒，三振出局。

這局的第三位打者是第六棒角田，吉田面對角田連續投出三顆滑球，球數形成二好一壞，角田面對被三振的絕境。吉田投出第四球，是外角偏低的壞球，球速顯示為一百五十公里，追平個人最快球速紀錄。場內又發出騷動聲。

這個瞬間，亮太為了讓吉田知道自己投出最快球速，用手指了中外野方向電子計分板上的「150km/h」球速顯示。看到亮太的動作，吉田露出了微笑。

「放鬆力量時能以順暢的姿勢投球，這是完全不會耗費力氣的投球姿勢。」

這一球與他在秋田大會決賽時全力投出的一百五十公里直球，兩者的球質截然不同。

角田纏鬥到二好三壞，最後面對一顆一百四十六公里的偏高直球，揮棒落空三振出局。吉田發出怒吼。

「這是未曾有過的感覺，可以用一夫當關，萬夫莫敵來形容吧。這場比賽更甚大垣日大那場，沒想到我可以如此隨心所欲地擺動手臂，並擁有優異的控球能力，滑球能轉到好球帶最邊緣的位置。如果現在叫我投出跟當時一樣的水準，我覺得頗有難度。」

吉田這屆的球員，自從升上三年級的春天以來，參加十四場縣內正式比賽從未嘗過敗績，其中有四場比賽的比分皆為「二比〇」。這代表如果吉田能守住低比分的戰局，就是金足農業的必勝方程式。

很難想像的是，金足農業在這場比賽被對手奪下四分，卻能在比賽尾聲以全壘打的方式逆轉，而且對手是天下數一數二的強隊橫濱。吉田反覆地說著同樣的話。

「並不是靠我一個人的力量才能贏球。」

分別只有一位特A與A級球員的球隊，擊敗了全員都是A級以上的球隊。經歷了這場比賽，板川流露複雜的心情。

「我並不覺得對手特別強，與其說是實力之爭，倒不如說是自身犯下的失誤讓對手創造贏球的機會。因為這個時候的金足農，還沒有乘勢而上的感覺，他們戰勝了自己。我開始感覺到這支以吉田為中心球隊，全員團結一心，他們正在享受著棒球的樂趣。」

不符時節的六甲颪「神風」，造就了逆轉三分全壘打，加上吉田使出渾身解數，以連續三振三位打者的方式來表現他與隊友的向心力。

如同板川所說，金足農業對戰橫濱的這場比賽中，在這過於戲劇化的二局，發生了巨大的轉變。金足農業躍身成為第一百屆大會的主角。

當天，中泉在與三年級學生每天交換的《金足農業 野球部日記》中，寫下這一句話。

〈突破一切的心情，秋田縣上下沸騰〉

這本日記是每天輪流由一位三年級生所寫，中泉通常會在「指導者見解」的欄位上寫下評語，但唯有這句話是隨意寫在空白處。

老實說，由於中泉的個性認真而嚴肅，他所說的話往往缺乏幽默感，不過這句話卻完美地表達出當時球隊的心情和周遭的氛圍。要補充說明的話，不僅是秋田縣，全日本都感到熱血沸騰。

突破一切的感覺如何呢，橫濱之戰的功臣高橋如此形容。

「一切都不像是置身在現實世界。與橫濱比賽後，我已經失去真實感了。感覺自己就像置身於夢裡，甚至沒有活著的感覺。」

笨拙的總教練

在秋田縣內，包含吉田在內，有四位被稱為「四大巨投」的同年級投手。包含在二〇一八年春季以「二十一世紀枠[1]」資格於選拔高校野球大會出賽的由利工業投手佐藤亞蓮、能代松陽的小個頭左投佐藤開陸，以及明櫻的山口航輝。

明櫻的山口是最早嶄露頭角的投手，他是大阪出身，在二年級時已有一百八十公分的身高，體重超過八十公斤。二〇一七年春季的秋田縣大會，山口在投打皆有活躍表現，幫助球隊奪下冠軍。

提到當時對於這位二年級生吉田有何印象，山口以充滿威嚴的表情說：

「就是一位普通等級的投手，雖然球速還不錯，但不擅長投變化球，只要專心鎖定他的直球就能應付了。」

明櫻奪冠的二〇一七年春季秋田縣大會中，二年級生吉田遭遇四大巨投中的二名投手。在中央地區的半準決賽，金足農業首先對上明櫻，山口在這場比賽以「第四棒，左外野手」的位置先發上場。

以球隊戰力來比較，雖然明櫻高出金足農業好幾級，金足農業卻展現出人意料的表現。吉田雖然被山口評為「普通等級的投手」，他超過一百四十公里的快速直球卻能壓制明櫻打線。九局結束，雙方依舊為〇比〇平手。進入延長賽，先攻的金足農業在第十局上半先得下一分領先，但在下個半局被對手追平。第十二局上半，金足農業再次取得二分領先，但在下個半局被奪下三分，明櫻再見逆轉獲得勝利。雖然吉田表現出色，隊友的守備並無法達到吉田的水準。秋本回想：

「只能靠吉田一人力撐，守備的表現太差了。第十二局下半，包含沒有被記錄的隱形失誤，簡直失誤連連。」

準優勝

顯露流氓般的表情

距離伊藤再次擔任教練一職，大約已過了半年的時間。看到與明櫻那場激戰的過程，伊藤首度感受到球隊的可能性。

「自從擔任教練後，我在前年的十一月第一次看到球隊比賽，老實講，當時不禁產生的疑問是『這到底是什麼樣的球隊？』。跟當時相比，這支球隊的進步程度令人吃驚。與明櫻實際交手後，我深信在今年夏天，我們能打進甲子園，因為我們

1 指的是學校擁有特殊背景或意義，但無法進入全國大會，而為此特設的外卡資格。

可以跟明櫻鏖戰到延長賽。今年的球隊別無選擇，就是只能不斷地緊咬對手，以馬拉松來比喻，就是全程緊跟在領先選手的後方，在最後關頭逆轉。在棒球的領域，這是偶然會發生的事情。不過，要等到吉田升上高三時，才能隨時達成這個目標。」

秋田縣內只有五間私立高中，其中有二間設有野球部，而明櫻是唯一曾在甲子園出賽的學校。對於縣內的公立學校而言，明櫻的戰力已成為他們每年努力打進甲子園的目標之一。因此，伊藤認為明櫻越強，對於提升其他球隊的實力越有幫助。

「私立學校越強，有助於提升秋田縣各校整體的實力。昔日的秋田經法大附屬學校（明櫻前身）強大到無人能及，所以如果公立學校能打進甲子園，戰績也不會太差。吉田這屆最幸運的地方，就是同世代的明櫻實力堅強。」

對戰明櫻惜敗後，金足農業參加敗部復活戰，以十一比四提前結束比賽大勝本莊。對於長年處於低迷狀態的金足農業而言，這是睽違五年取得春季縣大會的參賽門票，他們在第二輪要對上擁有另一位四巨投佐藤開陸的能代松陽。能代松陽是當年縣北地區的王者。

金足農業與明櫻的比賽中獲得意外的收穫，但與能代松陽的比賽，不出所料地顯露出球隊的問題。以結果來說，金足農業以三比十被對手提前結束比賽，先發投手吉田投到第八局時被打爆提前下場，總計被擊出十二支安打，僅投出一次三振。

在前一天對戰大館桂櫻的時候，吉田奪下完投勝，隔一天對戰能代松陽，吉田連續二天上場投球。這個時期的吉田只要連投二天，球威在第二天就會明顯下滑。包含體力層面，當時的吉田還不是一位令人感到畏懼的投手。能代松陽總教練工藤明回想：

「相較於一年級的時期，吉田確實有所成長，但不會讓人覺得他是一位厲害的投手。畢竟在同年級生中，有山口這位壓倒性的投手存在，山口從一年級開始，就已經讓人認同他是一位出色的投手。」

山口也提過類似的看法。

「因為二年級時的吉田，是一位只能投直球的投手，唯一能上得了檯面的變化球，大概只有曲球。」

此外，山口還點出吉田在當時顯露的精神性缺點。

「二年級的吉田很容易發怒，隊友只要一發生失誤，他就會大動肝火，情緒變得煩躁，步入自我毀滅。像是在投球時，會開始投不進好球帶，感覺只要惹怒他，就有機會拿下勝利。」

吉田若能保持絕佳的投球狀態，心情看起來往往很好；但只要隊友發生低級失誤讓打者上壘時，他總會大聲斥責隊友「給我好好接球！」接著會漲紅著臉，投球節奏開始亂掉。由於吉田的皮膚白皙，很容易看出血液集中在他的頭部。如果看到吉田開始用力啃咬口中的牙套，是他正在生氣的另一項徵兆。

如果吉田的態度太過誇張，讓人看不下去的時候，金足農業的教練就會教訓他一頓。在高二那年春天遠征青森的時候，金足農業與弘前中央的練習賽，終於讓秋本感到忍無可忍。

第一局，弘前中央的第一棒打者擊出軟弱的三壘滾地球，但三壘手打川的啟動較慢，他急忙趨前接球，無法配合球的彈跳而漏接，紀錄上形成一支內野安打，吉田立刻吐露心中的不滿。

「別開玩笑了，可惡！」

吉田回憶當時的情況說：

「那場比賽的目標是盡量減少用球數，但打川在第一局就犯了不該犯的失誤。我在第一局就陷入煩躁的狀態，即使回到板凳席也不斷滿口牢騷。」

吉田的態度惹怒了秋本，當他回到板凳席後，秋本抓著他的衣領對他咆哮：

「這支球隊不是因你而存在的！」

秋本立刻命令吉田跪坐。秋本回想：

「記得那時候，我罵他罵得最兇。吉田在一年級的時候，他只要一生氣臉上的血管就會抽動，能明顯看出他在感到煩躁。不過，這時候他還是會回答是、是、是，表現出聆聽訓話的模樣，但內心一定覺得教練真煩。在升上二年級以前，他都像是個小孩。」

打川開玩笑地說：

「內野手隨時都要抱著死亡的覺悟。只要守備發生失誤，他的身上就會散發出『生人勿近的氣息』。」

伊藤也曾經因為看不慣吉田的態度而發怒。那一天，全隊在金足農業球場練完球，是發生在準備前往比賽現場的事情。

「那傢伙有時候會擺出一副死氣沉沉的臉，或是露出像是流氓的表情。我在擔任打擊練習投手的時候，不知道他是狀況不好還是什麼原因，看到他隨便揮棒的樣子，真是氣死我了。氣到我大喊『叫你爸過來！』看他一臉臭臉的時候，都會懷疑他是否有偏頭痛，也許頭真的在痛吧。」

直接在球場叫吉田的父親，也就是伊藤的學弟過來，代表金足農業存在絕對的上下關係。無論是身為父親或孩子，遇到這種事情都會感到沒有面子。事實上，的確有球員的父親當場在電話中被伊藤訓誡一番。

準優勝

二〇一七年夏季縣大會決賽

二〇一七年，早實的強打清宮幸太郎[2]，成為高中棒球界的焦點。

該年夏季，有四七支球隊參加秋田大會，根據一般人的見解，明櫻與能代松陽的戰力有望脫穎而出。相較之下，以非種子資格出賽的金足農業，其評價排名大約在十名前後。

附帶一提，在甲子園成為熱門話題的《全力校歌》，就是在這年夏天誕生的，這是當時擔任隊長的安田廣郎的主意。隊長總是把「全力」掛在嘴邊，根據安田表示，學弟們經常用安田濃厚的鄉音，模仿他喊著「全力、全力」。安田解釋了他提出這個想法的原因。

「從前的校歌都是對嘴唱的形式，我覺得這不太像我們的風格，使用全力唱歌的感覺真好。」

曾跟安田組成投捕搭檔的吉田，形容安田是「即使身處地獄也能爬上來的人」。

「他是那種即使吐了也不會停止練球的人。看他又吐了，然後繼續練球，直到被教練強制休息為止，是不會停下來的。」

安田這屆的球員們並不太熱衷於練球，唯有安田一人置身於其他的世界，對於安田直率到有些滑稽的性格，學弟們雖然覺得有些有趣，卻對他抱著一絲敬畏之情。吉田在跟學長鬧著玩的時候，有時候會直呼其名，但唯有對安田一定會加上「學長」的尊稱。在金足農業，「棒球癡狂者」是無條件獲得尊敬的對象，正因為這樣，當安田提出全力校歌的想法時，沒有任何人反對，吉田等人也自然而然地繼承這項傳統。

二〇一七年夏季，參賽前的金足農業幾乎只能倚賴吉田；但在大會開始後，隊上打者的表現超乎預期。安田如此分析。

「應該是剛好來到巔峰期，以往幾乎打不到球的球員，也突然開始打出安打，感覺全員都有一定的打擊能力。」

金足農業在第一輪對戰大館桂櫻，以十比〇提前於五局結束比賽獲勝；第二輪面對男鹿海洋，以二十四比〇提前於五局結束比賽獲勝。這場對男鹿海洋的比賽，

2 高中期間總計轟出一百一十一發全壘打的超級新秀，於二〇一七年選秀會吸引了七支球隊同時第一指名，最後則由日本火腿鬥士隊抽中交涉權，加入火腿鬥士隊。至今生涯成績為三百零二支安打、四十九支全壘打，打擊率二成一六。

還有後續的故事。這場比賽金足農業獲得十一次的四死球，其中有一半以上都是觸身球保送，三浦總教練辯解說：

「因為本隊的投手缺乏力量，只能讓他們攻擊內角，結果經常丟到人，但他們球速不快，應該沒有問題吧。」

不過在幾天後，吉田在車站看到男鹿海洋的球員，走過去警告他們說：

「你們轉告一下投手，下次碰頭時給我記住了。」

吉田這群球員，由於意識到甲子園的比賽是全國轉播，會表現出極度紳士的舉止。然而，在縣內經常顯露出與他人鬥爭的心理，遊擊手齋藤鐃有興趣地回憶起這件事說：

「因觸身球上到一壘的時候，對方的一壘手通常會致歉，但我們都會選擇忽視。如果對方投手繼續投出觸身球，我們的奚落聲可是不得了。有人會從板凳席站出來，大罵許多不堪入耳的話語，感覺雙方隨時都會清空板凳大打一架。」

第三輪以後，金足農業的投打依舊發揮絕佳的狀態，第三輪以五比二擊敗能代，半準決賽以七比一擊敗秋田修英，準決賽則是以六比一大勝秋田高校，吉田在每一場比賽都是完投全場。

只要再一勝就能晉級甲子園，但安田認為，從客觀的角度看，球隊已經顯得疲憊不堪。

「雖然只剩一場決賽，但大家都表示已經累到不行了。第三輪以後的比賽，雖然都能以一定的比分差擊敗對手，但打完這幾場，我們已經到達極限了。還有吉田的用球數，他在半準決賽與準決賽投出不少四壞球保送。」

半準決賽有八次四壞球保送，準決賽有六次，雖然球威依舊不錯，但控球不穩。安田繼續說：

「因為準決賽的對手是秋田高校才能贏球，如果是能代松陽晉級，我們應該會被他們淘汰。光是能打進決賽，運氣算是不錯，我想吉田的體力已經到達極限。」

金足農業睽違十年打進夏季縣大會決賽，這場比賽被安排在準決賽的隔天舉行，對於吉田而言，這是春季縣大會以來連續兩天上場投球。

「老實說，我當時並不像高三時那麼有自信。」

另一個分組則由明櫻理所當然地晉級，山口在決賽前對勝利充滿信心。

「看到金足農晉級，我暗自感到高興，這樣有望打進甲子園了。畢竟吉田無法連續二天投球，在第二天的決賽能對上吉田真是幸運。」

當時的吉田，與他在三年級夏天的壓倒性存在感相比，完全判若兩人。雖然不令人感到意外，由於身體的疲憊，無法從他身上感受任何的活力，直球也欠缺球威。吉田在第一局下半便無法壓制對手打線，被對手連續擊出三支安打失掉二分。在這年的夏季的六場比賽中，金足農業是首度在第一局被對手先馳得點。

「雖然第一局壓不住對手，但我當時認為應該不會再丟分了吧……」

考量到明櫻先發山口的實力，金足農業在第一局失掉的二分顯得十分巨大。

吉田在五局下半再失二分，接著在六局下半被對手拿下第五分後，吉田被換下場。總計被打出十支安打，投出五次四死球，他的強項三振數掛零。

吉田與明櫻第四棒山口對決三個打席，分別為觸身球、左外野前方安打、故意四壞球保送，吉田完全輸給對手。只要山口是該局的首位上場打者時，無條件讓他上壘是球隊的策略，與其被打出長打，不如直接把他送上一壘比較划算。這項策略對投手來說是一種恥辱，但同為二年級生，吉田與山口之間確實有顯著的差距。

伊藤將這樣的結果當作理所當然的事實。

「我認為以當時吉田的體能來看，無法連日上場投球，畢竟他在高一的冬天，並沒有落實完整的訓練。他經常說腰部很痛，我便要求他進行跑步訓練，但他總是在偷懶，訓練量根本不夠。我問他跑了多遠了，他回說會根據自己的想法去做跑步訓練，但其實只是在頂嘴而已。因此，直到高二的秋天為止，他只是一位普通的投手。」

這場比賽明櫻以五比一擊敗金足農，獲得甲子園出賽的門票，但也因此付出極大的代價。山口被故意四壞球，站上一壘後發生意外事件。由於明櫻教練下達了打帶跑戰術的暗號，山口正準備起跑的瞬間，吉田向一壘傳了一顆快速的牽制球。

「我知道吉田相當擅長牽制，無論是轉身或傳球速度都很快。當時被投手抓到起跑，急忙用頭部滑回一壘時，由於離壘包太近而撞到身體。」

山口的右肩撞到壘包導致脫臼，當時由於有部分身體組織撕裂，演變成需要動手術的嚴重傷勢。雖然手術成功，但疼痛尚未消失，山口在從此之後的高中時期，未曾再站上投手丘。

加盟千葉羅德隊以後，山口終於可以不用擔心疼痛地盡全力投球，但今後他打算專注於擔任外野手的位置。

對於吉田而言，高二那年夏季的決賽，是他高中入學以來最為殘酷的比賽。雖然留下些許的遺憾與懊悔，但他也感到如釋重負。

「雖然目標是打進甲子園，但我希望我們這屆的球員能盡快成為隊上的主力。」

就連被學長們形容為「趾高氣揚」的吉田，似乎也感受到隊上存在高年級生的不自由與壓力。近年來在高中棒球的世界裡，可見許多低年級生熱淚盈眶地希望能跟學長繼續一同打球；但在金足農業似乎不見這樣的「時下風潮」。事實上，金足農業依舊殘留深厚的高中棒球傳統氛圍或型態。

依照慣例，金足農業會在夏季大會輸球後的當天開始，以新球隊之姿展開練球。大會閉幕儀式結束後，全隊回到學校時已經接近傍晚六點。在參加夏季大會的期間，全隊會在校內住宿設施過夜，從那裡前往比賽的球場。大家回到學校後，先打掃與整理了集訓場，接著前往點亮照明設備的球場，首先練習揮棒三百下，接著在本壘與右外野之間以及壘間進行數項衝刺訓練。

準優勝

爲何沒有流汗？

決賽隔天起的三天期間，二年級生須參加職場體驗活動，這是在農業高中才能見到的課程。野球部的球員被分成好幾班，前往水梨農園等地進行實習。

決賽的四天後，七月二十九日星期六，是新球隊重新出發的日子。伊藤一臉喜悅地回想：

訓練的項目。」

「我們還沒有決定要選誰當隊長，但我一到學校時，吉田就立刻過來詢問當天

話雖如此，除了吉田之外，想不出還有誰能夠率領這一屆的球員。吉田說明他先發制人的意圖。

「伊藤教練的訓練項目，取決於他到現場時球員對他打招呼的方式。所以，我認為要立刻展現積極的態度比較好，這時候要不斷思考，該怎麼做才能讓教練在訂定訓練內容能有好的心情。」

雖然投機取巧並不是一件好事，但至少吉田這群人的想法有所改變，以洗心革面的態度重新面對棒球運動。對於這樣的吉田，伊藤先發制人地給他一拳重擊。

「你為什麼沒有流汗？」

六日的練球時間是從九點開始，但伊藤一定會提早一小時到現場，這是他想向球員傳達「提早做好準備很重要」的無聲訊息。

但是，面對上一屆的球員，伊藤無法完全傳達他的意圖。即使伊藤已經到了球場，大部分的球員還待在部室裡。

伊藤以他的方式在考驗吉田等人，吉田敏銳地意識到伊藤這句話的含義，隔天在七點五十五分左右就到了球場。

「我雖然有做T座打擊練習，但為了裝作已經練習一段時間了，我會把一堆球丟到四處。」

但這樣的蒙混方式並無法騙過伊藤，伊藤說出跟前一天相同的話。

「奇怪，你怎麼還是沒有流汗？」

隔週，吉田提早三十分來到球場跑步，滿頭大汗地迎接伊藤的到來。

「熱身完畢了嗎？」

這是伊藤所發出的合格訊息。

從此以後每逢六日，吉田總是滿頭大汗地跑到伊藤身邊，伊藤就會問他：「熱身完畢了嗎？」這樣的往來模式成為慣例。

其他球員自然地受到吉田的態度所感染，每當開始訓練的時候，所有人的臉都漲得通紅。

所有球員都對伊藤言聽計從，是因為伊藤「完美無瑕」的形象所帶來的影響。伊藤只憑二件事，就讓所有人留下深刻的印象，第一是隨時保持乾淨整潔的形象，第二是一定要在練球前一小時到達球場。

在秋季大會落敗

吉田這屆的球員，終於來到最後一年的高中生涯。延續春季的表現，金足農業在秋季也順利晉級縣大會，但在第二輪與半準決賽時，吉田因連續二日上場投球，再度遭到挫敗。

金足農業在半準決賽遭遇角館，在第七局結束時以四比〇暫時領先，但在八局上半，巨大的陷阱等著他們。

吉田突然面對無人出局滿壘的危機，在這樣的困境中，吉田讓對手擊出二壘方向滾地球，是形成雙殺的良機。然而，球滾到二壘手齋藤的前方時，形成不規則彈跳，齋藤在甲子園擔任游擊手的守備位置，但在組成新球隊後到高三的春季為止，都是擔任二壘手。齋藤勉強用身體擋球，讓球在身體前方落地，但這時候只來得及將球傳向二壘取得一人出局，三壘跑者回到本壘得分，形成一人出局，一、三壘有人的危機。

更不幸的是，齋藤在處理這一球後感到鎖骨疼痛，中途下場休息。久米帶著齋藤前往醫護室治療，暫時離開板凳席，齋藤在醫護室接受臨時治療，久米回到板凳席的時候，目瞪口呆地看著現場比數。在記分板八局上半的欄位中，出現了讓他一度以為自己看錯的碩大數字。

5

「球隊怎麼落後了……」

吉田無法扭轉場上的劣勢，投出四壞球與加上被打安打失掉四分，以四比五遭對手逆轉。久米說：

「那年夏天對上明櫻，也發生同樣的事情。因山口脫臼受傷，比賽暫停一段時間，結果吉田開始陷入亂流。這場比賽也是因為齋藤璃玖傷退，暫停一段時間，打亂了吉田的投球節奏，我想他本來就很難控制自身的情緒。」

一壘手高橋回想：

「中外野手大友曾說過，吉田只要開始遭遇亂流，就會用力投球，當時他的投球姿勢看起來缺乏穩定性。」

吉田失掉第五分後被換下場，由打川上場中繼，但打川在九局上半被對手得分，金足農業最後以五比六輸球。

比賽隊長佐佐木分析了輸給角館的原因。

「因為在第四局以前已經拿下四分，感覺有機會提前結束比賽；但我們內心篤定會贏球，在四局後開始鬆懈。本來應該要趁勝追擊的比賽，卻沒有繼續得分，我想這就是反映私生活中顯露人性的一面。」

在甲子園比賽中擔任「第二棒，左外野手」要角的佐佐木，其實在當時還不是球員的身分。佐佐木在高一的冬天，清楚感覺到身體發生異樣。佐佐木在國中時期，是一位擅長跑步的快腿，在秋田北青少棒隊中屬於頂尖等級。然而，佐佐木發現，原本在跑步時能贏過的選手，上了高中後卻接連被他們輕鬆超越。

「上了高中後，我就覺得自己很容易感到疲倦，不僅跑步墊底，甚至被第一名拉了一圈的差距。上了高中，覺得大家都有所成長，唯獨自己停滯不前，也許這就是實力的差距吧。」

當時的佐佐木，在學校光是上下爬樓梯，都會上氣不接下氣，吉田一直以為他是在開玩笑，畢竟佐佐木喘氣的模樣看起來不太尋常。

伊藤建議佐佐木前往醫院檢查，事實上在七年前，金足農業的某位球員因罹患白血病而過世，由於佐佐木的症狀跟該名球員十分類似，伊藤表示「當時覺得有可能是相同的疾病」。

經過檢查發現佐佐木沒有罹患白血病，而是罹患葛瑞夫茲氏病，為侵犯甲狀腺的自體免疫性疾病。近年來由於前日本足球國手本田圭佑與歌手絢香都罹患這種疾病，世人逐漸認識葛瑞夫茲氏病的存在。醫師警告佐佐木，要避免做劇烈運動。

「這是令我感到震驚的事情，我去找教練商量，希望能暫時退出野球部，但伊藤教練說我也可以考慮當球隊經理。我並不討厭從事第二線的工作，因此打算改當球隊經理。」

佐佐木升上二年級後成為球隊經理，雖然是不起眼的職位，但他從來沒有混水摸魚過。

「伊藤教練跟我說『要讓球員徹底討厭你。』我開始用嚴厲的語氣督促他們。如果有人發生失誤，我會大罵『給我認真點！』等等。」

在吉田這屆的球員之中，佐佐木屬於「異類」，從日常行為來觀察，他是一位正經而認真的人，就連伊藤也說「好像從來沒有對佐佐木發飆過」。如果沒有佐佐木，就無法找出輸球的原因，也就是隊友的「人性」。

在金足農業，整理球場與搬運球具大多是低年級生的工作，儘管越來越多的野球部已經開始廢除這種不合理的上下階級關係；但在金足農業，高低年級生之間依舊存在「不平等」的關係。在這樣的制度下，佐佐木卻率先幫忙低年級生整理場地，吉田對此曾經表達心中的不滿。
「對我們來說，那傢伙就像是一顆炸彈。只有他一個在做的時候，就會顯得十分突兀，這樣的話我們勢必得跳下去幫忙。」
原本應當被稱讚的佐佐木，卻被吉田他們當成「炸彈」，即使是不合理的事情，也有限度存在。不過，吉田暢所欲言的說話方式，讓人感受到純真之處，跟失去自主性只能一味服從的「乖孩子」相比，吉田的思想顯得健全許多。
佐佐木不僅僅是一位認真的人，他的耿直程度超乎尋常。即使他在接受採訪時只遲到了一、兩分鐘，他也會氣喘吁吁地跑過來，一遍又一遍地為遲到道歉。佐佐木的認真態度，是真誠而自然的。
筆者忍不住問了佐佐木這個問題。
「你有沒有不想跟這群人一起打球的時候？」
佐佐木自豪地回答。
「這就是金農風格。」
不管怎麼說，佐佐木的體內流著紫色的血液。
中泉曾經如此形容他們。
「以秋田方言『zura』來形容這群人的話，就是神經大條的意思；講好聽一點的話，就是有膽量。無論被別人怎麼說，似乎都覺得沒什麼大不了的。這是他們給我的感覺。」

中泉雖然用「講好聽一點」來補充說明，但這句方言在秋田並不是誇獎的意思，反而帶有貶義，用來形容「這群人真是後知後覺（不識相）。」但是，中泉刻意用「講好聽一點」來作為開頭，至少在他的心中，神經大條並不是應當被改掉的要素。

高橋如此推敲總教練的內心想法。

「我想總教練應該很清楚，他跟目前所有的高三生都不太合得來。」

金足農業遭角館逆轉輸球後，球隊再次產生莫大的嫌隙，並迎來重生。造成嫌隙的並不是比賽的內容，而是中泉在賽後的言行。賽後在更衣室裡，中泉罕見地表現憤怒的情緒，令球員們感到不悅的，是中泉這句「我從一開始就認為會輸球」的爭議言論。

吉田回憶起當時的景象。

「全隊在賽後開了檢討會議，氣氛簡直糟透了。總教練訓話說：『你們太過意氣用事了。』大家的臉色瞬間變得很難看，宛如吐露出『你到底在說什麼鬼？』的表情。正常來說，即使對總教練有這樣的想法，也不會表現在臉上，但我們這群就是會顯露出來。我跟（佐佐木）大夢在這個時候，都是屬於會克制情緒的類型，總教練也十分了解大家的個性，他試圖解釋為何會如此認為的理由，但沒有人聽得進去。」

吉田這群人心情不好的時候，沒有任何人敢去招惹他們。球隊經理金子回想起搭巴士回學校途中的景象。

「當時太可怕了，氣氛有夠糟。在車上發便當的時候，通常會請他們幫忙將便當傳到後面，但感覺吉田跟（菅原）天空的心情超差，即使叫他們『把便當傳過去』，他們也完全不理我，我當時感到害怕極了。」

針對中泉的言論，在兩天後負責撰寫九月二十二日野球部日記的打川，抒發了他對總教練的不滿，在日記中提到「我不喜歡總教練對我們說的這些話。」

〈提到前一陣子對角館的比賽，總教練在賽後會議上說，如果首位打者被三振，比賽就等同結束了，但我們所有人並不這麼認為。如果指導者覺得比賽已經輸了，相信所有在板凳席的選手也會感受到這股氛圍，在棒球比賽確定結束之前，沒有人知道會發生什麼事。因此，我希望教練跟所有選手在比賽的時候，不到最後一刻都不能輕言放棄。〉

看完打川所寫的日記內容，中泉寫下以下的評語。

我們如果沒有認眞思考，便無法了解某些話背後的含義是什麼，或是一個人眞正的想法是什麼。我並沒有說比賽已經結束了，如果不小心說出口，應該是我用詞失當，這樣得用詞是不對的。我想強調的是，這樣打下去是不行的，我們有可能會輸球，我認爲在這樣的狀態下難以贏過對手。我的意思並不是說不能被三振，而是要思考自己是如何被三振。我眼中所見的被三振，往往是追打壞球，也沒有努力去跟投手纏鬥或是完成場上的任務，但我並沒有就此放棄。（中略）如果表現出已經認輸的氛圍，就一定要誠心檢討，經打川這麼一說，我也開始自我反省。

以上摘錄了日記中較容易理解的內容，但讀完還是令人難以理解。中泉是一位笨拙的男人，而且是徹頭徹尾的笨拙。

當初引薦伊藤回到球隊擔任教練的佐藤，曾經叮嚀過中泉。

「我告訴中泉『不要在孩子面前說話。』結果他回說：『真的嗎？』因為他在講話的時候，往往會用「這個嘛」或「那個嘛」開頭，講話內容完全沒有重點。因為我們了解他的個性，才能跟他長久來往，但他依舊是一位風趣的人。」

中泉的說話方式，與其說是欠缺內容，不如說是不擅言辭，條理不夠分明，難以讓人找到說話的重點。中泉解釋他在角館賽後會議談話的真正含義。

「在比賽之前，有些事情讓我感到憂心忡忡。我沒有說出所有的想法，一切的結果都是因小事累積所造成的，可能是因為在比賽期間，我無法說出口。所以，該怎麼說呢，總之在他們高二那年的秋天，有一些讓我覺得瞧不起的地方。我知道我的措辭可能不太好，但就我的感受來說，我無法像這些選手一樣抱著直到最後永不放棄的心情。回想起來，我沒有告訴選手這一點，我始終無法說出口。我可能只想為自己留下退路。」

即使中泉再次解釋，仍然讓人難以理解，他對哪些事情感到憂心忡忡呢？詢問他這個問題後，他卻說：「我不能講。」中泉在選擇應當說出來的事情，跟不應該說出來的事情時，往往會有自相矛盾的情形。

看到與角館比賽當天的日記中，中泉所寫的評語時，似乎能發現一些他想要對球員講，卻無法說出口的日常積累瑣碎小事。

雖然無法舉出所有的事情，但還是會發現一些造成輸球的要素。在學校生活中，像是隨便丟棄使用過的冰袋垃圾、把部長交予的紙張散落一地、沒有仔細整理自己所使用過的場地、沒有好好存放灑水水管與水管接頭、沒有糾正旁人的行為或是察覺一些小細節等，無法判斷自己所欠缺的地方或是需要改進的地方，並且採取實際行動的人，在比賽中就無法展現出應有的實力與能力。

雖然中泉寫出許多正經話，但他始終無法向球員們傳達真正的含意。

準優勝

禁止說「別在意」

自從那場與角館的比賽過後，有一段時間，球員與總教練之間處於緊張的氣氛。吉田回顧說：

「大友等人特別誇張，進行滾地球守備練習時，當總教練擊球後，大友接到球回傳本壘時，會刻意把球丟到總教練那邊，還帶有噴射球旋轉。如果總教練在打knock時候沒有打好，大友還會吐槽說怎麼打得那麼爛等等，總之會拼命講總教練的壞話。」

大友無法隱藏對於總教練的敵意。

「我和那個人不太合得來。當我生氣的時候，在傳球時就會瞄準他。」

球隊經理金子並不認為大友的攻擊性是一種負面現象。

「他們有時候講出來的話，我認為並不是錯的，雖然平常就是一群笨蛋，但唯獨對棒球的態度是認真的。因此，他們才會出言頂撞教練。」

吉田這一輩的球員，彼此之間的爭吵從未停歇。在某一場比賽，對方打者擊出左外野的飛球，左外野手原本可以直接接殺，卻讓球落地形成安打。針對這一球，高橋責備外野手說：「為何沒有接到球！」之後，換成高橋漏接一壘方向的高飛球，中外野手大友開始反擊。

「你才要好好接球吧，白痴！」

第一次觀看這群人比賽跟練球的人，一定會對於球員之間的感情不睦而大感驚訝。

在金足農業，常見的棒球話語「別在意」，是禁止說出口的一句話。只要有人發生失誤，就會面對隊友各種言語攻擊。教練團往年都會怒罵那些對隊友手下留情的球員說「你是怕被同年級生討厭，所以不敢斥責他們嗎！」，但吉田這一屆的球員，幾乎沒有被教練講過，因為沒有任何球員會有所顧忌，吉田說：

「在練球期間，如果大家都過於沉悶，這樣就少了許多樂趣。就算被隊友虧一頓，與其獨自生悶氣，倒不如直接回嘴。我們這一群人都是情緒起伏明顯的類型吧，但即使大吵一頓，到了隔天早上還是會一如往常地交談。」

即使中泉被球員們「嗆了一頓」，他也不會因此動怒，而是表現出落落大方的態度。

「有些事情還是要講清楚說明白才對吧。」

中泉在日記中以「這樣是不對的」、「一定要誠心檢討」等文字，表示道歉之意。身為一位球隊領導者，似乎讓人覺得他太過於老實，但相較於擺架子的姿態，他反而給人一股親切感。如果是一位難以親近的總教練，就無法融入於吉田這群球員之中。

彪吾以這樣的說法指出中泉的優點。

「如果是一位高高在上的總教練，對於我們桀驁不馴的態度，絕對不會坐視不管。」

中泉的笨拙和正直之處，在無意之中促使球員們變得更加獨立。佐佐木提到球員們心境的變化。

我們決定自己承擔輸贏的責任。為此，我們得思考訓練的內容，決定在比賽中擔任主導的角色。」

在此之前，球員通常會直接詢問教練團訓練的內容，但他們開始主動向教練提出想要進行訓練的項目。

中泉經常這麼說。

「雖然教練會指示球員要做哪些事情，但如果只是被迫去做，一定不會變強，我希望大家能有所成長。雖然以自我為中心是不好的，但如果能依照常理來行事就沒有問題。那場強迫取二分的表現就是如此，如果教練刻意下了戰術，球員一定會綁手綁腳的，戰術有可能會失敗。」

此時此刻，球員們的成長程度，正要超越總教練。

準優勝

遇見知名投手教練

不僅整個球隊，在那一年的秋天，吉田個人也有極大的蛻變。吉田遇見一位

「知名投手教練」，負責牽線的是前總教練嶋崎。

「因為吉田的滑球欠缺犀利度，我便跟八戶學院大的深交正村（公弘）商量，請他親臨秋田指導。」

正村在球員時期曾效力於東海大浦安、東海大和NTT東京（現為NTT東日本），是歷經業餘棒球界頂峰的精英球員。他在二〇〇三年擔任八戶學院大前身八戶大的投手教練，於二〇一〇年起擔任總教練，期間培育出的投手包括川島亮（前養樂多）、石川賢（前中日）、三木均（前巨人）、青山浩二（樂天）、塩見貴洋（樂天）等在高中時代之前默默無名的投手，讓他們成功躍居職棒新人選秀會前幾名順位，順利進入職棒界。二〇一八年，正村的子弟兵高橋優貴，獲得巨人隊選秀第一指名加入職棒，在業餘棒球界中，正村是無人不知無人不曉的知名教練。

不過，正村強調他協助指導的一大前提。

「新聞報導寫道，是嶋（嶋崎）拜託我指導吉田投球，但我其實是去挖掘人才的。嶋崎說吉田高中畢業後，即使直接參加職棒選秀會，也不會獲得前面的順位。如果他打算直接投入選秀，那我就不會花單趟五小時的車程多次往返秋田了。為了延攬他進入本校就讀，成為重要的戰力，不如就先去看看他的投球。」

正村說得很有道理。他在二〇一七年十月五日初次造訪金足農業，當時是金足農業輸給角館的二星期後。

正村觀察吉田的投球後，發現他投球時由上往下壓的角度過大，便談到「上肢零位」（ZERO POSITION）的投球姿勢。

「所謂的上肢零位，重點是自然地舉起手臂，將手臂放在最易於擺動的位置，沒有過高或過低，是剛剛好的位置。一旦找出上肢零位，只要軸心保持不變，投球時就可以將球投到相同的位置。想像一下搖動撥浪鼓的感覺，無論如何搖動，都能保持相同的敲擊位置，如果找不到手臂可以自然擺動的位置，往往會試著從手臂做一些小動作，反而讓投球姿勢變得更糟，這是一種弄巧成拙的方式。吉田可能以為他目前的投球手臂高度就是上肢零位，但其實不是在那個位置。」

吉田聽取正村的建議，將手臂降低一個拳頭的高度，光是這樣就宛如來到另一個世界。

「感覺變成側投的姿勢，一開始完全無法使力，因此感到困惑。」

據說吉田當時也找了父親正樹商量。

「他看起來非常煩惱，問我『該怎麼辦才好？』我跟他說可以嘗試新的投球姿勢看看，如果還是無法適應再放棄。」

從那時候開始，正村大約每月前往指導吉田投球一次，大概過了三個月，吉田的投球姿勢終於接近正村的理想。

「吉田似乎糾結了二、三個月，我也曾跟他的父親談過，如果我沒有勤於指導他的投球姿勢，他應該會在中途改回原本的姿勢。」

亮太提到吉田改造投球姿勢後的效果：

「雖然球的尾勁一如往常，但也許是投球姿勢較為輕快，投球看起來特別輕鬆。另外，滑球開始產生橫向位移了。」

不過，要過一段時間，吉田才能實際感受到效果。

狂熱

二〇一八年八月十八日

半準決賽vs.近江

◯ 3-2

在採訪時聽到這段描述，為之大感驚訝。

近江總教練多賀章仁首先提到這件事。

「最驚人的是第一局，吉田打出一壘方向軟弱滾地球的時候，他突然用頭部撲向一壘，那一球真是嚇死人了。這一支球隊簡直就是火球軍團，因為那一球，整球場瀰漫著吉田一定會有好表現的氛圍，連甲子園也站在他那邊。」

金足農業以戲劇性的方式逆轉橫濱的隔天，八月十八日的半準決賽對手為近江（滋賀）。

多賀回想起吉田在一局下半的第一個打席，當時二人出局壘上無人，吉田打出一壘方向的內野安打。但是，似乎沒人記得吉田當時有做出頭部撲壘的動作，也許是多賀記錯了，再次跟他確認後，他並沒有改變說法。

「正常情況下，投手不可能去做這樣的動作，因為球隊只有一位王牌投手，而且還是擔任第三棒，太不合常理了。他真的是用盡全力跑壘。」

結束採訪後，筆者再次回放比賽的影片。吉田在第一打席全力揮棒，但擊中棒頭，打成一壘邊線方向，宛如觸擊般的軟弱滾地球。當一壘手衝向前接到球的時候，吉田已經跑上一壘，確實是「用盡全力跑壘」。但是，吉田並沒有做頭部撲壘的動作。

對於多賀而言，也許是吉田的全力跑壘令他印象深刻，才會將跑壘錯認為頭部撲壘，但他當時的內心的確大受衝擊，才會產生錯覺。

近江在甲子園首戰以七比三擊敗奪冠熱門球隊之一的智辯和歌山，在第二輪與第三輪陸續擊敗前橋育英（群馬）與常葉大菊川（靜岡），這幾支球隊都有稱霸全國的經驗，近江氣勢如虹。多賀曾表示：「原來這些曾經奪冠的球隊，實力只有這樣的程度。」讓人感受到充裕的自信。然而，遇到金足農業，卻讓多賀感到退縮。

「很難想像在現代的高中棒球比賽中，有球隊只靠九名球員持續在場上拚戰，光聽到就令人感到毛骨悚然。進入球場時的景象也相當驚人，當金足農業的球員進場時，全場觀眾都會給予熱烈的掌聲。」

也許是這些無形的壓力，讓多賀產生吉田用頭部撲壘的錯覺。

距離秋田站約六百公尺、步行五至六分鐘，有一處名為「AREA NAKAICHI」的多功能場所，設有美術館與交流會館等各項設施。在廣場中央架設一個「約二點九公尺乘五點一公尺」的大型液晶螢幕，根據當地報紙《秋田魁新報》的報導，駐足於此觀看比賽的最多人數，第一輪為五十人、第三輪為一百五十人、到了半準決賽的近江之戰，增加到六百二十人，跟第一輪的人數相比，足足增加了十倍以上。當然不是只有在AREA NAKAICHI這個地方，全國各地圍繞著金足農業的熱度，一定比第一輪「高出十倍以上」。

坐在甲子園觀眾席的伊藤說：

「特地前來甲子園幫金足農業加油的秋田縣人，他們的熱情非同小可，來自秋田的觀眾似乎比秋田大會時更多了。從這場比賽開始，包括球場的狂熱、秋田的狂熱，以及全國觀看電視轉播者的狂熱，這三種狂熱似乎推動著金農前進。」

在跟橫濱比賽的時候，部分球員吐露心中的不安，但在這場對陣近江的比賽中，球員異口同聲地表示「我們不覺得會輸球」。球隊女經理金子也自然而然地修正她的預測。

「在第二輪以前，我深信一定會贏球，畢竟這群人唯一擁有的就是自信。但是，確定第三輪的對手是橫濱的時候，開始心想『贏得了那支強隊橫濱嗎……』但自從擊敗橫濱後，我認為我們可以打進決賽，這就是自信，整支球隊已經充滿了自信。」

「除了自信什麼都沒有的一群人」表現得更有自信了。

然而，本該是隊上最有自信的人吉田，卻抱有一絲不安。

跟橫濱比賽過後，吉田左腳髖關節的疼痛加劇。當他回到飯店房間時，甚至無法無法抬起左腿，最後在同寢室友亮太的協助下，終於脫下球褲。

當天晚上，吉田在高壓氧艙待了三十分鐘，總共花了約一小時細心地舒緩肌肉。吉田的體能訓練師本名英樹證實說：

「根據骨科醫師判斷，吉田的身體狀況並沒有那麼嚴重，因為肌肉緊繃造成影響，是疲勞而不是受傷。因為他獨自一人投完之前的每場比賽，已經累積相當程度的疲勞。」

經過治療，吉田的疼痛暫時減輕；但到了隔天早上，他無法自行站起來，疼痛程度反倒加劇。

「我平常不會告訴任何人，但因為過於疼痛，只好跟總教練說一聲。我想我可能無法繼續投球了。」

吉田在早上只能借助本名的扶持，進行伸展運動，但效果並不大。

「來到球場，我勉強自己進行熱身，在情緒激昂的時候，腿部終於能自由活動，我應該可以撐過這種程度的疼痛吧，但直到上場投球前，我還是擔心是否會發生問題。」

在這樣的狀態下，吉田在第一局展現充滿魄力的跑壘方式，讓多賀留下誤以為是頭部撲壘的印象。

用頭腦處理球

這一天，懸掛在打者之眼上方的旗幟，整齊劃一地從右外野往向左外野方向飄揚，這是夏季常見的風景。然而，和前一天一樣，濕度低至五成左右，最高氣溫也低於三十度，讓人逐漸感受到一股秋意。

吉田在投球的時候，盡可能避免踏出左腳時過度用力，以免產生刺痛感，他在三局前投出五次三振，開局的狀況不錯。但到了四局上半，對手站上得點圈，吉田被擊出二壘安打，讓對手先馳得點。

近江先馳得點後，在五局上半換下無失分的先發投手佐合大輔，早早換上二年級投手林優樹，背號十八號的林優樹，是多賀最為信賴的嬌小型左投。

「雖然很想讓佐合投完五局，但不能讓對手有任何反攻的機會。」

金足農業趁林優樹剛上場投球時發動進攻，五局下半一人出局三壘有人，是金足農業的絕佳得分機會，佐佐木使出拿手絕活的強迫取分觸擊，比數追平為一比一。

將比賽打回原點的金足農業，之後又面臨危機。六局上半近江一人出局三壘有人，吉田面對第四棒北村惠吾，他是一位體型龐大的強打者，在這場之前的打擊率為六成一五、十一分打點、二支全壘打，成績相當驚人。

北村在賽前提到對付吉田的對策。

「從第一輪起，我會將球棒握短一根小拇指的距離，今天打算握短二根的距離，站在打擊區的最後的位置，避免跟不上吉田的快速球。我想將揮棒路徑往上打半顆球的角度，就算擠壓到也要把球打出去。」

北村在第一打席擊出一壘方向的界外高飛球，第二打席為右外野方向高飛球出局。第三打席，在二好球的絕境下，北村持續纏鬥，第六球為一百四十公里的內角直球，北村擊出三游之間的滾地球，雖然不是決定性的一擊，北村抱持著「就算擠壓到也要把球打出去」的決心，依舊把球打出去。

「因為內野手大幅趨前守備，只要把球打出去，應該有機會穿越內野。」

近江二比一超前，一人出局一壘有人，近江持續進攻。下一棒第五棒有馬諒採犧牲觸擊，但點出投手前的高飛球，吉田在處理這一球時展現他的智慧，他故意讓高飛球落地，接起一個彈跳的球後傳向二壘，二壘手接到球後傳向一壘，成功製造雙殺守備，以清楚思路面對的吉田，獲得熱烈的掌聲。

「我跟打川在練習投手處理短打球的時候，二人經常會鬧著玩，沒想到在這場比賽真的派上用場了。」

這就是橫濱投手板川在八局下半想要完成的守備。依照常規，原本在球落地的時候，投手要立刻傳向一壘，先封殺跑向一壘的打者後，再夾殺一、二壘之間的一壘跑者。如果跟吉田一樣先將球傳向二壘，就有可能來不及封殺跑向一壘的打者，但當時打者有馬並沒有往一壘跑，吉田回想：

「看到身穿藍色球衣的球員（有馬）在我的視線範圍內，發現他怎麼還沒起跑，既然這樣就先把球傳到二壘看看。」

吉田冷靜到令人討厭。

擊出超前分安打的北村感嘆地說：

「沒想到對方在落後的時候，還能如此充裕地製造雙殺，心理素質依舊強大。當我擊出得點圈安打後，有機會拉起一波氣勢的時候，卻因為那一支失敗的觸擊短打而結束這局，感覺很像是回到平手的狀態。」

跟聰明處理球的吉田相同，到了第四場比賽，中泉的調度更具靈活性。八局下半，無人出局一壘有人，打席輪到第三棒吉田，這時候在中泉後方十公尺處，傳出中年男性觀眾的呼喊聲。

「不要再用犧牲觸擊了啦！」

中泉不自覺地轉過頭看，露出了笑容，周遭觀眾席也發出小聲的笑聲。

「因為我當時也打算讓吉田正常揮棒進攻，但我從來沒遇過會有觀眾這麼說。」

這是在甲子園才能見到的互動，甲子園球場的板凳席設計有別於一般的球場，板凳席往內凹陷，高度比球場地面更低，因此總教練為了通常會站在前排，這樣球員們可以很更容易看到他，但板凳席前面的區域沒有屋頂，而是類似露台席的設計，總教練的一舉一動，觀眾都看得一清二楚。

某些總教練會對此感到坐立不安，需要一些時間來適應，但中泉完全不會在意。

「當我參觀甲子園時，心想『（觀眾席）也太近了吧！』但當正式比賽時，我完全不會在意。然而，在與近江的比賽中，我會忍不住轉身看一下觀眾。」

中泉派出傳令向吉田傳話，告訴吉田可以正常揮棒，吉田乖乖照辦，結果跟第一局一樣，全力揮棒卻擊出一壘方向的滾地球。中泉笑著說：

「又是軟弱的滾地球，這樣就跟犧牲觸擊一樣啊。」

在這一局，金足農業雖然在二人出局下，跑者站上三壘有得分機會，但第五棒大友揮棒落空三振出局，反攻無力。

然而，根據現場觀眾對這次三振的反應，近江的北村表示，他終於了解甲子園球迷心中期盼的事情。

「整座球場都會聽到『啊』的嘆息聲，如果是坐在一壘側替金足加油的觀眾，倒還可以理解，但連坐在三壘側的近江加油團都發出嘆息聲，感覺全場觀眾都是近江的敵人，大家都期盼金農能拿下勝利。」

準優勝

興奮達到了頂峰

今足農業持續以一比二的比數苦追，但板凳席的球員們，並沒有想要切換成被動守勢的感覺，亮太回想：

「戰局的態勢並沒有完全偏向對手那邊，我們反而掌握了節奏，只要緊咬一分的差距，隨時都有逆轉的機會。」

如同北村所說，金足農業球員的期待，似乎正與現場觀眾的心理同步，而吉田的投球，是讓觀眾變得熱血沸騰的關鍵。

九局上半，吉田面臨對手無人出局一、二壘有人的危機，近江在前一局也是無人出局一、二壘有人，當時沒有採取犧牲觸擊戰術，並選擇強攻。近江在這一局同樣也是選擇強攻，多賀解釋理由：

「面對吉田，打不到球就算了，更不能使用犧牲觸擊。相較於正常擊球打出雙殺打，使用犧牲觸擊造成雙殺是我最不樂見的情形。事實上，在第六局就上演過觸擊失敗變成雙殺的戲碼。我想吉田應該擁有讓對手短打失敗的訣竅，他不僅僅是一位普通的投手，而是一位能在錦標賽奪下勝利的投手。」

即使連續二局經歷失分的危機，站在投手丘上的吉田依舊露出笑容。這個夏天，越是面對危機，他的表情看起來更加沉著，還會露出純白色的牙套。這時候的吉田，往往處於無敵的狀態。

面對無人出局，一、二壘有人的危機，下一位打者是從七局下半起被換上來固守三壘的第七棒見市智哉。吉田先投出一百一十六公里的慢速滑球取得一好球，第二球為一百四十一公里的紅中直球，見市揮棒落空，球數形成二好球。

吉田投出第三球，這是他在當天投出的第一百三十顆球，這顆球栩栩如生地以直線的軌跡，飛入亮太放在外角偏低位置的捕手手套中。這是一顆一百四十三公里的直球，吉田投球後，後腳順勢往一壘擺動，瞬間失去平衡。見市站著不動看著這球進入捕手手套，停頓了一會，主審筆直地舉起右手。看到主審的動作，全場歡聲雷動。多賀感嘆地說：

「吉田面對危機的時候，他的投球姿勢灌注了靈魂，能投出高品質的球。如果氣勢輸給了吉田，就無法打到他的球。」

下一棒「第八棒，投手」林優樹使出犧牲觸擊，但把球點到投手前方，吉田的以優異守備將球傳往三壘，成功製造二壘跑者出局，現場掌聲與歡聲雷動。吉田與三壘手打川對視，露出俏皮的笑容。

總算來到二人出局，下一棒「第九棒，左外野手」瀨川將季站上左打打擊區，雖然他的近況有所下滑，但直到上一場比賽為止，他都是擔任隊上第五棒的打者。

吉田運用直球搭配快速指叉球搶好球數，球數形成二好三壞。吉田投出第七球，是內角偏低的直球，球進入亮太捕手手套發出的清脆聲音，環繞本壘後方防護網發出回音。球進入手套發出聲音的同時，打者才剛揮出手上的球棒，完全跟不上球速。

擔任ＮＨＫ球賽實況轉播的播報員大喊「三振出局！」並提到吉田投出第十次三振後，略帶語塞地補充說：

「哇，該怎麼說呢……這就是甲子園的迷人之處吧。」

吉田張著嘴巴，一邊跑回板凳席。

「我盡全力投球阻止對手得分，以創造逆轉的機會。」

當現場觀眾的激昂情緒到達頂點時，站在板凳席前方的多賀，顯得面無表情。

「第八、第九局飄散著一股不尋常的氛圍，如果不在現場是無法感受到的，我曾經坐在觀眾席看過多場的甲子園比賽，這是第一次感受到這種不尋常的氣息。即使我們繼續得分了，好像反而會陷入更大的危機，如果要贏球，就只能能讓比數維持在二比一的狀態。若進入延長賽，就等到延長賽再說，對吧。」

準優勝

變窄的好球帶

九局下半，第六棒高橋是金足農業的首位上場打者，他曾在對橫濱的比賽擊出逆轉三分全壘打，是隊上近況最好的打者。不過，在這場對近江的比賽中，近江的投捕搭檔並沒有讓高橋擊出安打。

林投出第一球，是攻擊右打者內角的滑球，這是林的拿手球種，但主審判定為壞球。林投出的第二顆球，是修正至本壘板中間的滑球，但主審依舊沒有舉起右手。

林在第九局走向投手丘的時候，身穿王牌投手背號球衣的三年級生金城登耶叫住了他，對他說：

「別一直想著要讓對手三上三下盡快結束比賽。」

在全場的高潮情緒之中，要輕鬆解決對手並不容易，這是金城想要叮嚀林的重點。林對高橋投出二球後，終於理解金城這句話的含義。

「沒想到之前可以搶下好球數的滑球，居然無法獲得主審的青睞了。」

七局下半起從三壘移防一壘守備位置的北村，也感受到些許異樣。

「即使站在一壘觀察，也能看出主審的好球帶明顯變窄了。吉田的三振秀讓全場情緒沸騰，加上來到最後一局雙分只差一分，即使裁判沒有意識到這一點，比賽到了關鍵時刻，一定會更加嚴謹。當時心想不妙，換我們要面對危機了。」

球數為一好二壞，林投出第四球，是一顆偏向紅中的變速球，高橋擊出穿越三游之間的滾地安打。捕手有馬懊悔地說：

「邊邊角角的球被判壞球，為了搶好球數，球的位置太甜了。」

下一棒的第七棒彪吾也打出安打，金足農業無人出局一、二壘有人。

第八棒亮太擺出短棒的姿勢，選到三壞球後，亮太刻意等一球，球數形成一好三壞。林投出第五球，這球跟面對高橋的第一球相同，是攻擊右打者內角的滑球，無論投了幾球都會維持相同的軌跡，是林的拿手球種。但是，主審同樣判定為壞球，成為四壞球保送。菊地坦言：

「當時覺得不妙，應該會進入好球帶。這是很難點出短打的滑球，結果被判壞球真是太幸運了。」

這也是「氣勢消長」的過程，有馬承認說：

「在第八局和第九局，吉田的精彩投球表現吸引觀眾的目光，第九局最後的三振，讓大家深深著迷。自從那次三振之後，加上九局下首名打者安打上壘，氣勢完全跑到金足那邊。」

林投出四壞球保送，形成滿壘的局面，近江的內野手聚集在投手丘開會。北村回想：

「林的情緒的確受到影響了，他的表情變得非常僵硬，比賽也進入觀眾情緒高漲的時刻，全場都在鼓掌。投手投出壞球後，會聽到全場發出『喔喔喔！』的呼喊聲。很難形容那種被孤立的感受。」

金足農業應援團要帶動進攻氣勢的時候，會吹奏應援曲《G flare》；跑者站上得點圈的時候，應援曲會換成《Tiger Rag》。吉田站在一壘板凳席靠近外野的前排位置，身體配合應援曲的節奏上下擺動，一邊拍手。

「老實說，當時認為勝券在握了。」

第七棒彪吾站上打擊區時，下下一棒齋藤站在吉田的身旁，吉田把左手搭在齋藤的左肩。齋藤回想：

「吉田跟我說『你過來這邊啦』，畢竟他都叫我了，我也只能過去。雖然這不是一種咒語，每當吉田特地說了一些話，就覺得一定要照他講的方式去做。他跟我說：『如果得點圈有人的時候，你就要用強迫取分將比分追平，幫球隊打進延長賽，或是等下一棒天空直接打出再見安打。』要我做好心理準備。」

無人出局滿壘，第九棒齋藤站上左打打擊區，他使用全隊最輕的球棒，握棒的方式也是最短的。雖然至今是全隊唯一沒有打出安打的球員，但他從來沒有表現出氣餒的態度。

「我的主要工作就是做好守備跟短打。」

在這支喧鬧的球隊中，齋藤是最為沉默寡言的類型，但跟國中時期相比，也許是受到金足農業校風的影響，他的個性也產生極大的變化。

「國中同學跟班導師都說：『你的脾氣好像變得比較暴躁。』給人一種來勢洶洶的感覺。守備上如果造成對手出局時，我也會大喊『喂，你看吧！』試著威嚇對手。」

然而，齋藤在這個關鍵時刻卻依舊笑容滿面。

「也許是心情放鬆許多，或是現場觀眾的加油聲太過熱情，心裡覺得『哇，好棒的感覺』。」

準優勝

百分之百成功率強迫取分

在這個局面下，近江的投捕搭檔完全沒想到對手會使出強迫取分戰術。有馬表示「沒料到對手會用強迫取分」，投手林優樹也回想說「完全不在我的預期之中」。

根據棒球「教科書」的常規，無人出局滿壘的時候，通常不會採強迫取分戰術。因為三個壘包都有跑者，若打者用短打點出滾地球，壘上跑者是強迫進壘的狀態，守備員接到球的時候只要踩壘包，不用觸殺即可造成跑者出局。不僅如此，守備方封殺跑向本壘的跑者後，捕手還可以順勢把球傳向一壘，有極高的機會構成雙殺守備。由於是無人出局，通常不會有球隊選擇如此高風險的戰術。

但是，金足農業遵循的是金足農業的教義，而不是棒球教科書。齋藤說：「自從我站在打者預備上場區的時候，一心只想著短打。」中泉也認為「面對左投的時候，採強迫取分戰術比較有利」，因此認為是使用強迫取分的最佳條件。由於左投是背對著三壘投球，三壘跑者起跑時不易被投手察覺。

包含這場對近江的比賽，金足農業在甲子園的四場比賽中共嘗試六次強迫取分，成功四次，相信每支敵隊都有掌握情資，知道金足農業是常用犧牲觸擊的球隊。此外，在面對甲子園等級的投手時，要成功短打並不是這麼容易，因此金足農業的強迫取分成功率相當驚人。

金足農業的強迫取分短打，被稱為「百分之百成功率強迫取分」，基本上不會失敗，若要大致提出根據，主要有二個理由。首先是三壘跑者的敏捷性，當三壘跑者發現捕手打算做出pitch out吊球（投手投球時刻意將球投向好球帶以外的高處，目的是防止壘上跑者盜壘、阻礙打者擊球，或是提防對手發動強迫取分戰術）的時候，就要立刻回到三壘。在發動強迫取分的時候，三壘跑者要在投手投出球的瞬間起跑，如果起跑後才發現捕手做出pitch out，由於已經跑了一段距離，這時候即使急忙跑回三壘，幾乎都會來不及回壘而出局。不過，金足農業的球員已經將察覺捕手動向的速度，以及回壘的速度磨練到極致。另一個理由則是打者的技術，能代松陽的工藤總教練說：

「這項技術在秋田縣內特別有名，提到金農球員的短打姿勢，特徵是臉部相當靠近球棒，甚至是眼球快要貼近球棒的程度。不過在某個時期，比較少見到這樣的短打方式了，打者在短打時也比較容易擦棒被捕。但到了現在，金足農業又回到過往身為強隊時期的氣息。如果僅提到強迫取分的技術，金農應該是全國強迫取分技術最好的球隊吧。」

在嶋崎擔任總教練的時候，金足農業的打者與投手會相距十公尺面對面，進行短打練習。投手會瞄準打者的身體投出快速球，打者握著球棒兩端，用球棒觸擊，如果沒有點到球，球就會擊中身體。

在球員時期曾經參加短打練習的秋本教練，輕描淡寫地說：

「練久了就能辦到，只要球棒和眼睛保持相同的高度。如果眼睛和球棒的距離太遠，只用手追球的話，球就會擊中身體。」

伊藤再次就任教練後，恢復了這項練習。在嶋崎時代，打者沒有佩戴任何護具，現在則是僅戴上捕手面罩，但秋本語帶不滿地說：

「因為戴上面罩會缺乏緊張感，身體反而容易被球打中。如果要用身體感覺學會短打技術，最好不要佩戴任何護具。」

在練習的過程中，齋藤的短打成功率幾乎是百分之百。

面對投手的第一球，中泉下達「擺出短棒姿勢先等一球」的指示，第一球是外角偏低的滑球，由於先取得一壞球，中泉接著下達「擺出正常揮棒姿勢再等一球」的指示。這時候中泉用雙手食指與地面平行向前伸的姿勢，連續喊著「如果打出平飛球，跑者要記得回壘」。他在叮嚀壘上跑者，當打者擊出平飛球時，跑者不要跑過頭了，但這是假的指示。

吉田與戴上頭盔的第二棒打者佐佐木，站在板凳席的角落，吉田同樣將手搭在佐佐木的肩膀上，似乎形成一套「站在吉田身旁」→「打者預備上場區」→「站上打擊區」的流程。

打川當時也站在附近。

「因為那裡是視野最遼闊的地方，大家會自然而然地聚集在那邊。」

多賀無法忘記他在當時所見的光景。

「我記得有看到一張吉田站在板凳席，身體前傾露出笑容，手搭著隊友肩膀的照片。他的表情太棒了，在如此膠著的比賽中，居然能有這樣的表情，真是了不起。這是我未曾見過的光景，深深打動我的心。」

一壘手北村則是抱著不可思議的情緒。

「他們就站在我的旁邊，看起來樂在其中，明明處於落後，為何能表現出如此從容的態度。」

齋藤以正常揮棒姿勢等了第二球，是一顆進入外角好球帶的滑球，球數形成一好一壞，齋藤回想：

「總教練通常會在一好一壞後下達強迫取分戰術，大家都猜想應該就是在下一球要做強迫取分了。因為平常也有模擬對方捕手做出pitch out的練習，即使做了pitch out，壘上跑者也不會感到驚慌。」

準優勝

讓兩隊感到困惑的致勝球

第三球，果如所料，中泉下達強迫取分戰術。由於投手已經連續投出二球滑球，齋藤預測下一球會是直球，結果精準預測。由於投手投出偏低的直球，齋藤右跪地，以稍微靠近手部的球棒位置將球點出去，球滾到三壘手前方。

「雖然是較為強勁的滾地球，反而有不錯的效果，因為三壘手趨前守備，在近距離遇到強勁滾地球時會感到慌張，而且他在接到球後又重新握球。」

近江三壘手見市，並沒有發現身後的彪吾已經踏過三壘壘包準備衝回本壘。捕手有馬回想：

「在三壘手準備將球傳往一壘後，發現二壘跑者打算直接往本壘跑，但我如果大聲喊隊友應該也聽不到。我用手勢叫（一壘手）北村將球傳回本壘，以觸殺跑者。」

北村確認彪吾繞過三壘後要衝回本壘，這時候應該要捨棄一壘壘包驅前接球，這樣才能盡早將球傳回本壘。然而，北村先站在一壘壘包製造打者出局後，才將球傳回本壘。

「我能清楚看見跑者的動向，從距離感來看，我有自信在先踩一壘壘包後還能讓跑回本壘的跑者出局。以比賽局面來看，製造雙殺是最理想的狀態。我不慌不忙地傳回本壘，看到捕手接到球後用手套碰觸跑者的背部……沒想到卻是這樣的結果。」

從重播畫面觀察主審的動作時，當彪吾繞過三壘到撲回本壘前，主審似乎沒有發現彪吾要直接衝回本壘，而且北村的傳球路徑偏向三壘，捕手在接到球後只能側身碰觸彪吾，從主審的位置來看，很難判定是否出局。

然而，主審右膝跪地，大大張開雙手比出安全上壘手的勢。他停頓了一下，再比了一次。

過沒多久，本壘附近聚集了一群雀躍歡呼的紫色球員，旁邊可見身穿水藍色球衣的球員趴在地上，他是試圖側身撲向觸殺的捕手有馬。

當時大多數的觀眾應該都沒有發現彪吾已經繞過三壘，因此得花一些時間才能掌握現場到底發生什麼事。坐在阿爾卑斯看台上觀戰，綽號「小桃」的女經理高橋桃佳回想：

「我知道三壘跑者已經跑回追平分，但搞不清楚之後發生什麼事，一瞬間陷入安靜狀態。心想咦？到底發生什麼事了？」

在「AREA NAKAICHI」也發生類似的現象，當高橋回到本壘追平後，現場發出莫大的歡呼聲，但隨後暫時進入寂靜無聲的狀態，之後就像是漸強的樂譜，歡呼聲又開始變大，最後大家瘋狂地跳了起來。

相較於金足農業在前一天的橫濱之戰，擊出二支飛向打者之眼方向的全壘打，總計拿下五分；這一天則是以二支強迫取分短打拿下三分，這就是金足棒球的真正本領。

如此戲劇化的結果，讓全場陷入興奮狀態，但佐佐木卻異常冷靜，他發現齋藤的金色球棒被丟在本壘板附近，先將球棒拿回板凳席。回到球場後，佐佐木看到有馬趴在地上正試圖站起來，便伸出右手對他說：

「謝謝你們，繼續加油了。」

但是，有馬並不記得佐佐木對他說了什麼。

兩隊列隊致意的時候，一臉茫然的有馬依舊將球握在捕手手套中，北村發現後喊著「有馬！」並拿走有馬手中的球，將球交給主審。雙方鞠躬致意後，主審將這顆「致勝球」交給金足農業球員，但這顆球立刻回到北村的手中。北村回想：

「記得吉田站在我的前方，對我說『精彩的打擊！』打算把球拿給我。因為輸球的球隊獲得致勝球很奇怪，我跟他說不用了，把球還給他。結果，吉田把球拿給了隊長中尾（雄斗）。」

從來沒聽過輸球的球隊能獲得致勝球，吉田說出真相。

「大夢都會把球給總教練，總教練說他已經拿了三顆致勝球了，不要再拿給他了，既然如果我們不想要，乾脆把球送給別人。其實我也不知道為何會把球送給對手，哈哈哈！」

然而，近江的球員感到困惑，他們無法理解這個行為的含義，並努力尋找答案。事實上，當天是多賀總教練的生日，因此有人認為這顆致勝球是金足農業送給多賀的生日禮物，後來經過媒體報導，成為一段佳話，但這次換成金足農業的球員大吃一驚，吉田說：

「我嚇了一跳，因為我們都不知道那天是多賀總教練的生日。」

附帶一提，這顆令兩隊感到困惑的重要致勝球，自從進了中尾的手套後，沒有人知道它的去向。

準優勝

「灌注精神在每一次的投球與打擊」

金足農業唱完全力校歌後，北村用拿著一壘手手套的右手與左手，輕輕地鼓掌。

「當我看到電視採訪的畫面時，才發現我當時是在鼓掌，也許我是感到輸得心服口服，第一次在輸球後有這樣的感覺。在輸球後通常會有懊悔的心情，或是覺得為何會輸給這群吊兒郎當的球員，但我認為金足的確是一支優秀的球隊。吉田輝星真是厲害，從沒看過投球表現如此出色的投手，在炎熱的天氣下投球，在壘上無人時懂得如何適度放鬆，遇到危機時就會上緊發條，他是一位聰明的球員。他的守備能力也相當優異，從綜合層面來評比，應該是高中生中的頂尖球員。他站在投手丘時威風八面，看起來充滿自信，原來這就是投手應有的風範，真的太帥了。當我開始成為他的粉絲後，我的目光都放在他的投球上，遠超過隊友的打擊內容，總是期待著他接下來會投出什麼樣的球。希望未來有機會能跟他一起打球，站在這樣的投手後方進行守備時，我想絕對不會發生失誤。」

依照慣例，唱完校歌後，兩隊球員分別前往阿爾卑斯看台加油區的前方，向觀眾致謝。球員站在看台前，吉田向全體球員下達「指令」。

「大家來做敬禮手勢喔！」

在金足農業，只要吉田發出提議，眾人是沒有商量餘地的。所有人先行鞠躬，再將手掌平舉在額頭上，朝看台上的觀眾敬禮。吉田說：

「因為想炒熱現場氣氛，似乎太過得意忘形了。」

這一天，秋田縣知事佐竹敏久也親臨現場加油，佐竹喜極而泣地對校長渡邊說：「以後不會再有人批評秋田縣的棒球很弱了。」兩人相互擁抱。

賽後，這些輸給金足農業的總教練，各有不同的反應，甚至有總教練會公然無視賽後的打招呼。在這些人中，多賀在接受採訪後，主動去跟中泉打聲招呼。

中泉說：「他對我說了謝謝，你們是支優秀的球隊，謝謝你們。我著實嚇了一跳。」

多賀陳述當時的心境。

「他們灌注精神在每一次的投球與打擊，只有純真的高中生才能辦到，因為我曾多次經歷這樣的比賽，所以非常了解。經歷每一場的比賽，金足農業變得更為團結，我想是因為他們平常在相處時，彼此坦誠相見並擦出火花，才能讓球隊合而為一。如果有所保留，這樣是行不通的，來到甲子園，一切都會被看透。平常如果沒有坦誠相見，上場時就會顯得兵荒馬亂，這時候才發現自己的弱小之處。總教練也是如此，即使虛張聲勢也很易被看穿。這一場第一百屆大會八強賽，是值得被世人傳誦的經典比賽，所以我想跟敵隊總教練表達感謝的心情。」

天生感性的多賀，這果然是他才會做出的行為。

但是，捕手有馬雖然沒有說出口，他至今依舊認為金足農業進行強迫取分時的第二位跑者是出局的，但這些話只能吞在心裡。

「畢竟以當時的氛圍來看，如果將落敗原因歸咎在主審的判決，好像不太好。」

金足農業是擅長拉起反攻氣勢的球隊，只要氣勢來了，絕對不會放過任何得分的機會。九局下半，一壘跑者高橋無視無人出局一壘有人的打帶跑暗號，就是顯著的例子。中泉解釋當時下達打帶跑戰術的意圖。

「感覺用犧牲觸擊無法成功將跑者送上二壘，因為五、六、七棒都不擅長短打，但高橋與彪吾的組合好像也不適合執行打帶跑戰術。既然這樣，這次乾脆試試看好了……老實說，我十分猶豫，在萬般無奈之下，我還是決定下達打帶跑戰術。」

對於犧牲觸擊感到不安，對於打帶跑也感到不安，最後選擇了打帶跑戰術，中泉似乎是這麼說的。換句話說，他還是沒有解釋清楚。

當中泉得知高橋是故意沒有往二壘跑的時候，無論他內心的想法如何，他是這麼說的：

「這樣不是很好嗎，最重要的是讓球員發揮實力。要讓他們知道，總教練的能力不足，場上就交給他們了。」

女經理金子說明中泉與球員之間，看似水火不容，實則相互契合的關係。

「總教練往往不知道他們到底想表達什麼，但他不會不分青紅皂白地訓斥球員，只要球員經過獨立思考，總教練就會表示認可，我覺得這是一件好事。因為吉田這群人過得太自由了，雖然曾經出言頂撞過總教練，但他們還是相處得很好。如果是由伊藤先生擔任總教練，他們就沒有這麼多獨立思考的機會。」

金足農業擊敗近江後，是從一九八四年以來，睽違三十四年打進四強。媒體特別提到三十四年前的事情，但中泉並沒有特別感到興趣。

「雖然記者提到我們追平了三十四年前的紀錄，但老實說，我沒有特別的感覺，我們奮戰的目的不是為了創造紀錄。」

雖然他可以說一些誇讚前輩的表面話，但他沒有這麼做，的確很像是中泉的作風。

順帶一提，在球隊打進前四強的那天，金足農業的豬舍有九隻小豬出生，成為熱門話題。

在僅靠九名球員在場上奮戰的金足農業，傳出九隻小豬誕生的新聞，如此充滿田園風情的新聞，相較於大都市地區被稱為「棒球學校」的私立強校，兩者的形象相去甚遠。純樸的故事引起世人的廣泛討論，金足農業的崛起也登上了全國新聞的頭條版面。

就讀生物資源科的高橋頑皮地笑說：「我可是心不甘情不願地照顧牠們

呢……」

「從甲子園回到學校後，我看到只剩下六隻小豬。因為沒有攝取足夠的母乳，或是被其他的豬踩到等，通常會有二、三隻小豬死亡。我問老師『那三隻豬發生什麼事了？』老師回說：『他們去甲子園了。』牠們果然死掉了。所以，當記者到學校採訪的時候，我從其他豬舍抓來三隻小豬，跟他們說『這隻豬叫做吉田喔』。其實，我才不會一一幫小豬命名呢，畢竟沒有人看得出小豬的差異。」

隨著受到世人越多的關注，球員越能利用這些關注，並打從心底享受受到矚目的感覺。

變成笨蛋

正式進入二〇一八年，吉田這群人最後一年的戰鬥終於開始。

新年期間，全隊從一月四日開始練球，大家先跑步到距學校約三公里的金足神社，在那裡進行消災祈福儀式，這是每年例行的新年初次參拜。

全隊由隊長吉田擔任代表，在繪馬寫下祈願文字。

〈甲子園 優勝〉

吉田的所書寫的文字一鉤一捺十分清楚，字跡充滿力道。

「應該還可以吧，我如果認真起來也能寫得一手好字。」

提到金足農業的冬天，就不能不提到集訓。在嶋崎時代，通常是在田澤湖舉辦集訓；自從中泉上任總教練後，將場地改成校內的集訓場。

二〇一八年的冬季集訓日期，預定從九日至十三日舉行五天四夜，通常會選在新學期開始的前一週舉行集訓。雖然集訓場地不同，訓練項目幾乎跟田澤湖時代相同，令人驚訝的是幾十年來，幾乎沒有改變過訓練項目。

全隊早上五點起床，五點半起從集訓場至金足神社往返跑，跑步路線大多為田間的雪徑，往返距離約為八點五公里。近年來，雖然市面上有販售能用於雪地的跑鞋，但金足農業球員在冬天進行跑步訓練時，都會穿長靴，主要原因是跑起來較為困難。穿長靴雖然會增加受傷的風險，但秋本並不在意這些疑慮，他說：「以科學的角度來看，穿長靴有助於鍛鍊小腿肌肉。」

二〇一九年冬天，由於某些原因，球員在面向日本海的小鎮八龍町進行集訓。由於是沿海地區，加上當年下雪量較少，道路上幾乎沒有積雪。儘管如此，他們仍然穿著長靴進行跑步訓練。

結束晨跑吃完早餐後，從八點半起將集訓場轉移到位於學校和金足神社之間的秋田縣立小泉潟公園。公園面積約六十公頃，是面積約二十公頃金足農業校地的三倍大，是一座面積廣大的公園，在此可以體驗自然生態豐富的沼澤、充分欣賞文化的日本庭園，還有博物館等教育設施。主要訓練場地為設有丘陵地的大草皮，球員利用丘陵地形，進行坡道衝刺、背著球員行進等訓練。

由於金農式訓練並沒有固定的訓練內容或次數，這是令人感到嚴苛的原因。球員得依照教練的指示持續跑下去，直到教練喊停，或是全員在設定的時間內跑完，否則訓練會一直繼續下去。高橋解釋訓練的用意。

「在決定次數後，就要完成訓練項目，一定要抱著一鼓作氣完成訓練的決心，這樣有時候只要做一次就會順利結束。」

教練們會根據情況巧妙地運用「希望」和「失望」卡片，一邊讓球員維持動力的同時，反覆將他們推向磨練精神的深淵。

高橋彷彿頓悟般說道：

「我變成了笨蛋。如果沒有變成笨蛋，是無法完成訓練的。」

比賽隊長佐佐木補充說：

「如果感到怯懦，（精神層面）就等同於死亡。」

參加金足農業的冬季集訓時，球員即使身體出狀況了也要緊跟訓練進度，否則在野球部中會被視為落後者。

久米部長出身於秋田高校野球部，他描述了在剛擔任野球部長時，第一次看到金足農業球員訓練時的驚人景象。

「他們在平常就經常進行跑步訓練，感覺受傷是理所當然的事情……到了集訓的時期，訓練內容更為極端。」

二〇一九年的冬季集訓也是如此，在宿舍可見多名球員拖著疲憊不堪的雙腳行走，很多人甚至連上下樓梯都感到吃力，為了要做到這種程度呢，這是令外界感到困惑的地方。

準優勝

千萬不可惹怒的人

冬季集訓的時候，身為最高年級的二年級生得隨時跑在隊伍前頭，這是大家已經建立的默契。正因為如此，一二年級生所感受的壓力大為不同。

無論是任何訓練項目，都是由吉田帶頭來提振士氣。

「很好，大家出發吧！」

其他的二年級生在吉田的帶動下，發狂似地喊出聲音並完成訓練。

「nice run! nice run!」

進行計時跑步訓練的時候，吉田會推著落後者的背或臀部，輔助他們加快速度。

「因為如果全員沒有在時間內抵達終點，訓練就不會結束，我是帶有半威脅的語氣督促他們，叫他們跑起來。」

雖然由吉田帶頭完成訓練項目，具有鼓舞全隊士氣的作用，但他的內心似乎十分掙扎。

「我在想真的有必要這麼早起床訓練嗎？儘管被灌輸說一切都是為了打進甲子園；但明明距離夏天還很早，我完全不知道做這些嚴苛訓練的真正目的何在。」

到了一點半，暫時結束訓練，全隊吃完午餐小歇片刻。下午一點半至五點，來到學校體育館進行各項爆發力訓練。

訓練項目的名稱包括「軍隊」、「腳踝」等，名稱簡單明瞭又耐人尋味。軍隊訓練是趴在地上，僅靠雙手力量前進的訓練，也就是在不使用雙腳的情況下向前爬行。腳踝訓練則是用手抓住腳踝，一邊跳躍一邊前進。無論是軍隊或腳踝訓練，都是繞行體育館一圈。其他還有像是「鴨子」、「青蛙」、「螃蟹」和「毛毛蟲」等以生物命名的固定訓練項目，光從名稱應該就能想像訓練內容。教練會隨機要求球員完成這些訓練項目，上午和下午的項目幾乎集中在鍛鍊下半身。

提到吉田這群人的冬訓過程，感覺很像是在跟教練吵架。吉田回想：

「充滿幹勁的時候，大家會口出惡言，每一位三年級生都會罵人。」

像是開什麼玩笑或吵死了等等，這些都還算是溫和的話語，有時候還會罵得太過火。

「去死吧！」

聽到有球員罵成這樣，教練也看不下去了。

「你在罵誰！」

「我在罵弱小的自己！」

隨後展開一番激烈爭執。

中泉很少生氣，但一旦生氣就會爆發，就像變了個人似的。一名記者剛好親眼目睹中泉生氣的樣子，愣住說道：「我還以為是另外一個人。」

吉田提醒說：「總教練是最不能惹怒的人。」彪吾也加以提防地表示：「對於我們的行為，總教練都會看在眼裡。」

當筆者告訴中泉這件事後，他喃喃自語地說：

「我通常都會選擇忍耐。」

有一天，中泉在接受記者採訪時，被問到：「您的指導理念為何」時，他立即回答說：「我無法容忍以自我為中心的行為。」聽完中泉的一番話，令人感到一絲敬畏，因為他散發出與平時印象截然相反的固執之處。

在集訓第四天的一月十二日，當天是吉田的生日，他踩到一顆名為「中泉」的地雷。起跑線是中泉判定吉田以自我為中心的依據，吉田回想：

「我太得意忘形了，在繞著球場跑步時，大家要依照起跑線的範圍跑，但我沒有遵守規則。」

每當吉田情緒過於激昂的時候，只要每跑過一圈，他的腳就會離起跑線的範圍越來越遠，因為這樣惹怒了中泉。吉田在一開始會明顯露出不滿的表情，讓中泉的怒火更為劇烈。

「那我問你，你在比賽時可以不用腳踩投手板投球嗎？」

「無法。」

「再說一次？」

「無法投球。」

由於吉田最後誠心認錯，爭吵就此平息。

「因為教練不是咄咄逼人的人，我以為可以出言頂撞他，但這樣是不對的，我會嚴加反省。」

準優勝

「我會做給你看！」

即使是吉田，也不敢違抗伊藤的命令。然而，到了隔天的集訓最終日，吉田終於對伊藤表達憤怒。

「因為天性使然，遇到覺得不對的事情，就無法乖乖聽話。」

集訓的最後一天剛好是星期六，是伊藤到場指導的日子。伊藤與中泉的想法相反，他想永遠繼承嶋崎的棒球路線，所以至今依舊想恢復田澤湖集訓的做法。

「少了雪地訓練就無法提高鬥志。」

筆者曾經跟伊藤開車來到田澤湖兜風，隨著越靠近山坳，雪積得越來越深，路邊堆滿了砍下來的原木，上面都覆蓋著厚厚的積雪。

「賞雪是令人感到興奮的事情呢！」

很多人都有先入為主的觀念，認為大多數在雪國生活的人，已經對雪感到厭倦。然而，伊藤對雪的憧憬程度，卻讓人覺得耳目一新，彷彿是一生之中與雪徹底無緣的人。

「我一直在思考，要用什麼樣的方式，才能接近田澤湖集訓的感覺。」

往年在集訓的最後一天，都會在上午完成跑步後結束所有訓練。但是，伊藤在當天早上說：「如果和去年一樣的做法，我們可能無法打進甲子園。」所以將訓練改成上午在體育館、下午在室外進行的兩區段練習。

到了集訓的最後一天，球員們都顯得疲憊不堪，大多數的球員儘管肌肉疼痛或肌肉拉傷，仍舊參與訓練。球員聽到伊藤的提議後，瞬間失去了動力。

高橋與大友為了度過集訓的難關，想出了這個主意。高橋說明：

「我會試著在腦中想像集訓時間是六天，而不是五天，正當我告訴自己還剩一天的時候，集訓實際上已經結束了，但這樣好像沒有用，只要一想到今天就要結束了，內心已經開始雀躍不已。」

然而，當伊藤提出要改成兩區段練習後，他們突然陷入沮喪狀態。

就連集訓期間負責引領球員的吉田，也開始表現出馬馬虎虎的態度。

「因為突然感到厭煩，懶懶散散地做伸展運動時，被伊藤教練唸：『趕快做完！』由於這個提議來得太突然，讓人缺乏幹勁。」

球員在反覆以各種姿勢開始進行衝刺訓練，包括跪坐、體育課坐姿、仰躺等，但伊藤對球員鬆懈的態度感到不滿，於是對負責訓練的秋本施壓說：

「今天是集訓最後一天了喔。」

那天的伊藤散發出超乎往常的威嚇氣息，宛如一把銳利的刀子，連秋本也被伊藤這股寂靜的魄力嚇到。

「他看起來太恐怖了，讓我感到不知所措，我想球員們應該也有感受到……」

直到前一天，球員們在訓練時會對著教練團破口大罵，這樣可以激發他們的鬥志。高橋回想：

「我們通常會大聲喊出『有種放馬過來吧！』等等，這樣教練團會增加訓練次數，想要挫挫我們的銳氣，如此一來，我們又會繼續喊著『這樣還不夠，再來啊！』」

但是遇到伊藤，沒有人敢罵出任何話。高橋死心地說：

「罵不出來……雖然感到煩躁，但只要惹伊藤教練生氣，應該就會死掉吧。」

略顯懶散的訓練仍在持續進行，看不下去的伊藤走到秋本的面前說：

「我來指導吧。」

伊藤先安排輕度負荷的訓練項目。

「像是背著球員行進或騎脖子等訓練，雖然看似吃力，實際上是最輕鬆的項目，因為騎乘者可以休息，這是我向球員傳達『可以讓你們休息一下』的訊息。美國職業摔角手史坦．漢森在使出絕招西部式金臂勾前，不是都會先摸摸左手臂的護肘嗎？這是一樣的道理，代表接下來要玩真的了。」

在體育館的訓練項目中，最吃力的項目是慢跑與衝刺。教練會在體育館的四個角落擺放紅色三角錐，球員得繞著三角錐外側跑步，當教練吹起長哨時要衝刺，吹短哨時要慢跑，慢跑與衝刺進行時間約為十五分，並重複此訓練。

一日進行慢跑與衝刺訓練的基準約為三十分，也就是要做二組，做二組是極限。球員在前十五分鐘要以逆時針方向跑，跑完刻不容緩，再以順時針方向跑十五分鐘。在第一組與第二組訓練之間會穿插其他訓練或間歇訓練，訓練要做到什麼程度，取決於當天負責訓練的教練心情。

伊藤的慢跑與衝刺訓練終於開始了，長哨一響，聽到吉田大喊「出發了！」果然是吉田帶頭起跑。伊藤將火力集中在吉田身上。

「因為是由吉田所率領的球隊，我會想盡辦法挑釁他，跟他說：『以你這種程度，根本無法加入職棒或打進甲子園。』畢竟這是事實。吉田會回說：『我一定會做到！』我會繼續反駁他，因為這是一場戰鬥。」

終於跑完順時針與逆時針二組慢跑與衝刺訓練，亮太處於即將昏厥的狀態。

「我感覺自己快要失去意識了，再跑下去就會昏倒……」

正當所有球員都理所當然地以為訓練就此結束時，伊藤卻對吉田說：

「沒有達到nice run的目標嗎？」

就連吉田也臉色一沉，無法說出任何一句話。

「既然這樣，就再跑一組。」

伊藤冷酷的話語，終於激怒了吉田。

「到底還要跑多久，該死！煩死了！」

在旁的打川縮著身體說：「終於說出口了……」

「我會做給你看！」

吉田站了起來。

「既然如此，那就從頭開始吧。」

伊藤瞪大雙眼。

吉田有所覺悟，這時候「只能自我犧牲」。

「因為伊藤教練只有在那天的訓練到場，看得出來他想扮演魔鬼教練的角色，把我們逼到絕境，從一開始就營造出緊張的氣氛。既然如此，我也必須展現全力以赴的必死決心，否則訓練就會沒完沒了。」

伊藤露出虐待狂般的微笑回想：

「從我的角度來看，終於有種『久等了』的感覺，總算有集訓的樣子了，希望他們能多加鍛鍊。經過吉田的一番挑釁，讓我開始認真起來。我不認為他的行為是種反抗，如果真的有所反抗，我可能會幹出一些無法預測的事情。」

秋本回想：「我當時也愣住了。」

「菅原教練和我都嚇壞了，心想阿誠這樣不妙了，我們誰也說不出話來。不過，如果發生什麼事，我們只能做好隨時前往勸阻的準備。」

伊藤有這樣的信念。

「如果他們在第一次的訓練就能全力以赴，我就會結束訓練，若能維持這樣的決心持續三年，相信會有相當優異的訓練成效。因此，我的做法不會動搖。但是，全隊很少有人能抱著這樣的決心與毅力。」

準優勝

一邊唱校歌一邊嚎啕大哭

跟吉田的算計正好相反，伊藤遲遲沒有表示認同。伊藤認為，只有在這個瞬間，才有機會觸動球員最大的極限。

吉田在甲子園比賽時常說：「因為我們的訓練比任何學校都更為艱辛……」這個信念成為他們最大的支柱。

「即使技術拙劣，只要能提升精神層面，就能發揮超乎實力的表現。」

這是耳熟能詳的老式論點，但從吉田的口中說出這句話時，似乎特別有說服力。然而，他們無法辦法判斷金足農業的訓練內容，是否真的比其他學校更加艱辛，畢竟吉田幾乎沒有親眼見過其他學校的訓練。

前總教練三浦剛上任的時期，他曾帶領金足農業的球員觀摩東京名門日大三的二天一夜冬訓。

「雖然金農也有舉行集訓，但我認為訓練量依舊不足。此外，日大三高的球員們，都是帶著精神抖擻的表情進行訓練，沒有人露出心不甘情不願的表情。」

三浦當然也沒有逐一觀摩全國各高中的訓練過程，儘管如此，他還是能輕易找到一所訓練量更多的學校。

更極端地說，有些球員即使每天訓練十小時，依舊感到不安；有些球員則是每天只訓練二小時，也有自信能產生改變。最終，還是取決於球員是否深信「自己已經付出最大的努力訓練」。

在教導心智尚未成熟的高中生時，能否讓球員們深信這一點，可說是身為指導者必備的技能之一。

伊藤絕對不會做荒唐的事情，他是一位極為冷靜的指導者。

「如果感覺球員快要受傷，就要立刻停下來。根據我的經驗，若強行繼續訓練，有人就會因此累倒。訓練的最終目的，是讓打者在場上能擊出安打，或是讓投手能投出一場精采好球。最大的前提是，如果球員因受傷無法上場比賽，就會失去任何意義。」

在二〇一九年的冬訓時，伊藤看到有球員勉強自己繼續訓練，就會叫住球員，要求他們中止訓練。指導者也是一位裁判，他們必須具備敏銳的判斷力，才能替無法自行說出放棄的球員喊出停止訓練。當球員被迫停止訓練後，往往會留下懊悔的淚水，但看起來像是鬆了一口氣，告訴自己「終於不用再訓練了」。

在剛擔任教練的時期，伊藤在指導球員訓練時往往無法懂得拿捏分寸，有好幾次得出動救護車替球員送醫；但他現在不會再犯如此愚蠢的錯誤。不過，雖然他已經懂得拿捏分寸，但不是一位輕易妥協的男人，他會盡量把球員帶到能看見極限景色的地方。

指導者要走到這一步，需要莫大的勇氣，但如果他們有所畏懼，就無法讓球員們相信「他們正在進行比任何學校更加嚴格的訓練」。

如果想要回頭就此打住的時候，伊藤會告訴自己與秋本「不要去看球員的臉」。

「如果看著球員的臉，情緒就會被牽動，這時候要看著『完全不同的方向』，因為球員會擺出各種表情來演戲。」

在集訓最後一天進行慢跑與衝刺訓練時，伊藤看著「完全不同的方向」，持續吹著哨子。最終，在這天持續進行了十五分的四組訓練，總計一小時的慢跑與衝刺，是伊藤的「新紀錄」。

上午的訓練告一段落，下午來到附近的山上跑步，在下午三點左右結束一系列的集訓。

在前年的集訓，吉田這屆的球員只有吉田、高橋、大友、亮太四人跑完全程；但在這一年，十名二年級生全員跑完全程。在集訓的最後，全隊依照慣例會一起唱全力校歌，這首當初由安田所想出來的全力校歌，也是起源於集訓。

「唱全力校歌的意義，是要回想集訓最後一天的心情。」

吉田這群人會站在小泉潟公園的小山丘上，身體向後彎大聲唱歌，讓校歌在整個金足地區迴盪。幾乎每個人在唱歌時會一邊流淚，有人還會因哽咽無法好好唱歌。唱完校歌，大家相互擁抱。

高橋說出當時的心境。

「很像是戰爭結束，終於回到家園的感覺。」

在秋季大會後回歸球員身份，逐漸恢復訓練的佐佐木，也熬過了集訓。

「自從經歷那次集訓，能理所當然地顯露出隱藏於內心的事物，就像是拆掉音響限制器的感覺。在比賽的時候，都能隨時保持在如同集訓最終日的心情。」

直言不諱地說，最後一天的慢跑與衝刺是最棒的訓練項目。看到所有球員躺在體育館的景象，伊藤笑容滿面地對二位教練說：

「我們要幫球員創造一個回憶才行。」

將球員逼到極限，用嘴巴說說雖然簡單，但不光只是實行嚴苛的訓練項目，否則就會變成單純的嚴格訓練。

秋本提出他的主張。

「如果彼此的心靈沒有相互碰撞，就無法真正逼著球員前進。即使教練試圖推動球員前進，如果他們處於被動的狀態時，就會像是奴隸般充滿悲情。現在想想，這就是吉田這群人最了不起的地方，他們永遠不會輕易服輸，能逐一克服集訓的難關，阿誠也一邊鞭策他們，將球員的憤怒轉化為力量。」

經歷那年的集訓後，秋本似乎對二〇一九年的冬訓不滿意。

「球員們無法激發阿誠的力量，當孩子們克服難關後，阿誠也會往上爬到另一層境界。因此，雖然我跟球員說：『你們要盡量面對教練。』但成效不彰……比吉田他們晚一屆的球員，只能激發阿誠一半的力量。」

某位後進球員坦言：

「我們都對教練感到畏懼……無法跟學長一樣頂撞教練，他們是與眾不同的一群人。」

吉田也留意到學弟們的舉止。

「現在的低年級生，缺乏挑戰精神，只敢做不會惹怒教練的事情。在處理強勁滾地球的時候，雖然後退幾步接球比較不容易發生失誤，但傳球時往往來不及製造跑者出局，這樣還不如大膽趨前接球，即使發生失誤也無所謂。他們缺乏這樣的勇氣。」

他鼓勵學弟們說：

「對我們來說，和教練一起訓練的過程，是最大的障礙。在跟其他對手比賽之前，要先擊敗教練才行，雖然不用跟我們一樣處處表現出內心的想法，重點在於強大的心志。我們唯獨無法戰勝伊藤教練，如果有人可以擊敗他，我想那支球隊一定會成為真正的強隊。」

然而，伊藤這麼說：

「吉田不是已經贏過我了嗎？真是敗給他了。」

吉田至少能跟伊藤處於勢均力敵的關係，這就是他能成為讓伊藤引以為傲的投手的原因。

「他在每場戰鬥不斷靠著毅力才能走到這裡，即使是半準決賽與準決賽令人屏氣凝神的時刻，吉田依舊展露微笑，這是一般人辦不到的事情。」

隊上有尊重球員的優點，讓他們自由發揮的中泉；也有比任何人聒噪，但也比任何人都替球員著想，如同哥哥般的秋本；還有在教練團中較為低調，在關鍵時時刻卻能幫助球員的菅原。然而，吉田這群人最需要的人物，應該是像伊藤這樣性格剛烈的爭吵對象。

二〇一八年的冬訓，可說是伊藤給吉田等人所上的最好的一課，但伊藤說還有一件事，他沒能教會吉田他們。

「如果這些傢伙能早一年成長為跟三年級時相同的狀態，我還想跟他們在冬天一起踢足球呢。我想告訴他們，無論是訓練或打棒球，都是一件有趣的事情，當我們從事某件事的時候，最重要的就是樂在其中。不過，他們在二年級的秋天為止，並沒有任何具體的作為，如果他們付諸實行，一定會有所進步，卻遲遲沒有去做，所以我必須先教會他們這一點。」

然而，事實證明伊藤的擔心是多餘的。吉田等人在甲子園，已經多次體驗到棒球的樂趣。

忍耐

二〇一八年八月二十日

準決賽vs.日大三

〇 2-1

在半準決賽與準決賽之間的十九日，是大會唯一的休息日。久米在那天於筆記本記下吉田的狀態，寫道「能抬起雙腳了」。

吉田回想：

「在近江之戰的早上，疼痛程度最為嚴重，晚上以後稍感輕鬆。」

那一天，金足農業的球員們來到飯店附近的公園，從早上八點四十五分開始進行一小時左右的輕度運動，接下來回到飯店備戰準決賽，觀看日大三高與下關國際在半準決賽的比賽影片。那場比賽，日大三原本落後二分，在八局下半一口氣追回三分，成功逆轉勝。

之後是接受採訪與午餐時間，下午先來到超級錢湯「湯之藏」泡湯，雖然球員們是第二次在湯之藏泡湯，但周遭客人看到球員後的反應已經跟一開始大為不同。

東武top tours旅行社職員高谷回想：

「因為如果有人發現他們是金足農的球員，就會立刻靠過來，只好請球員加快泡湯速度，泡完的人趕緊回到遊覽車上。」

自從近江一戰結束後，經常會看到球迷在球員下榻飯店周圍徘徊。就連十分期盼兒子吉田能在金足農業有活躍表現的父親正樹也說：「這是我第一次在球隊贏球後沒有特別喜悅的感覺……」

「因為跟球員一同住在飯店，光是身穿球隊加油T恤回到飯店，也會引起球迷的一陣騷動，這樣讓我感到十分不自在。」

球員在超級錢湯恢復精力後，暫時回到飯店休息，傍晚五點前往「One Karubi」吃燒肉，球隊已經光顧四次。

做事面面俱到的高谷，在這天收到教練團新的委託，希望他能幫忙尋找有施打大蒜針的醫院。據說大蒜針具消除疲勞的效果，雖然叫做大蒜針，並不是真的含有大蒜萃取液，而是含有大蒜成分之一的豐富維他命B1營養劑，因此得名。

由於十九日為星期天，原本以為尋找醫院會花費一番工夫，卻意外地順利解決問題。高谷說：

「我找到一間在飯店附近的醫院，院方一開始似乎不太樂意幫忙施打，但我跟他們說金農的吉田想要過去接受施打，他們立刻回說『沒問題』。」

吉田在One Karubi大啖燒肉養精蓄銳後，在前往醫院接受施打大蒜針，將維他命B1等營養注入體內，以快速恢復體力。

準優勝

桑田真澄登場

經典故事會一代傳承一代，永久流傳。為了紀念第一百屆夏季甲子園賽事，當年夏天賽事以「傳奇球星開球儀式」為宣傳，在每天的第一場比賽，會邀請歷屆知名球員參與開球，讓甲子園全場觀眾為之熱血沸騰。

例如，在開幕戰邀請了九二年夏季寫下連續五個打席被故意四壞球保送，創下前所未見傳奇紀錄的星綾（石川）出身知名球星松井秀喜[1]開球。在大會的第七天，邀請了八二年夏季、八三年春季，達成比春夏連霸更難的夏春連霸紀錄，池田（德島）出身的球員水野雄仁。來到大會第十五天的二十日準決賽，在第一場或第二場比賽中，將有一位傳奇球星準備亮相開球。

金足農業出場的第一場比賽，由出身於ＰＬ學園的桑田真澄[2]負責開球。

金足農業之名之所以在甲子園球迷之間廣為流傳，起源於一九八四年夏季的那場準決賽。在那場比賽面對ＰＬ學園，金足農業直到八局上半維持二比一領先，八局下半卻被桑田擊出逆轉二分全壘打而落敗。當時的ＰＬ學園擁有被稱為「ＫＫ二人組」的清原和博[3]與桑田二名二年級生，是成績遙遙領先的奪冠熱門球隊。

桑田替金足農業的比賽開球，已經是相當戲劇性的一件事情，更巧合的是，這場比賽跟三十四年前的那場比賽一樣，都是準決賽的舞台。

當時擔任總教練的嶋崎回憶：

「真是不可思議……看到桑田從一壘板凳區上場的時候，現場的歡呼聲十分驚人。」

在上場開球的十八位傳奇球星中，桑田是唯一穿釘鞋上場開球的人，他開球時能投出比任何人都還要低軌跡的球，投進外角偏高的位置。

站在板凳席前觀看開球的吉田，讚嘆地說：

「以這樣的年紀卻能投出這麼快的球，令人感到敬佩。」

---

1 綽號酷斯拉，曾效力日本職棒讀賣巨人隊，成為巨人隊的不動第四棒，之後轉戰美國職棒大聯盟，加入紐約洋基隊。

2 曾效力於日本職棒讀賣巨人隊。加入巨人隊後的第二個球季拿下一五勝，以二成一七的防禦率，獲得防禦率王、澤村獎，以及最佳九人獎。

3 曾效力於日本職棒西武獅、讀賣巨人與歐力士野牛，在高中棒球階段，曾創下甲子園累計最多一三支全壘打記錄。

準優勝

被高野連警告

雖然曾有一段時期是秋意盎然的天氣，但從這一天開始，氣溫又開始回升。在上午十點四分比賽開打的時候，氣溫已經逼近三十度，相當炎熱。

這一天，球員的舉止明顯有別於往常。一局下半，吉田和大友擺出「武士拔刀動作」時，動作的幅度並沒有像以往那麼大，只有輕微擺動手腕做出動作。吉田苦笑說：

「我只能隨意地揮出小小手勢。」

事實上，在「隨意地揮出小小手勢」的背後，曾引發些許嘩然。

在準決賽當天，金足農業於七點二十分來到球場，在室內練習場的時候，日本高野連的相關人士叫住久米，要求球員在場上要克制自我行為，不要做出「武士拔刀動作」。在高中棒球的世界裡，只要擺出振臂的勝利握拳等不尋常的手勢時，往往被解讀成一種高調表現的行為，就會受到警告。然而，久米完全無法理解這項要求的含意。

「什麼是武士拔刀動作？」

在比賽期間，久米忙於預訂阿爾卑斯山看台區的門票或分發餐點等雜務，甚至沒有時間閱讀運動新聞報紙，所以他沒有注意到兩人的「武士拔刀動作」，已經成為廣泛討論的話題。

他知道吉田與大友兩人從秋天大會開始，會事先串通好做出抬起手臂的動作，這在棒球運動中是相當常見的景象。事實上，如果沒有人特地提起，相信大多數人都不會留意他們做的是拔刀姿勢。更吸引久米注意的是吉田使用止滑粉袋的方式，止滑粉袋是用小布袋，裝有投手或打者在場上使用的含有止滑劑成分白粉。

在高中棒球的領域中，投手通常會被要求將止滑粉袋放在投手丘後方，要使用的時候彎腰伸手，並將手指放在止滑粉袋上面。這是因為如果像職棒選手一樣，像是丟沙包般一邊將止滑粉袋拋在空中，將止滑粉撒滿整個手掌或是丟在投手丘上，會造成粉末飛散，且耗損量較大。此外，看起來也比較不雅觀。

吉田使用止滑粉袋的方式，原本就相當粗魯。

「我是屬於會沾大量止滑粉的類型，經常拿起止滑粉袋不斷搓揉，有時候感覺煩躁的時候，還會把止滑粉袋大力丟在投手丘上。」

秋本一臉驚呆地說：

「只要被吉田使用過，最誇張是到了第五局的時候，止滑粉袋就會空空如也。」

直接被高野連警告的久米，他的職責是指導吉田如何使用止滑粉袋。

「雖然我曾經嚴厲地告誡過他，但他只要煩躁的時候，又會開始魯莽地使用止滑粉袋。即便如此，我也不可能時時刻刻盯著他。」

在佐佐木成為比賽隊長之前，都是由隊長吉田參加大會賽事分組抽籤，當大會相關人士提到比賽的各種注意事項時，一定會提到止滑粉袋的使用方法，每逢這種時候，吉田總是看著久米微笑。

「啊，應該是在講我吧。」

當吉田決定做出武士拔刀動作時，會先右膝跪地，右手一邊搓揉止滑粉袋，一邊跟大友計算擺出動作的時機。久米看著吉田的姿態，笑瞇瞇地說：「吉田也長大了呢。」

「他使用止滑粉袋的方式變得更有禮貌了，似乎在對止滑粉袋表達感謝之意，他應該想先透過止滑粉袋獲得稱讚吧。」

另一方面，中泉總教練似乎感到憂心。

「我想說一定會被提出來警告，但後來發現好像沒有人講，心想沒事了，但結果還是被警告一番。」

中泉將高野連的警告傳達給吉田和大友。

「雖然不太想跟他們說，只有在賽前跟他們說不能這樣做，結果他們二人說：『可以偷偷做武士拔刀動作，不要被發現就好。』我都聽得一清二楚，他們居然說不要被發現就好……」

中泉雖表面故作困擾，但內心有些許欣喜之情。

當筆者將中泉的困惑告訴吉田後，他一臉若無其事地說：「我們已經決定要這麼了，就算被總教練聽到也無所謂，我們平常的作風就是這樣，只要有人越提醒我們，我們就會越想去做。」

大友也有類似的反應。

「即使惹別人生氣，我也覺得沒什麼大不了。」

創志學園（岡山）的二年級王牌投手西純矢[4]，是本屆大會備受矚目的投手之一，西在第一輪對戰創成館時投出十六次三振，僅被打出四支安打奪下完封勝。他在第二輪面對下關國際（山口）時，雖然用球數達到一百七十九球，最後球隊以四比五遭對手逆轉而落敗。

4 二〇一九年選秀獲得阪神虎隊第一指名，職業生涯成績為十二勝六敗，防禦率三成二五。

西在第一輪以燦爛的笑容讓人留下深刻印象，但在第二輪時他卻顯得疲憊不堪。他在賽後解釋了原因。

「我從投手丘走回板凳席的途中，主審對我說：『不要在投手丘上大吼大叫！』我感到有些不悅，無法老老實實地聽從主審的要求。沒想到在場上決勝負的對手不是打者，而是主審……」

容易怯場的西，通常會以大叫的方式來舒緩壓力，過去曾因此收到裁判的警告。原本並沒有特別在意，但在對下關國際的比賽中，因主審多次警告他，讓他內心徹底產生動搖。

「因為主審語氣強硬地對我喊著『喂！』……」

當他看到金足農業球員們的舉止時，終於意識到如果能夠以如此厚臉皮又帶有調皮的方式來回應，也許就有機會化逆境為順境。

被識破的強迫取分戰術

準決賽的第一場比賽，日大三高先發投手為背號十八號、身高一百八十九公分的高大右投廣澤優。日大三通常會派廣澤等三名投手作為先發投手，到了四局前後早早換上隊上最穩定的左投河村唯人中繼，這是他們的勝利方程式。

一局上半，金足農業二人出局二壘有人，第四棒打川面對一顆飄向外角的一百二十公里滑球，勉強將球撈起來，擊出飄移的高飛球，剛好掉在三壘與左外野之間，金足農業幸運地先馳得點。

打川在飯店住宿期間，只要遇到其他客人，就會用中文對他們說「謝謝」。

「因為在飯店裡幾乎沒有遇到日本人。」

只要跟打川混熟了，他可能就會流露出滑稽的一面，但他的個性極為害羞，接受採訪時的話不多。

不過，雖然個性低調，他還是會用言語表達出在甲子園打球的喜悅。

「雖然在參觀甲子園的時候沒有特別的感覺，當觀眾陸續進入場內後，氣氛完全不同了。平常很少有機會在外野擠滿觀眾的球場打球，光是揮棒打擊出去，現場就會湧現歡呼聲，這種感覺真好！」

他面對廣澤所擊出的先馳得點安打，球一落地就引起了熱烈的歡呼。然而，具有藝術家氣息的打川卻帶著一絲自嘲說道：

「那一球不值得一談，但結果是好的。原本以為投手會投到內角，結果投出一顆外角球，嚇到我了。因為這樣，在擊球時導致身體姿勢開掉。我對棒球幾乎沒有特別堅持的地方，唯獨對打擊姿勢有所堅持。」

吉田在賽前跟採訪記者說：「我認為打川是今天的關鍵人物。」他會這麼說是有原因的。當大友、高橋、彪吾在前幾場比賽輪流成為致勝的英雄時，打川卻遲遲未發揮身為第四棒的作用。

「在預賽的時候，會毫不客氣攻擊打者內角的投手並不多；但來到甲子園，很多投手都會不斷投出內角近身球，快要構成觸身球的程度。」

身高一百八十五公分、體重九十公斤的打川，擁有宛如美式足球選手的體格，看起來像是力量型強打。因此，投手會經常投出近身球伺候他，讓打川的打擊姿勢走樣。

令人意外的是，打川高中棒球生涯的全壘打數只有三支，貫徹了「最棒的安打是中外野手前方落地的安打」，是宛如金農戰士借鏡般存在的安打型打者。

「如果在打擊練習時用拉打的方式，身體姿勢就會開掉，這樣在面對變化球時的揮棒節奏就會亂掉。我在打擊練習的時候，都會下意識地把球打到中外野至右外野的方向，全隊大概只有吉田會在練習時不斷拉打吧。」

雖然金足農業給人靠犧牲觸擊贏球的印象，但犧牲觸擊失敗的次數也很多。二局上半，無人出局一壘有人，第六棒高橋與第七棒彪吾連續短打失敗出局，結束這個半局的進攻。中泉只要決定採犧牲觸擊戰術，他就會堅持持續執行下去。

「要先讓跑者站上得點圈，在猶豫不決的時候就要盡早決定戰術。因為比賽才剛開始，就算沒有得分也沒關係，但要不斷推進跑者，營造出每一局都在進攻的氛圍。到了比賽的最後幾局，就會逐漸發揮作用。」

伊藤幫二人說話。

「遇到甲子園等級的投手，球質完全不同，但他們不會被失敗的經驗所影響，在正確的時刻做正確的事，這樣就行了。」

高橋也直截了當地說：

「面對廣澤的投球，要成功犧牲觸擊相當困難，他不僅球速快，因為身材高大，球的角度相當犀利。」

廣澤雖然成功壓制金足農業打線，但在四局上半，日大三早早換上王牌投手河村。打川回想，河村是他在甲子園面對的投手中，心中排名第一的投手。

「雖然球速不算快，犀利度相當驚人，會竄到身旁的感覺。此外，他在投球時的前腳踩踏偏向三壘側，由於球會轉至打者內角，要打出界外球都很難。」

當其他打者對投手一籌莫展的時候，大友卻能若無其事地打出安打。五局上半，二人出局二壘有人，他打出中外野前方安打，金足農業拿下第二分。這二分是金足農業在這場比賽的全部得分。

八局上半，一人出局滿壘，金足農業嚐到大會首次的強迫取分失敗，百分之百成功率強迫取分遭對手識破。三壘跑者為亮太，打者為第二棒佐佐木，球數為一好一壞，投手投出第三球，當佐佐木擺出短棒時，捕手保持跟手套相同的高度，橫向跳了出去，佐佐木察覺到捕手移開蹲捕區準備抓強迫取分，立刻收起短棒，但三壘跑者亮太已經起跑，被對方投捕抓到形成夾殺出局。

「捕手看起來是保持蹲捕的狀態，覺得短打應該會成功，結果看到大夢收起短棒，心想不妙了。當我重新觀看比賽影片時，發現捕手是在半蹲的狀態，大幅往外移動，沒想到他沒有站起來就能直接離開蹲捕區。」

像是縣內幾所高中較為熟悉金足農業百分之百成功率強迫取分戰術，因而會有類似戰術失敗的情形，秋本說「這是最不樂見的情況」。

「跑者出局是最糟糕的情況，如果打者觸擊失敗三振出局，倒是無所謂。只要跑者還留在三壘，依舊有得分的機會。」

想要搶壘包的跑者與阻撓進壘的捕手，圍繞在成功率百分之百強迫取分的攻防戰，就像是貓捉老鼠的遊戲。秋本回想：

「有些球隊的捕手會直接站起來假裝接球，投手投出球後再蹲下，這樣三壘跑者就很難抓到起跑時機。」

但是，伊藤表示，對手欲擒故縱的策略正合他意。

「對手考慮周密是一件好事，如果更做得極端一點，可以在對手面前假裝要發動戰術，最後沒有使出任何戰術。讓對手識破暗號反而更好，識破後對手會投邊邊角角避免與打者對決，在很多方面來說對我們更加有利。」

準優勝

頂級的配球是第一球讓對手打出投手前滾地球

率領日大三的小倉全由總教練，聽到準決賽的對手是金足農業時，透露真心話表示：「老實說，心裡覺得太好了。」

「因為近江的實力堅強，如果是面對金足農業，應該不會被得太多分，只要設法對付吉田就好。」

然而，他並沒有找到「設法」對付吉田的方式。提到可擾亂對手守備節奏的作戰，盜壘是最有效的戰術。

根據《徹底數據分析 甲子園策略 棒球理論的謊言與真理》（作者：川村卓／中村計）一書的內容，依據二〇〇五年夏季到二〇〇七年春季四大會的數據。驗證了各種理論。例如，在無人出局一壘有人的時候，到底要不要採取犧牲觸擊戰術，或是四壞球保送是否容易造成失分等，實地統計資料後，發現許多統計結果與既定的理論有相互矛盾之處。其中，有一項數據格外引人注目，那就是在一場比賽中「成功盜壘三次以上，勝率會顯著提升」，當盜壘數達到三次以上時，勝率超過八成。

如果對手頻頻發動盜壘，守備方就會開始思考各種事情。首先，捕手會開始配外角球，為了快速將球傳向二壘阻殺跑者，捕手通常會配能更快傳向二壘的直球，如此一來，打者更容易解讀投捕的配球。如果被對方成功盜壘二或三次後，投手會開始懷疑對手是不是抓到自己投球姿勢的習慣。此外，為了防止跑者離壘過遠，投手也會頻頻牽制，過度提防壘上跑者，反而造成更大的精神壓力。

小倉也打算發動盜壘戰術，來擾亂吉田的投球節奏。

「只要一壘壘包有跑者的時候，那孩子就會開始鬧脾氣，頻頻牽制一壘。因此，跑者要盡量離壘遠一點，讓他不斷地牽制一壘。」

一局下半，日大三兩人出局一壘有人，第三棒日置航立刻嘗試盜壘，金足農業捕手亮太的傳球雖然一次落地，依舊精準地傳到二壘壘包，跑者盜壘失敗。

事實上，金足農業的投捕搭擋在這年夏天，從秋田大會起沒有讓任何一位跑者成功盜壘過，這樣的心理優勢是無法估量的。

在第三輪的橫濱之戰時，亮太也有一次成功阻殺跑者盜壘。阻殺盜壘取決於投捕的共同合作，要造就高阻殺率，除了吉田的牽制技術與快速投球動作，還要加上亮太接球後到傳球之間的速度，以及精準的傳球位置控制。

亮太說：「有關於捕手的所有技術，都是伊藤教練教我的。」伊藤所傳授的知識，有很多都是第一次聽過。

「可以從擦棒被捕的方向或打者刻意放過某一球的方式，來判斷打者鎖定的球種，起初我完全搞不清楚，後來慢慢能理解了。例如打者擊出正後方的界外球，或是邊線的界外球，代表打者鎖定這顆球做攻擊；或是打者放過這顆變化球，並且將重心放在前面的時候，代表他正在鎖定直球。」

伊藤還教他在蹲捕接球時，不要移動手套。捕手在配球的時候，通常會先將手套放在指示投手的投球位置，當投手投出球後，捕手會稍微放下手套再接球，如果沒有暫時放鬆手部力量，手部就會感到疲勞。然而，亮太從舉起手套到接球為止，完全沒有移動過手套。

「雖然手很痠，但只要能固定捕手手套的位置，投手投球時會如魚得水。」

此外，無論在任何情況下，亮太的膝蓋絕對不會接觸地面，他採取基本的蹲捕姿勢，也就是身體蹲低並立起腳尖的姿勢，要維持此姿勢相當辛苦，因此捕手通常會趁壘上無人的時候，採單膝跪地的姿勢接球。

「我其實也想用單膝跪地的方式蹲捕，但伊藤教練會生氣，也不能放低臀部蹲捕。當跑者發動盜壘的時候，為了隨時都能傳球阻殺跑者，要隨時將重心放在前方。即使壘上無人，打者也有可能會使出突襲短打，重心一定要放在前方才行。捕手真的很辛苦，尤其是投手持球時間較長時，感覺更累。」

聽起來很有道理，但能如此徹底要求的指導者並不多。

不僅如此，亮太在每一次接球後回傳給投手時，都是站起來傳球。

「伊藤教練來隊上執教前，我有時候是直接蹲著傳球，但伊藤教練說投手比較偉大，為何我可以選擇偷懶的方式。」

伊藤指導捕手傳向二壘的阻殺方式也相當獨特，他跟亮太說「傳出拋物線即可」。

「傳球時想像一下球快碰到天花板的感覺，如果達到這樣的高度，球會自然而然形成漂亮的軌跡，最重要的是能看到球飛越投手丘上空的弧線。沒有必要一直盯著壘包，用低角度的傳球阻殺跑者，只要讓球輕快地掉到壘包上方即可。傳球的時候要想像將球放在腰部的感覺，就像是柔道的背負投，即使沒有大幅揮動手臂，球也能飛得遠遠的。」

亮太完全依照說明的方式傳球。不，應該說是讓球掉落的方式。

原則上，自主訓練的內容會由球員自行決定，由於全隊訓練的內容受限，這是教練給予球員的彈性，但唯獨亮太。伊藤說：

「我每天都會盯著他，只讓他練習傳球，不讓他練習打擊。我會不斷地折磨他。」

有關於配球，伊藤教亮太「要以立方體來思考，不是平面」。將好球帶畫在紙上的時候雖然是平面的，實際上是呈現本壘板的五角柱形狀。亮太說：

「教練說要在立方體中畫一個三角形，聽了他的話，配球時變得更為輕鬆，這樣就能運用好球帶的縱深。」

例如，面對右打者時，第一球要配外角偏低的直球取得好球數，接下來以內角直球取得第二個好球，第三球配跟第一球一樣的位置，是轉到外角的滑球。如果是平面上的好球帶，由於這三顆球只有投到兩個點，即使將經過的點連接起來，也只會形成一條直線；但如果是立方體的好球帶，雖然第三球也是投進外角，但因為掠過打者的身前，以立方體來想像時，會形成漂亮的三角形。

伊藤說：「配球就像是作品。」

「同樣的配球不能配第二次，這是一瞬間的藝術。頂級的配球是第一球讓對手打出投手前滾地球，這是最安全也最不會消耗體力的方式，如果捕手能做到這點，我應該會感到陶醉，雖然身為教練的身分，不能沉醉其中。」

亮太在二年級的春天，將球傳往二壘時曾打中高年級生的臀部，傳球還不夠穩定，但伊藤依舊對亮太表示認同。

「他很有捕手的架式，看起來樸實不起眼，在亮太還是低年級的時候，我就想派他上場，但這樣會惹嶋（嶋崎總教練）生氣，罵我說『為何要用那種捕手』。他可是在全國拿下亞軍的捕手喔，看到亮太獲得他人的讚美，是我最感高興的事情。」

觸殺時就像是在「揍人」

當跑者站上一壘後，日大三的小倉總教練原本雙手交叉在胸前，開始往外張開雙手。

「我對跑者大喊『離壘遠一點！』吉田開始留意一壘跑者的動向，並牽制一壘。」

吉田說出當時的想法。

「當我牽制一壘後，對方總教練叫跑者繼續離壘遠一點，我心想真的假的，這樣沒問題嗎？離壘太遠會被我牽制出局喔。雖然知道對手想要擾亂我的節奏，才有機會得分，但我對自己的牽制技術很有自信，小心被我牽制出局喔。」

為了贏球，吉田是毫不留情的。秋本說出這段小故事：

「那傢伙投出觸身球時，即使跑者上一壘後身體依舊疼痛，他還是會蠻不在乎地牽制一壘讓跑者出局。」

四局下半，日大三二人出局，一、三壘有人，輪到第六棒高木翔己的打擊，球數來二好一壞時，吉田連續牽制一壘三次。緊接著，他縮短了投球動作，以快速的姿勢投出一顆直球，由於被吉田頻頻牽制惹惱，高木出棒時機較慢，揮棒落空三振出局。吉田的策略出奇制勝。

「如果能加快腳落地的時間，即使球速較慢，打者也無法反應過來。」

日大三本來想擾亂吉田的投球節奏，結果自家打者的節奏反而被擾亂。

五局下半還有這段插曲，日大三二人出局一壘有人，跑者依舊離壘較遠，吉田屢次牽制一壘，一壘手高橋漏接，導致跑者站上二壘。吉田在牽制時不僅轉身速度快，傳球速度也很快，高橋坦言：「要接他的球非常可怕。」

跑者上二壘後，日大三主將日置跑到主審旁邊，似乎正在跟主審申訴，但主審似乎不認為事態有如此嚴重，拍拍日置的背部，把他勸回板凳席。

捕手亮太回想起這一段發生的事情。

「對方總教練勃然大怒，跟打者說：『你去跟主審反映，投手牽制時，一壘手用手套觸碰跑者的力道太強，會讓打者脫臼。』但打者似乎不太能理解總教練的意思，後來終於跟主審說：『一壘手的觸碰力道不會太強嗎？』主審並不理睬他。結果聽到板凳席大喊：『你有跟主審講嗎！』打者回說：『我已經講了。』」

然而，打者的反映方式似乎不太可靠，小倉再派出日置跟主審抗議，但主審依舊不理睬，小倉在板凳席無法控制自己的怒火。

「當跑者以頭部撲壘的方式回到壘包時，如果肩膀被一壘手大力碰觸，有可能會造成肩膀脫臼。我之前在總教練會議提過這點，提醒各隊在觸殺跑者時不要過度用力，該出局的還是會出局。無論如何，造成肩膀受傷的方式，就不是棒球比賽了，我在練習賽也曾因此大發雷霆，如果本隊球員因此受傷，我絕對不會輕饒對手。」

小倉會生氣不是沒有道理的，吉田形容高橋的觸殺力道「強到足以折斷手」的程度，亮太則形容為「幾乎像是揍人的力道」。

佐佐木也是受害者之一。

「我的手指曾經吃過蘿蔔乾。」

高橋毫無愧疚地說：

「我在小學打棒球的時期，曾經被對方一壘手大力觸殺過，如果不想被觸殺，就不會離壘過遠，這反而是好事。以吉田的牽制與亮太的傳球能力，如果跑者沒有離壘過遠，要盜上二壘是絕對不可能的事情。自從對手向主審抗議後，吉田反而增加牽制的次數了，如果要抗議的話，可以去跟吉田說，叫他不要一直牽制就好了，不懂為何要怪到我身上。」

高橋似乎沒有理解問題的核心，明櫻的山口提到對高橋的印象說：

「忘記是哪一場比賽，當高橋擊出內野滾地球並跑過一壘的時候，踩到一壘手的腳，從那時候開始他就被我盯上了，如果下次再犯就要對他丟觸身球。當時隊上三壘手那傢伙最生氣，但他最後跟高橋變成好朋友，明明當時那麼生氣。夏季大會結束後，他們二人還一起去吃飯。」

雖然無法完全認同高橋的觸殺方式，但大概可以了解「三壘手那傢伙」能跟高橋變成好朋友的理由。

準優勝

擅於炒熱氣氛

吉田除了本身的投球技術，像是牽制、守備等能力也深深吸引他人的目光，伊藤露出著迷的表情說：

「吉田不僅擅長打擊、傳球、守備、跑壘，身為投手的控球、投手丘上的守備、牽制、防守補位等能力都是滿分，他從一開始接觸棒球運動的時候，就相當擅長守備和牽制，是兼具所有技術的球員。」

吉田的父親正樹證實：

「他在小學時期，是當時的總教練教他一些守備的基本觀念與技術，之後他就自己練習了，他從來沒問我該如何提升守備技術。」

有關於吉田的身體素質，秋本還分享這段小故事。

「以他的身高來看，手應該可以碰到籃框呢！籃球老師說，如果教他跳躍的技巧，他應該可以灌籃。」

但是，伊藤也不忘勸戒他。

「我唯一能教他的就是認真打球不要偷懶，因為他不夠正經。由於個人能力太強，往往會輕視別人；但他成為職業球員後，應該就會改掉這些毛病，他會發現這個世上沒有所謂的天才。」

十四、十三、十四、十。

從第一輪到半準決賽為止，吉田創下連續四場比賽雙位數奪三振的紀錄。但是，先提到這場準決賽的結果，他在這天只有七次三振，如同他所說「想交替運用接近直球的變化球來解決打者，也就是卡特球與二縫線快速球。」他的投球策略是讓打者打到守備員的方向以製造出局數。

「今天的投球如果能讓對手一分未得，就是最為理想的投球。因為他們跟橫濱一樣都在鎖定我的直球，透過球種的交替運用得以迴避對手的攻擊。」

雖然吉田投出的三振數多，用球數也偏多，第一輪為一百五十七球、第二輪一百五十四球、第三輪一百六十四球、半準決賽為一百四十球，但他在這場比賽的用球數為一百三十四球，是較為省力的一場比賽。

亮太在配球的時候也會考量到吉田的疲勞程度。

「面對打者的第一輪以變化球為主，被打出幾支安打後，開始改成以直球為主，在最後幾局又改成變化球。」

這個些微的改變迷惑了日大三的打者，小倉後悔莫及地說：

「我並不認為吉田的變化球都能投進好球帶，他往往會先保留體力，在關鍵時刻用直球對決打者。雖然我曾說過，來到比賽的後半段，應該就能跟上吉田的直球，但他在這場比賽的變化球比例較多，直到最後反而無法跟上直球。」

不可毫不留情地趕盡殺絕，伊藤曾多次如此告誡吉田，伊藤解釋他用意。

「適可而止就好，讓對手打出安打也沒關係，投球時不必一直想著無安打比賽或是把對手趕盡殺絕。當你在思考對手為何無法打到球時，比賽就已經結束了，這是最理想的情況。如果想把對手打得體無完膚，對手也會努力找出反擊的方法。如果對手襲來，就要想辦法閃躲；如果對方退縮，就要壓倒對方，我認為他慢慢學會這種成熟大人的想法了。」

小倉讚許吉田。

「當我看到吉田時，我就想起了齋藤。」

他指的是日本火腿鬥士隊的齋藤佑樹[5]，日大三在地區大會時，多次遭遇就讀早稻田實業時期的齋藤，吃了很多苦頭。

「當時有人說主審在判早實的好球時較為寬鬆，但主審就是會不自覺地舉起手，齋藤能保持良好的投球節奏，而且在關鍵時刻絕對不會逃避，這也是為什麼他所投出的每一球都能打動球迷的心，周遭產生一股幫他大力加油的氛圍，吉田給人的感覺也跟齋藤很像。」

吉田以三振方式結束半局的機率相當高，這樣有助於帶動隊友在下個半局的進攻氣勢。吉田在這天的比賽雖然只有投出較少的七次三振，其中有五次三振是該局的第三個出局數。此外，雖然他在這場比賽給人頻繁使用變化球的印象，但七次三振中有六次的決勝球為直球，畢竟直球是吉田最有自信的球種，但藉由直球拿下三振是最為華麗的方式，也會讓觀眾興奮不已。

5 綽號手帕王子，高中畢業後選擇就讀早稻田大學，在大一球季便完成三十勝三百次三振的紀錄。大學畢業後參加選秀，被四支職棒球隊第一指名，最終由日本火腿鬥士隊抽中交涉權，順利進入職棒。齋藤佑樹於二〇二一年宣布退休，結束十一年的球員生涯。

吉田常常把「炒熱氣氛」掛在嘴上，他的隊友兼同學亮太說：
「那傢伙平常就吵吵鬧鬧的，似乎很享受人生，他總是做一些有趣的事情。當吉田說他認真做某件事的時候，大家都會跟他站在一起，今年夏天都有這樣的感覺。」
無論在課堂上或是棒球場上，吉田都懂得如何炒熱氣氛，他往往在關鍵時刻投出三振，在甲子園的空氣中增添屬於他們自己的色彩。
七局結束，雙方比數依舊為二比〇，比賽最後幾局，連續上演考驗耐力的場面，久米部長回想：
「當得點圈有人卻無法得分的時候，佐佐木大夢會不斷說著『要忍耐、要忍耐』。在甲子園的板凳席，已經忘記聽過他說了幾次『忍耐』。這場對日大三高的比賽，就是考驗耐力的比賽。」
不過，吉田的忍耐方式，並不是要咬緊牙關，他會反其道而行。
「在大家都感到焦急的時候，我會主動展露笑容。」

「在投手丘上大膽地跌倒」

八局下半，日大三一人出局後，連續二位打者打出安打，攻佔一、二壘，得點圈有人，下一棒站上打擊區的是攻守核心「第三棒，游擊手」日置航。面對對手站上得點圈的危機，金足農業的板凳席喊了暫停派出傳令，跑到投手丘的是替補內野手、背號「十六」號的工藤來夢。他來到場上的瞬間，球員們都露出笑容，以往的傳令都是由替補一壘手、背號「十三」號的小松雅彌負責。

工藤說出內幕。

「前一天，吉田學長跟我說：『你負責擔任傳令，要在投手丘上大膽地跌倒。』

在金足農業，要絕對服從學長的命令。

在比賽進行的時候，最靠近總教練的是小松，他已經做好準備，如果有任何狀況，要隨時擔任傳令上場傳話。但是，由於小松知道吉田與工藤在前一天的約定，於是將第八局的傳令工作讓給工藤，中泉看向一旁打算派出傳令時，吃了一驚。

「怎麼是工藤來？算了，無所謂。」

工藤接到中泉的指示，要他上去多爭取一些時間，工藤跑到投手丘前方，做出假裝絆倒的前傾姿勢。

「雖然吉田學長叫我大膽地跌倒，但我要盡量表現自然一點，才不會被認為我是故意的……」

他拖泥帶水的動作，無法獲得學長們的讚許，大家用冷淡的視線看著工藤，強迫他即興搞笑表演。工藤立刻模仿大叔用大阪腔講話的方式，這是在二年級生之間流行的模仿橋段。然而，吉田這群三年級生露出嘲笑般的笑容，並比出「噓」的手勢，就像是要驅趕野貓或野狗。吉田吐露：

「他的模仿有夠無聊。」

甲子園的準決賽終於來到尾聲，整座球場產生緊張的氛圍，似乎是一種錯覺，在球場的中央，上演一段和緩的時光，就好像是教室的下課休息時間。

亮太露出溫和的表情回想：

「當時是那場比賽最令人放鬆的時刻，不知道為什麼，我覺得我們絕對不會輸球。當時的比數是二比〇，如果吉田繼續投下去，二分的領先似乎還老神在在；但如果換打川上場投球，二分的領先就有點危險了。重新觀看比賽影片後，這場比賽還真是令人膽戰心驚。」

吉田先讓日置打出左外野深遠飛球出局，二壘跑者趁著高飛犧牲打跑上三壘。橫濱的王牌投手板川在獲選U-18世界盃棒球賽日本代表隊後，與隊友日置紛紛對金足農業說出以下的感想。

「感覺他們是真心享受打棒球的樂趣，在國家代表隊的時期，日置也這麼說。」

相較於橫濱或日大三的球員，金足農業的球員給人稚嫩許多的印象，但他們就像是世界各地的孩子，是尋找玩樂方式的天才。這不代表他們擅長對任何事都樂在其中，只是尚未失去這個能力而已。

準優勝

當擔憂成爲現實

二人出局，一、三壘有人的危機持續著，但亮太顯得老神在在。

「失掉一分完全沒問題，就算被追平也沒有關係，如果沒有這樣想，就無法持續比賽下去。一直想著不要讓對手打出安打的話，就有可能會投出四壞球保送。在甲子園有如此宏觀的想法後，更能享受打棒球的樂趣了。」

下一棒第四棒大塚晃平，雖然打出一顆擠壓到球棒的滾地球，依舊穿越三游之間防線，將比分逼近一比二落後一分，但下一棒的第五棒中村奎太也是一位強打者，吉田依然露出微笑。

吉田連續投出二顆變化球，搶下二好球，吉田表示「最後想用一顆偏高的直球三振打者」，但中村將直球打到界外。在這場比賽，吉田的前六次三振都是以直球為決勝球，但他這一次不再堅持使用直球，面對捕手配出的直球暗號，吉田搖搖頭，選擇投出小幅度下墜的快速指叉球。在他的意料之中，成功三振中村。

因克服危機而鬆了一口氣，以及勝利即將到手的喜悅，看台上響起掌聲和歡呼聲。觀眾的心再次被吉田的投球和金足農業的表現所吸引。

然而，在九局下半，發生金足農業最為擔憂的事情。

吉田先讓第一棒打者擊出二壘方向滾地球出局，接著提高投球的檔位，他相當擅長在比賽尾聲發揮所有潛力。面對下一棒的第七棒飯村昇大，吉田連續投出當天最快的一百四十八公里直球，吉田再投出一顆一百四十五公里的直球，打者揮棒擠壓到棒頭，擊出略偏一壘的高彈跳投手方向滾地球，吉田輕鬆地接到球後將傳球向一壘時，現場歡呼聲瞬間轉變為尖叫聲。

沒有人在一壘。

一壘變成空城，本來應該站在一壘壘包上接球的高橋，不知為何跑向二壘。

雖然紀錄上為內野安打，但很明顯是高橋的失誤。

「我的守備爛透了，平常雙腳的移動速度並不靈活，但不知為何，唯獨那個時候開始動了起來，因為感覺那一球打到一壘方向，我便衝出去接球，結果球彈到柔軟的內野紅土區，並沒有滾到我所預測的區域。前一天晚上，我直到半夜一點才入睡，在早上五點左右起床，是睡眠不足的狀態，很害怕自己會闖禍，果不其然發生了。」

高橋一副快要哭出來的樣子，對吉田喊道「抱歉」，但吉田卻直接轉過身來，似乎沒有理會高橋的道歉。在此之前，當吉田的隊友發生失誤時，他總是會擺出手掌朝下的姿勢，告訴自己要「冷靜」，或是微笑以對表示他並不在乎。這是吉田在甲子園第一次流露出冷淡的一面。

「即使我想說些什麼，最終都會變成辱罵。」

吉田的確在生氣，但他的理智線並沒有斷裂。

「心理素質還是很完美。」

中泉再次叫出暫停，派出傳令。這時候依照慣例，小松擔任傳令來到投手丘。

「當時的氣氛還不錯，這樣的話完全沒有問題。」

不過，在禁止說出「別在意」的金足農業，依舊存在著傳統觀念，就是當有人發生失誤的時候，就要嚴厲地斥責他，這樣才是替球員著想的方式。因此，小松之所以認為「氣氛還不錯」，就是源自接下來的景象，亮太回想：

「大家都發飆了，明明高橋的守備範圍較小，卻急忙地跑出來接球。吉田大叫出來，連大友也在中外野大喊：『別胡鬧了！』即使我們安慰隊友，隊友也不會成長，雖然高橋當時看起來相當驚慌失措。」

高橋只能失落地低著頭。

「我不記得他們對我說了什麼，只覺得當時不太妙，只能不斷道歉。」

原本一直擔心高橋守備能力的伊藤，反而鬆了一口氣。

「還好沒有產生致命的失誤，這是在場上經常發生的事情。因為打擊是他的強項，他在對戰橫濱的比賽曾擊出全壘打，這樣就足夠了。」

面對下一棒的代打前田聖矢，被擊出三壘方向強襲內野安打，形成一、二壘有人的危機。但下一棒是第九棒，吉田刻意降低一檔的檔位，重新調整投球狀態，他隱藏起狂野的一面，以溫和的表情投出較慢的直球與變化球。

亮太感到放心許多。

「如果是以往的吉田，他在關鍵時刻投球往往會過度用力，造成暴投或控球不穩的情形；但這年夏天的吉田，會立刻改變投球的型態。」

面對第九棒柳澤真平，吉田讓對方擊出左外野飛球出局，接下來面對第一棒金子凌，吉田冷靜的表情絲毫不改。球數為一好一壞，吉田投出的第三顆球球速為一四二公里，對他來說是「著重於控球與犀利度」的第一檔位投球。

但金子的擊球力道還是被球威壓過，當他打出一顆軟弱無力高飛球的那一刻，深信金足農業即將拿下勝利的觀眾紛紛起立，舉起了雙臂。

這顆致勝球飛向中外野手大友，吉田靜靜地看著球的飛行方向，確定球落入外野手的手套後，向大友輕輕地比起食指。隨後，他的嘴角微微上揚。

喜悅與悔恨，當現場觀眾和球員都被歸類在其中一個領域時，吉田似乎獨立於這兩種領域之外。準備列隊致意走到本壘板前方的吉田，他撿起了金子擊出中外野飛球的球棒。

「因為球棒掉在地上，為了整理場地，我要先把它撿起來才行。」

這是自從一九一五年的第一屆大會以來，來自秋田縣的球隊睽違一世紀打進決賽，但第一屆大會的全國大會中，參賽學校只有十間，東北代表秋田高校的第一場比賽就是半準決賽，只贏了二場比賽就能打進決賽。第一屆大會的籌備時間很短，無法將賽事訊息宣傳至全國，因此全國只有七十三間學校出賽，秋田縣只有三間學校參加東北大會，是流於形式的大會。

相較之下，金足農業是在完善的大會經營制度下，從全國三千七百八十一支隊伍脫穎而出晉級決賽，兩者的價值無法相提並論。

不過，從吉田的語氣來看，打進決賽似乎是理所當然的事情。

「我們終於走到這個階段，這場比賽並不是終點。」

金足農業連續三場比賽以一分之差分別擊敗橫濱、近江、日大三，能代松陽的工藤總教練感到欽佩地說：

「一分之差的比賽並不是時下棒球趨勢潮流，但金農都勇於以一分差決勝負，具有相當強大的求勝意志，其棒球風格自古以來都沒有改變。」

前總教練嶋崎也加以稱讚：

「這是一場改變高中棒球歷史的戰役，他們讓這些名門學校因一分飲恨而留下懊悔的眼淚，讓人感受到一分的巨大之處。」

中泉總教練提到最令他印象深刻的一幕，是菅原在準決賽結束後與他互動的過程。

「當我跟看台上的觀眾致意後，以小跑步回到板凳席的途中，菅原跟我說：

『總教練，我們要打決賽了。』雖然是自家球隊，我還是跟他說：『你們太棒了。』這種感覺真好。」

菅原的話語不像是球員會說的台詞，中泉的回話也不是典型教練的台詞，這是在金足農業才能見到的暢快感。

在祭典最後一天的前一日，是令人感到熱血沸騰的時刻。閉幕表演的最後一天，往往流露與興奮感相同程度的感傷，但前一天則是存在還剩一天的幸福感。

當祭典還會持續進行一日的那一刻，對金足農業來說是最為幸福的時刻。

竿燈祭吸引了一百三十萬人參加，讓日本全國民眾感到狂熱的「金足農祭」，即將進入壓軸。

小吉田們

二〇一八年三月，金足農業球場依舊是一片白茫茫的，往年土壤會在四月的第一週過後開始露臉，在這個時期的氣溫雖然很少低於零度，但也很少達到兩位數。

隨著棒球賽季即將正式到來，吉田想出這個文字遊戲。

「幾度？」

隊友回答了吉田的問題。

「三度左右吧。」

「答錯啦，第一種子啦。」

此後，面對吉田的問題，每位球員都會心不甘情不願地直接回答「第一種子」。從球員的對話中，可以得知吉田想要達成的目標。

吉田會定期在球場一壘板凳席的白板寫上球隊的目標，在初春時期，他寫下這句話。

〈在春季大會壓倒性擊敗對手，取得第一種子〉

若能在春季的秋田縣大會奪冠，就能取得夏季秋田大會的第一種子資格。第一種子的對手不僅較弱，從第一場到決賽的全五場比賽，都會被安排在秋田縣立棒球場的一壘板凳區，對於秋田市的高中而言，前往秋田縣立棒球場的交通時間較短，具有一定的優勢。不過，為了取得第一種子的資格，球隊還得更上一層樓才行。

直到前一年的秋季，只要吉田狀況良好，金足農業就會贏球；吉田狀況不好就會輸球，一切取決於他。然而，吉田一旦發脾氣，就會像脫韁的野馬一樣不受控制。

取決於吉田的情緒。

這是一支劇烈起伏的球隊。

準優勝

超乎常人的「大王」

吉田是一位讓捕手吃盡苦頭的投手，亮太發牢騷說：

「真的不喜歡這樣……」

亮太在接球的時候，只要稍微移動捕手手套，吉田就會鬧彆扭。當他投出在本壘前落地的高速滑球時，如果捕手漏接讓球掉到後面，吉田會毫不掩飾地露出厭惡的表情。

「儘管我覺得根本不可能接到球，還是先走向投手丘，看到他一直瞪著我，當我走近時，他說：『把球接起來。』因為我也被惹惱了，這時候會忽視他所說的話，立刻走回本壘板。」

然而，看到吉田動不動就顯露蠻橫的行為，中泉並不會強硬地糾正他的態度。

「他就是這種個性的投手，這就是他能走到這一步的原因。吉田是一位非常聰明的投手，我想他總有一天一定能想通。」

從某些跡象可看出吉田正在轉變，球隊在冬天進行計時跑步訓練時，吉田開始幫助那些明顯落後的球員。到了春天，站在投手丘上的吉田，開始散發出有別以往的氣息。彪吾說：

「過了冬天，感覺他的心胸變得更寬廣了，即使內野手發生失誤，他會說『沒關係』，似乎有所成長，或是發生轉變了。」

他的變化也對投球帶來正面影響，二〇一八年五月一日，金足農業在春季中央大區大會半準決賽，遇到競爭對手明櫻，吉田在那場比賽以二比〇奪下完封勝，這是他入學後第一次擊敗之前每次碰頭都輸掉的宿敵，吉田在這場比賽投出一次四壞球、被擊出四支安打，投球內容接近完美。

預定在下場比賽出賽的秋田商，總教練太田坐在觀眾席觀賽，大約在八個月後再次見到吉田，他給人的印象看起來有些不同。

「不太妙呢，感覺像是變了一個人。當隊友發生失誤或是對手站上得點圈的時候，吉田幾乎都是用三振化解危機，他終於知道該如何切換投球狀態的開關了。當時我在想，如果在這一年的夏季縣大會無法擊敗吉田，就無法打進甲子園。」

吉田這樣形容他的變化。

「雖然內野手發生失誤，是因為我讓打者把球打到容易失誤的位置，所以是我的問題。與其糾結失誤，倒不如改變自己的心態。教練曾說過，我是站在球場中心的投手，只要我有所改變，整支球隊也會跟著改變，我可以扮演穩定軍心的角色，或是在關鍵時刻讓大家展現鬥志。」

提到吉田這屆的球員，隨著淡路離開野球部，金足農業成為地方公立高中典型的一人球隊。一人球隊就像是一把雙面刃，但金足農業將一人球隊的缺點降到最小程度，女經理金子分析主要原因：

「吉田是全隊最有自信的人，但也是最努力的人，所以我認為一人球隊完全沒有問題。雖然我沒有目睹他練習的過程，但是他的身體變化相當驚人，心想他的雙腿原本有這麼粗壯嗎？」

亮太也有相同的想法。

「吉田給人一種『我是大王』的感覺，但他不是什麼事情都不用做的偉大，而是比超乎常人的偉大。我不知道該怎麼形容。」

但是，吉田要超越別人的時候，就會徹底地把對手拋在後頭。他在一壘板凳席的白板還寫下了這句話：

〈付出100%去做，或是0%什麼都不做〉

吉田在家中不會進行任何訓練，據說他曾為此與父親正樹數度發生爭執。

「他一回到家，會懶洋洋地躺在沙發上玩手機，雖然口口聲聲說著要打進甲子園，要成為職棒球員，真的沒問題嗎？當我跟他說，光是這樣是無法打進甲子園的，他會立刻回嘴說『我有在練習！』因為他在學校的時候，我並不知道他到底做了哪些訓練。」

平常很少誇獎別人的伊藤，也不得不承認進入初春時期的吉田，有顯著的進步與成長。伊藤的外野knock守備訓練相當嚴苛，但吉田能若無其事地完成訓練。

「他的體力充沛，無論我把球打到哪裡都能追上。像是在我擊球後的起跑守備素度，完全跟以前不同。我真不敢相信他能跑到那些守備位置。」

從低年級時期就有出賽經驗的吉田、菅原、打川、高橋四人，是引領這屆球員的主力選手。然而，在這個時期，原本顯得較不起眼的其他三年級生，也都有顯著的成長，伊藤說：「大夢最為明顯。」

佐佐木在高一冬天罹患葛瑞夫茲氏病而轉任球隊經理後，在一年過後恢復球員身份，經過一年的藥物治療，病情趨於穩定。

伊藤回憶起高一時期的佐佐木，說：「感覺他常常被別人瞧不起。」

「學長給他取了『ＢＢＣ』的綽號，連同學也叫他ＢＢＣ，帶有揶揄的含義。佐佐木常常身穿國中時期的防風外套，上面印有ＢＢＣ的字樣，也就是BASEBALL CLUB的縮寫，因為這個原因才被叫做ＢＢＣ。雖然有點同情他，但無法幫上任何忙，他年紀輕輕還得了葛瑞夫茲氏病，原本以為他的棒球生涯就此結束時，在不知不覺中他已經站上左外野手的固定先發位置，而且原本是一位內野手。大家開始叫他『大夢』，終於獲得眾人的認同，而且還擔任比賽隊長。」

大二屆的前任隊長堀井，感慨萬千地說：

「觀看甲子園比賽時，大夢的活躍表現最令我感動。他在一年級的時候，只有給人常常被欺負的印象，訓練時也落後別人一大截，大夢應該是改變最大的球員吧。」

游擊手齋藤的成長，也令秋本刮目相看。

「從三年級春季的遠征關東比賽起，他的進步幅度很大。」

在齋藤的心中，有一段「不可原諒的記憶」。在去年秋季跟角館比賽時，八局上半對手擊出不規則彈跳的滾地球，齋藤沒有把球接好，無法製造雙殺守備，最後被對手四分差逆轉。

雖然形容方式不太對，齋藤表示對當時那球感到「懷恨在心」。

「跟打擊相比，守備發生失誤更容易讓比賽的局勢發生轉變。既然這樣，我下定決心專心練習守備，之後在自主練習的守備比重為『十』，打擊比重為『〇』。」

YouTube是齋藤的守備教練，他會反覆觀看西武獅的知名游擊手源田壯亮的守備影片，腦中模擬他的守備動作。此外，齋藤也會搜尋職棒球團集訓時的練球影片，參考職棒球員的練習方式。

「教練在打knock的時候，我採單膝跪地的姿勢練習接球，由於視線較低，更容易處理不規則彈跳的滾地球。」

由於齋藤熟悉各種訓練項目，甚至連討厭守備的高橋也感興趣，跟齋藤請教說：「你願意教我防守嗎？」並提出共同訓練的要求。

即使放任不管態度依舊認真

秋田魁新報社出版的《新聞攝影集 金足農 感動的軌跡》，在第一頁的跨頁照片中，忠實重現當年金足農業的球隊色彩。照片可見十八名球員胸口掛著銀牌，排成一列在場內行進。

前面九位為三年級生，後面九位為二年級生，三年級學生會將六角形棒球帽頂部的前緣壓出輕微的凹痕，這樣繡有「K」的帽子正面就會像一面牆一樣立起來，看起來好像挺時髦，但又有些自以為是。因此，有些教練不喜歡球員把帽子弄成這樣。

有趣的地方是，後面九位球員戴著正常外型的球帽，也就是帽子頂端沒有凹陷的狀態，伊藤說：

「因為看到二年級生把帽子壓凹，我對此相當生氣，但我完全沒有對三年級生說些什麼，畢竟之前已經唸過他們了，他們被唸一頓後還是會繼續這樣做。我也不想跟他們起口角，他們是難搞的三年級生，如果打壞他們的心情，事態可能會變得更加麻煩，所以我不想管這些瑣碎的事情。」

修眉毛也是一樣。

當吉田這群人升上三年級後，教練便放任他們不管，就連伊藤也回想：「自從他們升上三年級後，我完全不會對他們發怒，就連以往被我罵得最慘的大友也是。」

主要有二個理由，第一是如同前述，這群人相當「難搞」。伊藤對他們已經處於半放任不管的狀態。

「要讓這些傢伙乖乖聽話並不容易，所以我直接放棄了。」

教練不再對他們生氣的另一個理由，是因為沒有再這樣做的必要。

久米部長當時除了擔任秋田縣高中棒球聯盟副理事長一職，還身兼學校班導師，經常忙於各種事務工作，回到家已經快要晚上十二點。

「我通常是最晚離開學校的人，但吉田他們回家的時間比歷屆球員還要晚，雖然我不認為訓練到很晚是件好事，但可以看出他們真的很喜歡打棒球。」

平日，全隊訓練會在晚上七點到七點半結束，接著進行自主訓練。吉田他們升上三年級後，要回男鹿的球員會搭乘九點五十一分從追分站發車的電車，回秋田的球員則是搭乘九點四十九分發車的電車。

總教練跟教練們再晚也會在八點半左右離開球場，秋本回想：

「我常跟他們說『今天要早點練完喔』，第一次遇到在學校待那麼晚的三年級生。」

他們勤於練球，但有一些讓人無法信任的地方，這是伊藤當時對三年級生的看法。

吉田看穿伊藤對他們的「不信任」。每逢週末，由先發成員組成的A隊會參加練習賽，剩餘的替補球員B隊則留在學校跟伊藤一同練習，這時候吉田都會試探性地詢問低年級生。

「我會問今天伊藤教練對他們說了什麼，聽說教練對他們說：『看看現在的三年級生，你們想變得跟他們一樣嗎？』我們果然還是沒有完全獲得教練的認同。」

伊藤承認他錯估了這群三年級生。

「基本上，這些傢伙的態度是認真的，但有時他們看起來並不是這樣子。當球隊在甲子園比賽入住飯店的期間，他們沒有惹出任何問題。若換成平常的場合，他們可能會未經許可就外出，或者有人幹出一些蠢事。光從這一點來看，他們比過去任何球隊都更加認真。」

過往總是以剛猛速球作為最大武器的吉田，不僅懂得咄咄逼人，也開始學會如何退讓一步，經歷某一場比賽後，讓他領悟這個道理。

在春季中央地區大會，吉田優異的投球表現以二比〇擊敗明櫻，在下場的準決賽則以二比〇完封由利高校。他在這場比賽僅被打出二支安打，奪下十七次三振。

亮太驚嘆地說：

「那個時期的吉田，滑球轉彎幅度相當可怕，沒有人可以打到這麼快的滑球。光靠直球跟滑球便綽綽有餘。」

但是，吉田依舊不滿意。

「雖然我持續保持絕佳的狀態，但球隊的打線落入對方投手的圈套。如果沒有營造全隊一同守住勝利的氣氛，打線就會找不到節奏。此外，若打到延長賽的時候，我如果一直用三振取得出局數，守備在關鍵時刻容易發生失誤。」

原本希望以打線來取勝的中泉，也產生類似的挫折感。

「從春季開始，打線處於不錯的狀態，練球時往往可以把球打得很遠；但只要一到正式比賽，打線就會變得寂靜許多，有很多場比賽都是二比〇險勝。」

隊上有一位厲害的王牌投手固然是件好事，但如果投手太過優秀，就會出現新的問題。

佐佐木這麼說：

「如果投手一直投出三振，球賽內容會顯得有點枯燥，投捕搭擋也許處於絕佳狀態，但野手群會找不到節奏。」

大友也指出了弊端。

「如果投出太多三振，大家都會過度依賴吉田，心中會有我們今天又要贏球了的想法。」

經過與由利高校的比賽後，吉田改變了想法。

「伊藤教練總是告訴我，在搶下三個好球數之前，要勇於讓對方打者擊球，但我之前都沒有這樣做的勇氣。然而，光靠我自己的力量，無法在夏季甲子園贏球。」

金足農業之所以沒有陷入一人球隊的陷阱，不光只有吉田的改變或球隊整體實力的提升。雖然吉田和其他三年級球員的棒球實力大不相同，但在某些方面卻能找到平衡點，女經理金子如此分析：

「大家不會因為吉田的存在而有所顧慮，因為這群人都是自信滿滿，他們在這方面能取得良好的平衡。」

菅原用不服輸的表情說：

「大家都不喜歡被別人稱為一人球隊。在二年級以前，只要守備上無法製造雙殺守備，就會被他大罵『喂！在搞什麼』，我們也會頂撞回去說『吵死了！』當那傢伙感到煩躁的時候，我們也會變得煩躁。」
大友也不想服輸。
「常常在網路上看到『金足農業是吉田的一人球隊』等言論，心想這些人真是混蛋，反正一定是閒閒沒事做的老頭所留的留言。」
秋田的老年棒球迷講話方式，往往相當惡毒，這在東北棒球相關人士之間，已經成為知名話題。某位東北的甲子園常勝軍總教練，也感到驚訝地說：
「在秋田打東北大會的時候，老爺爺的奚落聲特別誇張……」
亮太也有類似的不愉快經驗。
「朋友曾經轉發其他人的留言給我看，上面寫著金足農業的投手不錯，但捕手完全不行。當時看到這段留言真難過。」
在旁邊聽到這件事情的菅原，氣憤地說：
「沒有比老子更能接吉田的球了，你要這樣跟他們說！」
亮太並不像大友或菅原那樣，會立刻說出心中的想法，但「只有我能做到」的感受會比其他二人更加強烈。
打完甲子園，金足農業將參加國民體育大會賽事，亮太打算報考秋田縣職員徵選考試，因考試時程的關係，有可能無法參加國民體育大會。亮太說這樣可能不太妙，當筆者詢問他這麼說的原因時，他回說：

「如果少了我，就沒有人能接吉田的球。」

無論實際情況如何，亮太總是如此深信。不，不光只有亮太，九位球員或多或少都有這樣的自負，也就是「只有自己才能做到」。否則的話，金足農業不可能光靠九名球員在酷暑中打完全部的十一場比賽。

在這些「除了自信一無所有的人」中，最先學會退一步的人，就是「最有自信的人」。以下再次引述金子的話。

「有時候吉田的確是自我意識過剩，但不知為何，他往往能正確地看清他人。我認為當吉田已經確立奪下日本第一的目標時，他能夠為自己適度踩剎車。」

高橋是全隊之中最為醒目的人，金子說：「他才是典型『自我意識過剩』的人，如果高橋是一名投手，球隊有可能會分崩離析。」

吉田大概是隊上唯一能夠這樣評論高橋的人了。

「即使高橋自己做不到，他也會指責別人，他明明常發生失誤，但當別人發生失誤時，他指責的程度更甚於任何人，因此常常惹怒大家。但是，球隊不能缺少這種人。」

高橋坦言：「我有時候在想，為何目光只圍繞在吉田身上。」像是大學棒球隊或U-18代表的總教練都會來看吉田投球，記者採訪時通常也是以吉田為中心。

由於隊友的嫉妒作祟，即使是些微的小事，也會讓人感到心煩意亂。

「因為投手的訓練項目不同，常常看到吉田一邊冰敷，一邊看著我們訓練。如果換成跑步訓練時，他又會跑到前頭，然後對我們說『你們要趕快跟上』。我們會心想，你這傢伙剛才不是都在休息嗎，憑什麼指揮我們等等。」

然而，就連高橋在最後也被吉田的力量所吸引。

「畢竟受到世人的矚目，會讓人不由自主地追求表現吧。在比賽的時候，吉田也會站在板凳席的前方幫我們加油，他的聲音最大了，當我們打出安打時，他是由衷替我們感到開心，這樣會讓我們產生想幫他多打下幾分的動力。」

準優勝

打線大爆發

金足農業不是吉田的一人球隊。

有二場比賽證明了這點。

秋田縣大會準決賽，是攸關能否晉級東北大會的重要一戰，中泉將先發投手的重責大任交給打川，而且這場比賽的對手，是曾在地區大會遭遇的強敵明櫻。

在亮太的棒球筆記中，記載了吉田與打川的投球差異。

〈吉田是讓打者揮棒落空的類型〉

〈打川是讓打者打不中球心的類型〉

打川的直球均速大約在一百四十公里上下，大一屆的捕手安田如此評論：

「如果打川在其他的學校，應該都是王牌投手的等級。他非常聰明，精通投球術。」

在這場比賽，打川在五局途中被換下場，換上吉田中繼；但打川五局前僅失三分，投球內容中規中矩。金足農業最終以六比五險勝。

大友第一次感受到自己內心的情感。

「打川先發投球時，會讓人感到有些不安，打線如果能有所發揮，應該能克服困難，我認為這對每個人來說都是一樣的，這是最大的轉變。」

在下一場對上由利工業的決賽，金足農業同樣派上打川擔任先發投手，在同年春季，由利工業是獲得二十一世紀枠資格的強隊，但因為王牌投手沒有在這場比賽上場先發，金足農業打線大爆發，總計打出二十一支安打，獲得十六分，打川主投八局，第九局由吉田收尾，最終以十六比一大勝。

十六比一。

這是一場展現實力差距的縣冠軍賽。

自從吉田成為隊上主將以來，他多次在更衣室牆面或白板寫下這句話。

〈壓倒性勝利。〉

全隊沒有倚賴吉田的力量達成目標，對於這場比賽的結果，最為滿意的人也許是吉田。

「別人都說一人球隊是不可能贏球的，但我們以一六比一大勝對手，或許能擺脫一人球隊的印象。」

吉田在球隊中不再成為醒目的存在，還有另一個理由。

「他有夠kamacho。」

打川這麼說。「kamacho」（かまちょ）是日語「かまってちょうだい」的簡寫，也就是喜歡撒嬌或不甘寂寞的意思。

佐佐木在說這段話的時候，就像在說一位尚未成熟的孩子。

「吉田在上廁所或是做任何事情的時候，總會拉著好友打川或（菅原）天空一起。」

金子一臉嫌惡地說：

「他是喜怒無常的人，心情不好的時候會給人摸不著頭緒的感覺，心情好的時候又會跟男生黏在一起，而且很喜歡身體接觸。」

在甲子園比賽期間，還發生了這件事情。球員前往餐廳領取全新的V領運動薄上衣後，當大家走回房間的途中，到了電梯口的時候，吉田突然提議要拿裝衣服的透明塑膠袋玩「接吻遊戲」。九位三年級生猜拳，最後輸掉的二人要隔著塑膠袋接吻，大家玩了好幾輪後越玩越嗨，當中玩得最瘋的人當然是吉田。

在棒球世界裡無法彌補實力差距，卻因為吉田的孩子氣，拉近了原本可能變成不協調音的距離。

佐佐木就像父母一樣無微不至地照顧他。

「吉田常說：『棒球的比例為一百，其他為零。』他的私生活簡直亂七八糟，無論是球場或學校的置物櫃都很髒亂，我常常得幫他整理。要比賽的時候，我還得幫他留意是否有忘記帶棒球用具。」

在三年級的春季贏得縣冠軍，對於吉田而言，是他第一次的成功經歷。成功會使人的心胸變得更為開闊。

久米在某個場景察覺了吉田的變化，在中央地區大會頒獎儀式結束後，吉田拿著獎狀來到久米面前，以畢恭畢敬的態度對他說：

「我帶著獎狀前來給您過目。」

雖然是地區大會，對於吉田他們來說是第一次的冠軍。在久米的眼中，吉田突然變得更為成熟了。

「雖然他在縣大會奪冠時，同樣拿著獎狀過來，但我內心在懷疑『這個人真的是吉田嗎？』他似乎在對我們表達感謝之意，我心想這不太像是他會做出的事情。」

金足農業在東北大會持續有好表現，在第一場比賽的第二輪戰，以四比一輕鬆擊敗岩手縣大會第二名的專大北上高校，吉田僅讓對手打出三支安打，投出八次三振，他逐漸掌握讓對手擊球以取得出局數的投球方式。

隔天的半準決賽遭遇宮城縣第一名強隊東北高校，雙方在六局以前形成〇比〇的投手戰，但後面幾局因隊友守備不力，最終以〇比三惜敗。

這場比賽也突顯出進攻上的問題，五局一人出局一壘有人、六局無人出局一壘有人，中泉都下達打跑戰術，但打者揮了空棒導致一壘跑者在二壘前被觸殺出局，中泉反省說：

「這是我的疏失，我一心想讓非巧打型的打者執行戰術。」

像是對近江的比賽，高橋無視打帶跑的暗號，球員們憑著自我判斷決定「可以不往跑」，也是在這場比賽之後形成的觀念。

吉田如此評論他在東北大會獲得的收穫。

「比賽過程比想像中更為從容，我想大家都有所成長了。」

他的從容源自於投球姿勢的改變。

在正村建議下的投球姿勢改造，產生良好的結果，不光只有滑球的彎曲角度變大，這年春季，吉田在中央地區大會準決賽、決賽，以及東北大會第二輪、半準決賽，二度經歷了連續二天上場投球，而且都是完投，投球內容無可挑剔。

「即使投了很長的局數，我感覺不再如此疲憊了，以往只要一心用力投直球，到了隔天就會發生嚴重的肌肉痠痛。現在已經不會發生這些現象。」

吉田的成長程度超乎正村的想像。

「的確有很多球員是在進入本大學後有所進步，但他們是花了四年的時間逐漸成長；吉田則是在短短幾個月的時間，就完成他們花了四年才能達到的成長幅度，很難找到像他這樣能快速吸收技術的球員。因為吉田具有十足的潛力，我只是在他身上撒了鹽和胡椒，他就能產生巨大的轉變。」

準優勝

不對勁的夏季縣大會

球隊於六月十二日至二十七日在學校住宿，進行強化集訓。吉田在這段期間，連續三天練投二百球，中間休息一日，繼續連續三天練投二百球，一個星期總計練投一千兩百球。

強化集訓結束後的六月二十九日，為了紀念創校九十周年，金足農業舉辦了帝京高中邀請賽。

也許是校方人士「在前一天飲酒以祈求好天氣」的習俗起了作用，這場雨一直持續到早上，但在比賽開打前就停了。校長渡邊回想：

「因為帝京專程遠道而來，大家選在前一天晚上喝一杯，為彼此打氣。通常在運動會的前一天，我們會喝一杯以祈求隔天有好天氣。」

說到帝京，這是一所在八十至九十年代樹立世紀功績的名校，曾在春季和夏季獲得三次全國冠軍。為了讓球隊受到甲子園球迷的喜愛，總教練前田三夫參考了阪神虎的球衣，替球隊設計了直條紋球衣，成為球隊的代名詞。

然而，金足農業的球員並不知道帝京過往的歷史，當彪吾表示「帝京實力不強」的時候，打川也立刻異口同聲地說「實力確實不強」。

先發投手吉田主投五局，投出八次三振，雖然因外野守備失誤掉了一分，但僅僅被對方擊出一支安打。中繼上場的打川失了二分，最終以七比三大勝帝京。

打川冷冷地說：

「我看了球員登錄表，帝京幾乎每一位球員都是身高一百八十公分、體重八十公斤的魁梧體型，但他們完全打不到吉田的球，心想到底是怎麼回事。」

但是，輕鬆寫意的比賽只到這場為止。

七月十一日，夏季秋田大會正式開幕，共計有四十四支參賽隊伍。這年夏天除了金足農業與明櫻二強，還有能代松陽、由利工業、秋田商等強隊。

秋本代表全體工作人員的心情這麼說：

「這一年是創校九十周年，加上夏季甲子園第一百屆大會，如果打不進甲子園，全員可能會被炒魷魚……在我們告訴球員們該怎麼做之前，教練團的表情已經變得十分僵硬，我想球員們也能感受到。」

校長渡邊也許是投注最多努力的人，當金足農業奪下春季縣大會冠軍後，渡邊已經處於「甲子園模式」。

「由於我們贏得春季縣大會冠軍，我在第二天的職員會議上，告訴大家今年我們一定要打進甲子園，並請大家要盡早做好準備。因為接下來還要在夏季出賽，時間真的不夠了。在野球部的家長會上，我也告訴家長們『唯有綻放花朵的花，才能體現價值』，請大家要幫忙照顧好球員的身體健康。從夏季的秋田大會第一場開始，要動員全校所有人力一起替球員加油，這是前所未見的舉動。」

然而，唯有「大王」一如往常。

在開幕儀式上，秋田南高校的小野是吉田在國中時期的投捕搭檔，當小野過去跟吉田講話時，吉田笑瞇瞇地對他說：

「現在站在你面前跟你說話的，是即將奪下秋田冠軍，並有可能拿下全國冠軍的對手喔。」

當小野提議拍張合照時，吉田更加得意忘形。

「你真是幸運，能跟我一起拍照。」

這就是小野所認識的吉田。

男鹿海洋高校的沼田，是吉田在國中時期的同學，他也在開幕儀式上偶遇吉田。

「吉田的體型跟別人截然不同，大腿看起來相當結實。金足農業跟能代松陽的球員大多屬於這種類型，秋商球員的上半身穿著往往較為寬鬆，體型會因選手有所不同。」

能代松陽以練習量之豐富而聞名，在縣內絲毫不輸金足農業。沼田也對吉田的優點佩服到令人厭惡的地步。

「當我對輝星說『你對冠軍似乎志在必得』時，他立刻回說『那還用說嗎』。但他是唯一散發驚人氣場的人。」

大會第一種子金足農業將在第二輪出賽，對手為秋田北鷹。賽前，直到前年與吉田組成投捕搭檔的安田，用ＬＩＮＥ傳訊息給吉田說：

我好想看你投出一百五十公里的速球。

吉田回說：

請不要提這種理所當然的事情啊。

無論對象是誰，或是任何時候，吉田依舊沒有改變。

近年來，秋田北鷹是一支打完夏季大會的第一輪或第二輪後，就會銷聲匿跡的球隊。即便如此，對於金足農業來說依舊棘手。

秋田北鷹的技巧型左投雖然被金足農業打出八支安打，但金足農業只靠著高飛犧牲打與暴投辛苦拿下二分。吉田雖然投出十六次三振，但也耗費了一百四十球用球數，比數又剛好是二比〇，這是讓吉田陷入孤軍奮戰的常見比數。如同吉田的宣言，他在這場比賽投出追平自我紀錄的一百五十公里直球，但很難說是取得良好的開始。

金足農業在第三輪遭遇能代，能代是夏季甲子園四度出賽的傳統學校，但比較兩支隊伍在這一年的實力後，可發現明顯的差距。

然而，這一場比賽也讓人感受到不對勁的地方。吉田在第一局突然被第一棒打者打出全壘打，亮太回想：

「他太小看對手了，因為直球球速只有一百三十公里，難怪會被打全壘打。」

金足農業在二局下半追回三分，反以三比一領先，但之後沒有繼續得分，加上在第八、第九局掉分，在緊要關頭被對手以三比三追平。雖然最後靠著高橋擊出再見全壘打贏球，但這又是一場艱辛的苦戰，就連平常一向樂觀的打川，也嚇出一身冷汗。

「這是我們最接近結束高中棒球生涯的一場比賽，心中有種會輸的感覺。」

吉田在面對能代的比賽投出十三次三振，用球數為一百四十七球，原本擅長讓對手揮棒擊球製造出局數，以減少用球數的吉田，已經消失得無影無蹤。

「沒想到得分如此困難，原本以為可以用十比〇的比數輕鬆擊敗秋田北鷹，對能代也是。在首場比賽的第一局，我的表現不如預期，我們無法發揮最大的力量。為了備戰夏季賽事，大家傾注全力替我們加油，但我們卻沒有發揮應有的實力。」

不過，在半準決賽，球隊又發生轉變。打線大爆發，以七比〇提前結束比賽獲勝，而且對手是秋田商業。高橋說：

「對戰商業的時候，大家都竭盡全力了，畢竟如果輸球，不知道畢業的學長們會如何批評我們。」

原本以為這場比賽過後會氣勢如虹，在準決賽對上由利的時候，又讓人捏了一把冷汗。

金足農業在三局前以五比〇領先，原本以為有機會提前結束比賽，卻在第六局被對手追到五比四，僅領先一分。金足農業最後以七比四獲勝，但吉田在這場比賽也是完投九局，教練不敢先將王牌投手換上場，讓他適度休息。打川坦言：

「我們太小看對手了，原本以為這幾支球隊每年都是在第一輪或第二輪被淘汰，只是今年剛好晉級而已。」

彪吾也慚愧地說：

「我們自以為閉上眼睛也能打到球。第六局守備失誤連連，很多球都打向我的守備位置，當我飛撲接球時，球卻穿越手套滾到外野……」

當然，正如秋本所說，球員一定會感受到壓力，看似與壓力毫無關係的大友也如此說道：

「我們一定要打進甲子園，畢竟是創校九十周年，又是第一百屆大會，因此讓我們產生無形的壓力。」

齋藤回顧這場大會，讓他感到全身「僵硬緊繃」。

「比賽前，我完全笑不出來，秋本叫我『笑一個』，還捏了我的臉。賽前練習的打擊狀況不佳，處理滾地球時也接得不好，覺得和平時的自己不太一樣。」

即便如此，不得不承認是憑藉吉田的實力，才能讓金足農業獲勝晉級。高橋樂觀地說：

「之前對上角館的那場比賽，曾在八局一口氣失了五分，遭到逆轉輸球；但這年夏天的吉田，並不會有一局大量失分的情形。即使比賽局勢轉為防守為主，也會有不會輕易輸球的安心感。」

然而，吉田並沒有發揮真正實力，亮太說：

「我覺得吉田因小看對手而保留實力，秋田大會的明櫻之戰，應該是他展現真正實力的時刻。」

準優勝

輸給吉田，而不是金足農

連續二年的決賽對手都是明櫻。

金足農業投捕搭擋所嚴防的目標只有一個人，是在本屆大會已經擊出二支全壘打的「第四棒，左外野手」山口航輝。

亮太在這一年來，持續思考對付山口的方法。

「不能因為懼怕他的長打能力，一直投外角球。因為他的手臂較長，也能打到外角球，雖然內角並不是他的弱點，但還是要積極攻擊他的內角。」

一局上半，二出局一壘有人，輪到山口的第一個打席。山口當然也察覺到金足農業投捕搭擋的攻擊策略。

「明顯看出對手要投內角直球，他們以往都只攻擊我的內角。」

二年級的夏季，吉田在山口的第一打席時投出觸身球，他當時也是嘗試投內角球，但伊藤表示「吉田那時候的控球還不太好」。

「在關鍵時刻突然丟了觸身球，但他升上三年級後，就不再犯這些錯誤了。」

吉田面對山口，球數在一好三壞後，連續投出二顆內角直球，第一顆是邊邊角角的內角球，第二顆同樣也是邊邊角角的內角球，山口完全沒有揮棒，站著不動被三振。

「即使想出棒也打不到球，看似低角度的直球卻突然往上竄，感覺投手出手後，等到打者意識過來，球已經進入捕手手套。毫無疑問，吉田所投出的最後一顆球，是我看過最犀利的球，沒想到球的變化角度可以這麼大。」

山口的第二打席，出棒揮擊一顆內角偏高的球，但打出一壘方向高飛球被接殺。

由於在山口前面二個打席，投捕大多攻擊他的內角，趁打者開始提防內角的時候，金足農業投捕在山口的第三打席後，開始投外角的滑球。

即便如此，山口還是站在離本壘板較遠的打擊位置。

「依照那傢伙的習性，一定會突然丟一顆內角直球對付我。」

然而，在第三與第四打席，吉田在搶下二好球後的決勝球，都是使用滑球。如果放過這幾顆滑球，都會形成壞球，但打擊姿勢跑掉的山口，無法停住揮出去的球棒，形成不太正常的揮棒動作。

「最後二個打席的投球，不太像是那傢伙的風格，但我記得他曾在採訪時說過：『要在這場比賽決一勝負。』他的轉變令我吃驚，更吃驚的是居然能投出如此犀利的滑球。」

吉田沒有讓山口打出任何安打，投出三次三振，徹底擊敗山口。

這場比賽，在隊友的進攻支援下拿下二分，雖說是進攻支援，一開始是靠著吉田的三壘安打開啟得下第一分的契機，第二分則是吉田的強迫取分觸擊，球隊進攻的中心也在吉田身上。

吉田的投球內容，讓人覺得只有得到二分便綽綽有餘。他投出十一次三振，用球數一百三十二球，拿下完封勝。

金足農業在本屆大會以「二比〇」開場，以「二比〇」收尾。山口會這麼說也是可以理解的。

「我能說是吉田的成長所致，與其說是輸給金農，不如說是輸給吉田。在大會比賽時根本打不到他的球，這是吉田的一人球隊，完全被他擊敗了。」

金足農業在春季看似擺脫吉田一人球隊的印象，但最後還是回歸吉田的一人球隊。

那些在秋田大會看過金足農業場上表現的學校相關人士，當他們目睹球隊在甲子園的活躍表現時，也產生相同的反應。

沒想到會發生這樣的化學效應。

山口也感到困惑。

「我不了解他們到底是怎麼贏球的，為何可以打進甲子園決賽，也許是投打的優異表現吧，光靠吉田一個人，不可能一路過關斬將。」

明櫻有很多出身於關西的球員，山口在暑假返回老家時，跟十幾位朋友一同觀看金足農業與鹿兒島的甲子園第一輪比賽轉播。

「我當時覺得他們會輸，就算倚賴吉田的投球，打線也無法發揮。沒想到，打線有所發揮，又能壓制對手得分，最後贏球了，令我大吃一驚。」

山口透過電視或網路持續觀看金足農業之後的每場比賽。

「我在家看到高橋打出全壘打，立刻起了雞皮疙瘩，這是夏季甲子園的第一支全壘打吧，沒想到是由金足農的球員所擊出，令人不敢置信，畢竟平常在面對金農的時候，不太需要提防被他們打全壘打。金足農業對近江的那場比賽，我剛好跟朋友出外旅行，聽說進入緊張的局勢時，我們趕緊找間咖啡廳用手機觀賽。我們在店裡「哇」地大聲叫了出來，當初輸給他們真是懊悔。看到金農即將贏球的時候，我趕緊切換頻道，因為不想看到他們贏球的畫面，但我還是感到在意，又轉回棒球轉播頻道。在不知不覺之間，我還是看完比賽了。」

能代松陽的野球部部長秋山大一也認為，吉田的實力提升了好幾階。

「看到吉田在甲子園所投出的某一顆球，是在縣大會未曾見過的球種。縣大會的時候，我曾在防護網後方看過他的投球；但甲子園上的吉田讓我大吃一驚，宛如判若兩人。」

在對鹿兒島實業的比賽中，吉田並未發揮最佳狀態。然而，吉田曾表示「這場比賽的狀態，比他以前最佳狀態時來得更好」。看得出來吉田顯著進步許多。

球員們異口同聲表示，來到甲子園產生一種解放感，這也是主要原因之一吧。

大友說：

「雖然在秋田大會感到一股壓力，但打進甲子園後完全沒有壓力了。我們就像是挑戰者，或者更確切地說，這是考驗我們能力的地方，所以我一點也不緊張。這是我進入高中以來，最感到樂在其中的時刻，在那之前，我其實蠻討厭打棒球。」

高橋也說他來到甲子園後，終於感到放鬆許多。

「甲子園完全不一樣，我們從被對手追趕，轉變為追趕別人的角色，相對輕鬆許多。」

八戶學院大的正村總教練如此總結：

「在夏季縣大會以前，都是由吉田在引領球隊；進入甲子園後，吉田以外的其他八位球員都進步許多，大家受到吉田的牽引進入最佳狀態。因為總教練是悠然自得的人，球員才得以自由自在地成長。如果換成嶋（嶋崎前總教練）這種神經質的人擔任總教練，他可能會管東管西的，導致球隊的氣勢中斷。我想是很多事情恰好完美地結合在一起，才有這樣的結果。」

準優勝

唐吉訶德

金足農業在打完秋田大會決賽的六天後，於七月三十日從秋田機場搭飛機來到大阪。

在八月五日開幕儀式當晚，借用中泉的話來說，發生一件「啟動球員開關」的事情。

當天邀請了秋田強化計畫顧問前田正治，進行三十分鐘的精神喊話。按照慣例，前田每年都會在秋田代表隊的甲子園首戰前，向球隊提供建議。

以下根據中泉與久米的筆記，節錄前田說過的幾句話。

不要因為媒體報導而迷失平常的自我。

大家都很緊張↓沒有必要刻意隱藏。

我們的目標不僅是擊敗鹿兒島實業，還要贏得冠軍。

要立刻轉換心情。

老實說，前田的談話中並沒有使用引人注目的用詞，但他的聲音具有磁性，是一位正直的人物。或許是因為他的性格，雖然他之前和金足農業並沒有什麼交集，但他更能打動所有球員的心。佐佐木回想：

「跟明櫻打完比賽後，我的內心洋溢著滿足感。前田先生的談話為最為重要，晉級甲子園後，本來覺得能打贏第一輪就好；但前田先生說『如果沒有將目標放在全國冠軍，在第一輪根本無法贏球』，仔細想想的確如此。」

大友也立刻轉換為戰鬥模式。

「老實說，我從沒想過我們能拿下全國冠軍，甲子園聚集了全國各地的菁英選手，我們比不上這些每天與棒球為伍的學校。當前田先生前來精神喊話，聽了他的一番話後，我才發現如果沒有奪下全國冠軍，就沒有任何意義。」

金足農業有一項「理髮日」的傳統，各年級的球員共同決定一天為理髮日，所有球員同時理髮，絕對不允許有人單獨理髮。像是入學儀式或正式比賽等重要日子之前，都會舉行理髮日。在理髮的時候，基本上不會在電動理髮器安裝控制長度的外接配件，因此頭髮長度會低於一毫米，剛理完頭髮的時候，看起來就像是和尚一樣一片光禿禿的。

三年級生的理髮日選在秋田大會前，仔細觀察他們在秋田大會前半段賽事的照片，會發現他們頭部的細微凹凸明顯外露，看起來宛如修行僧。

在前往甲子園之前，球員也討論過是否要舉行理髮日，但多數人是持反對意見。反對意見包括如果在第一輪就被淘汰，「參加求職考試的時候，頂著一顆五釐平頭很可怕吧？」「去海邊玩水的時候不會覺得尷尬嗎？」，這些都是流露出高中生本性的意見。

從當時隊上的氛圍來看，自從前田提供建言後，全隊的氣氛產生明顯的轉變。即便如此，當球員聽到與自己並未建立深厚交情的人所說的話時，是否能如此輕易改變呢？

前田常常把「唯有觀念是隨時能夠改變」這句話掛在嘴邊。在強化計畫的座談會上，曾經發生這件事情，前田苦笑著回想：

「剛開始的時候，我對秋田的教練們說，如果他們沒有抱著要在甲子園奪冠的決心來執教，即使那一年擁有最優秀的球員，球隊也無法獲勝，大家至今已經多次錯過奪冠的機會。聽到我這麼說，有好幾個人立刻說：『以秋田縣民特性來說，可能有點困難……』我當下也動怒了，跟在場的所有人說，對於我們提出的建議，如果有人立刻駁回，我們就不會再過來指導了。」

與會的另一位顧問大藤敏行（現享榮總教練），也加入了前田的斥責行列。大藤在〇九年夏季，曾率領中京大中京奪下全國冠軍。

「這就是秋田無法獲勝的理由，無論我們說了什麼都沒有改變，這樣我們就失去來到這裡的意義了。」

首先要改變的是心態，這是大家都了解的道理。然而，對於長年來無法贏球的地區來說，已經習慣輸球也是可想而知的事情。秋田縣在夏季甲子園首戰吞下十三連敗，與青森縣、山形縣並列全國最差的紀錄。由於這群球員在具有各種棒球先天障礙環境的秋田長大，如果有人認真將目標放在全國冠軍，反而會成為異類份子。

當筆者直截了當地跟前田說：「真不敢相信，您只用了一句話，就讓他們突然開始意識到要挑戰全國冠軍」時，前田開始提到二〇一三年夏季，宮崎代表球隊延岡學園拿下甲子園亞軍的故事。

「如果一切處於歸零的狀態，就不會發生任何的化學效應。我原本並不認為延岡學園能打進決賽，在重本（浩司）剛上任總教練的時候，他在總教練會議中說出『宮崎的目標是奪下全國冠軍！』大家聽到都傻眼了。既然如此，如果是我，我想不斷地告訴球員，他們要成為日本第一。隨著球隊在甲子園贏球，他們就會發現『原來教練說的是真的』。在他們潛意識中烙下的印記，最終將獲得驗證。」

和秋田一樣，宮崎的球隊也沒有獲得全國冠軍的經驗。為了要達成前所未見的目標時，最需要的就是像唐吉訶德這樣的人物，也就是即使沒有根據，也會不斷說大話的人物。

在金足農業也有這種人，他就是吉田。

在開始球隊練習的一月四日，吉田毫不猶豫地在金足神社的繪馬寫上「甲子園優勝」的文字。到了早春時節，則是在白板寫上「要在甲子園成為更強的球隊，持續贏球」等強而有力的文字。

六月下旬，吉田一臉正經地去找了秋本，跟他說：「如果我在選秀會上獲得第一順位指名，我可以去打職棒嗎？」

「雖然當時已經有大學要延攬他入學，但吉田似乎想盡快進入職棒。我告訴他，與其在高中畢業參加選秀時獲得第三或第四名的順位，不如先上大學繼續磨練，再取得第一名的選秀順位，吉田便問說如果高中畢業後就能獲得第一順位，這樣就可以直接去打職棒了嗎？不過，由於當時大會賽事即將開打，我勸他要先以打進甲子園為目標才行，那時候的吉田可能有些焦急，行為舉止看起來有別於以往。」

吉田再次找秋本商量，是在金足農業確定晉級甲子園後，從秋田出發前往大阪的前幾天。

「他這次問說：『如果拿下甲子園冠軍，我可以去打職棒嗎？』我回說你到底在說什麼。在甲子園即使贏了一、二場比賽，也無法拿下冠軍，通常不是都會這樣想嗎？但吉田當時的態度是認真的。從那時候開始，他總是說想在第一輪對上大阪桐蔭，他也許認為趁著體力最為充沛的時候擊敗強隊，就有機會奪冠，如果能讓最強的大阪桐蔭完全屈服，這是最快證明自我實力的方式。」

準優勝

我們是場上的主角

抽籤決定首場比賽對手後，吉田負責撰寫八月二日的日記。

無論第一場比賽的對手是誰，都要貫徹金足的棒球風格並壓倒對手，只要穩紮穩打地逐一擊敗對手，冠軍便近在眼前。

十天後的八月一二日，又輪到吉田撰寫日記，這天是跟鹿兒島實業比賽的四天後，吉田的筆跡顯得更加強而有力。

我實際感受到自己和球隊的成長幅度，都是縣大會時期所無法比擬。（中略）經過甲子園的比賽，球隊有顯著的成長，球隊一路以來爲了獲得全國冠軍而努力，我們將在剩下的五場比賽中竭盡全力壓倒對手，笑著唱校歌直到最後。我們背負著秋田、全國農業高中，以及在最後落敗的東北地區高中之期待，我們抱著必死的決心，誓言奪下**東北首面的冠軍旗幟**，要創造大會百屆歷史中最爲熱血的夏天，手持**深紅色的大冠軍旗**！

吉田在「東北首面的冠軍旗幟」與「深紅色的大冠軍旗」的文字重複寫了二、三次，變成粗體文字。

自信或許分為二種，包括有根據的自信跟毫無根據的自信，如果要比較何者較強，肯定是後者。只有極少數的人才具備毫無根據的自信，這是接近於自負或自以為是的類型。

當有根據的自信超過毫無根據的自信時，一個人的自信會更為強大。吉田在鹿兒島實業賽後的日記內容，如實地記錄了那一刻。

前田結束精神談話後，佐佐木作為球隊代表發表感言，他如此回想：

「我明確地說出重新這二個字，『我們重新以奪下日本第一為目標』。」

我們不確定他是否能如此詳細地記住當時所說的話。然而，他的確說過類似內容的感言，這也是他們當下的感受，這一點是無庸置疑的。

在半信半疑下聽從吉田天真的妄想，並在不知不覺中發現自己完全被牽著鼻子走，前田的話語成為其中的契機。

在金足農業，除了吉田，每個人都是「小吉田」。

事實上在金足農業，還有一位「不尋常」的人物，他就是中泉。大會期間，有一件最讓人覺得不可思議的事情，金足農業在本屆大會的崛起，是最讓人出乎意料之外的事，但中泉對此似乎並不感到驚訝。

中泉跟球員一樣，絲毫沒有任何自卑感。

「千萬不能說出自卑感這三個字，只要在一開始說出口，就代表認輸了。前田先生也說過同樣的話，所有顧問也都再三提醒過，保持一顆絕對會贏球的心情相當重要。」

即使這樣說，如果欠缺作為依據的實際成績或經驗，遭受外界質疑也是人之常情。中泉並不具備這二項條件，但他正直的眼神裡並沒有流露出任何的懷疑。當筆者詢問中泉，隨著金足農業持續贏球，他的內心是否已經感到滿足，他語氣堅定地說道：

「我完全沒有這種想法。我不認為輸球也沒關係，這是他們人生中唯一的機會，如果不去試試，怎麼會知道結果如何，因為大家同樣都是高中生。」

在決賽的前一晚，當筆者問中泉以往東北球隊為何沒能奪下冠軍的理由時，他想了一會兒後只說了這句話。

「不就只是因為在決賽輸球的關係嗎？」

這是相當優秀的結論，也就是「沒有」任何理由。如果能當場以清晰的思維分析落敗的原因，就意味著承認自身球隊具有同樣的弱點。對於即將接受挑戰的人來說，並不需要這種清晰的思維。

中泉並不像眾多優秀的總教練，擁有許多特質，例如強大的領導能力、魅力、技術指導力、溝通能力等；但他擁有多數能力出眾總教練所欠缺的特質，也就是在不利的狀況下，依舊一心追求勝利的耿直。

中泉在八月十二日的日記中，用紅筆寫下這段話，以回應吉田的宣言。

〈我能充分感受到吉田在甲子園破釜沉舟的決心。〉

「我也許是不想讓別人了解自己……」如此自我分析的中泉，並不擅長表達自己的情感。在一整年來的日記中，這是最能清楚感受到中泉內心喜悅的一段話。

如果要補充說明這群人在甲子園崛起的另一個理由，應該是甲子園這個充滿神祕魔力的空間。在第二輪輸給近江的前橋育英總教練荒井直樹，在離場時對著任何人不斷發牢騷。

「不覺得今年很誇張嗎？我曾參加過都市對抗野球大會，但完全比不上甲子園現場球迷加油的熱血程度，感覺就像是高中的社團活動，讓我感到有些害怕。」

荒井曾在社會人球隊五十鈴汽車打了十三年的球，也曾在社會人棒球最高殿堂都市對抗野球大會出賽，在東京巨蛋舉行的都市對抗野球大會，雖然也有其獨特的精彩之處，但與甲子園相比就顯得微不足道。

由於這年夏天正逢甲子園百屆大會，大會賽事開打前經由媒體的報導，引起各種讓球廣泛討論的話題，在大會賽事開打後，前幾場的觀眾進場人數也比往年更多，球迷的加油與關注更為熱情。本屆大會的總入場人數達到一百零一萬五千人，史上首度突破百萬人。如果提到職棒球團各球團觀眾動員人數，球季大概過了半年的七十場比賽後，會達到二百萬人左右；而這一年夏季的高中棒球，僅花了十七天的時間，就達到職棒的一半觀眾動員人數。即使在世界各地，也找不到能在如此短的時間內，吸引如此多觀眾的高中運動賽事活動。

荒井曾在二〇一三年率領球隊獲得全國冠軍，相信他已經習慣甲子園的狂熱，這或多或少是他前進甲子園的目的之一。荒井的直言不諱讓人感到驚訝，同時也令人回過神來，只要置身於球場，人們往往會被現場的狂熱氣氛所吸引，並對這股異常現象逐漸感到麻痺，日本國民對於高中運動賽事的投入程度如此熱烈，的確是不太尋常的事情。

甲子園擁有改變人心的力量，這也是甲子園的最大魅力；但相反地，也存在著荒井所提到的「可怕」之處。

甲子園賽事活動的獨特之處在於，大多數前來加油的觀眾，都是「甲子園」的粉絲，不是特定球隊的球迷。在比賽期間，無論男女，他們會不斷為觸動心弦的球隊加油。換言之，在某些情況下，單一球隊有可能會「一舉擄獲」所有球迷的心。

高中棒球球迷往往很難抗拒感人的故事性，而金足農業正是故事的寶庫，「公立」、「北國」、「鄉下」、「九人」、「在地」、「農業」、「不良少年」，這些都是在如何製作暢銷電影或漫畫的指導書中能找到的關鍵字。

他們在晉級的過程中逐漸吸引球迷的目光，最後幾乎「一舉擄獲」球迷的心，近江之戰的九局下半是最大象徵。

經歷過諸多失敗經驗的成年人，可能會像荒井一樣，對這種情況感到警惕；但金足農業的先發九人無論好壞，並不太懂人情世故。

有一瞬間，讓人覺得終於理解他們的想法。當筆者問大友，他在準決賽時雖然被主審警告，依舊做出「武士姿勢」時，難道不怕再惹主審生氣嗎？大友理所當然地回說：

「我們才是場上的主角。」

這九位球員毫不猶豫地置身在甲子園中，也就是狂熱的氣氛中。

沒想到在甲子園能發生這些事情。

如果能在甲子園創造一股旋風，並且毫不畏懼地順風而行，在甲子園就有可能會發生這些事情。

大敗

二〇一八年八月二十一日

決賽vs.大阪桐蔭

● 2-13

八月二十一日，終於來到決賽當天的早上。

比賽預定於下午二點開打，但久米在清晨五點四十五分已經到達球場，他在前一天晚上忙於處理各種雜務，只睡了二個小時左右，但他依舊早起，從飯店搭計程車，花了四十分鐘的車程抵達球場。

從早上開始就讓人感到酷熱難耐，根據神戶地方氣象台的觀測，神戶在早上六點的氣溫為二八點三度，濕度達到百分之七十八，賽前的下午二點是最為炎熱的時間。幾乎可以肯定的是，氣溫將超過三十度。

在這樣的天氣條件下，球迷們為了購買當天比賽的門票，從甲子園站的驗票閘門開始排隊，一路排到球場。從車站驗票閘門到球場售票處的距離大約為二百公尺，但沿路形成蜿蜒的排隊隊伍，在售票處前大約一百公尺的距離，已經形成十排隊伍，可看出排隊買票人數之多。當日票的販售時間為預定開放入場的上午十一點，球迷得在現場等待超過五小時以上的時間。

在大會期間，野球部部長得處理各種繁雜的工作，部長的職責是在比賽前一天安排好應援團進駐的阿爾卑斯看台門票。他在訂票的時候，得一邊與應援團聯繫，除了學校的學生，還要計算野球部家長會、野球部退役球員、近畿秋田縣人會等組織的人數。由於每張門票的票價為八百日圓，部長在訂票時要避免因多算人數造成浪費預算的情形，但因為時間有限，要精準地計算人數是不可能的事情。

在抵達球場前，部長必須事先將購買的門票發給入場人員，如果在球場外分發門票，有可能會造成秩序混亂，是被禁止的行為。

對鹿兒島實業的比賽所購買的門票為一千一百張、對大垣日大的比賽為九百張、對橫濱與近江的比賽各為一千張、對日大三的比賽為一千七百張。一壘與三壘側阿爾卑斯看台區均設有約六千個座位，扣掉參賽球隊的應援團所訂購的門票數量後，會釋出剩餘的座位供民眾購買。

久本原本購買了二千張的決賽門票，但在決賽前一天，JAL決定增開秋田機場至伊丹機場的臨時航班，可見金農熱潮持續升溫。久米於是向大會總部申請追加購買五百張門票，大會回覆他，如果能在當天早上六點十分前抵達球場，就能來得及將門票交給他。久米回想：

「當時接到各方人士打來的電話，例如『我現在已經開車到了金澤，可以留幾張門票給我嗎』等等，或是有人詢問想要捐款給學校，該如何捐款等。還要應對媒體的聯繫，得不斷地接聽電話，球迷寄到飯店的慰勞品數量也相當驚人，光是提到這些雜事，應該就能寫成一本書了吧，真的非常辛苦。」

募款

當時，在地的校方也陷入混亂。決賽當天不到八點，學校正面玄關前方出現長長的隊伍，他們的身上都帶著一筆捐款。

在十七日第三輪對橫濱的比賽當天，野球部校友會在網頁上刊登了一次二千日圓的「甲子園贊助金」告示，呼籲大家捐款。

校長渡邊回想起這件事，感嘆地說：

「在第一輪比賽時，學校租了十五輛巴士，秋田到大阪來回的巴士，每輛要花一百萬，十一年前大約為五十萬，但自從之前發生巴士事故後（二〇一六年載滿滑雪客的巴士於輕井澤墜崖，造成十五人死亡），所有巴士公司都開始要求車上得安排二名司機，並規劃司機的休息時間，導致租用巴士的支出幾乎翻倍，光是二場比賽就得花三千萬。如果打贏第二輪，預算一定會透支。」

長谷川壽回想起金足農業在第二輪勝出時，渡邊當時的模樣。他是野球部校友會的副會長，金足農業在一九八四年夏季晉級四強時，是隊上的主戰捕手。

「當球隊贏得第一輪比賽時，看到校長欣喜若狂地說：『大家表現太棒了！』

但到了第二輪的時候，他在握手時的力道顯得微弱許多，當我問他怎麼了，他回說：『學校快沒錢了……』我於是決定號召校友會幫忙。」

長谷川不能公然在學校網站刊登募款資訊，因此選擇在校友會的網站上，刊登了募款匯款帳號等資訊。

像是工作人員和正式上場球員的交通或住宿費用，皆由大會單位負責支付；但像是出動應援團等其他費用，必須由學校負擔。與中泉總教練有親戚關係的金足農業同窗會會長中泉松之助發牢騷地說：

「秋田真遠，如果搭乘新幹線，從秋田到大阪的距離超過一千公里，由於到東京大約為五百公里，距離差了一倍。搭乘新幹線來回的費用約為六萬日圓，搭乘飛機則要花上七萬日圓。」

當遠離大阪的地方高中晉級甲子園後，就會跟金足農業一樣陷入財務困境。每當金足農業確定晉級甲子園後，同窗會都會聯繫畢業校友參與募款，目標是募得五千萬日圓。不過，由於在這一年已經寄出創校九十週年紀念的募款邀請，預估在募款的初期階段會困難重重。同窗會會長中泉解釋：

「如果是第一次在甲子園出賽的學校，幾乎都能達到目標的募款金額，像是大館鳳鳴（二〇一一年春季）、角館（二〇一四年春季）、由利工業（二〇一八年）

等，都能募得大約一億日圓，這些都是二十一世紀枠資格的球隊。本校在昭和五十九年春季首度於甲子園出賽時，募得七千萬的金額，在該年夏季也晉級甲子園，由於打進四強，募得了一億日圓。但是，我想這一屆頂多只能募到三千五百萬的金額，由於夏天的時間有限，募款過程相當辛苦，計算募款金額的作業也十分緩慢，不確定能募到多少。」

最終，在打完第二輪的時候，如同中泉的預測，只有募得三千萬左右的金額。

所幸金足農業在對戰橫濱與近江的比賽取得戲劇性勝利，募款過程比想像中來得順利，確定晉級二十日的決賽時，大量募款蜂擁而至。

同一天，高須診所的院長高須克彌在推特發表「如果校方沒有募得足夠的捐款，我會負擔所需的全額」貼文，有助於傳播募款資訊。

不分男女老少，陸續有民眾直接帶著捐款款項來到學校。此外，像是住在附近的居民、縣內居民、縣外人士等，捐款身分形形色色，金農熱潮已經成為超越世代或地區的社會現象。

學校事務職員兒玉彌生子回憶當時的景象：

「決賽那天，我們在學校玄關處擺了三張桌子，用來辦理民眾的捐款，但桌子還是不夠，所以在玄關外又擺了兩張桌子。」

看來銀行也十分忙碌。同窗會會長中泉說：

「秋田銀行追分分行一天所收到的轉帳資料，最多可達到四十本至五十本，單筆金額大多為一百萬或二百萬，最高達到五百萬，以公司名義捐款會比個人更多。」

即使大會賽程結束，依舊不乏熱情的捐款者，直到八月底關閉帳戶，正式停止受理捐款。

最終的捐款件數為四萬八千四百六十八件，總金額為二億八千九百九十三萬三千三百四十日圓，雖然不知道單一學校所募得的最高金額紀錄是多少，但這應該是前所未見的金額。

最後的球賽相關應援經費支出約為五千五百萬，因為在與橫濱比賽後，球隊便停留在當地，省下了交通移動的費用，支出並沒有想像中來得高。提到應援以外的支出，校方在大會過後大約花了三百萬，購買一輛長途比賽專用巴士，看來已經逐漸決定如何使用剩下的捐款。

準優勝

王牌投手的思考

決賽對手是大阪桐蔭，是吉田最渴望交手的球隊，也是被媒體喻為「最強世代」球隊的春季王者。他們將挑戰第二次春夏甲子園連霸，這是校史首度的紀錄。

金足農業與大阪桐蔭所擁有的所有要素，皆產生明顯的對比。

「公立」與「私立」，「地方」與「城市」，「雜草」與「精英」。

這場比賽宛如電影《洛基四》中，主角洛基．巴波亞對決伊萬．德拉戈的場景，洛基是一位傳統的美國拳擊手，他平日以砍柴、雪地工作等古老方式進行訓練；伊萬．德拉戈則透過先進的高科技器材鍛鍊身體，屬於未來型的蘇聯拳擊手。因此，這是一場「原始」對決「進化」的比賽。

兩隊的投手實力是最大的象徵，大阪桐蔭有根尾昂[1]、柿木蓮[2]、左投橫川凱[3]三大巨投，在二個月後，他們是有望在選秀會上獲得職棒球團指名的超級高中生投手。相較之下，金足農業只有吉田一位王牌投手。

亮太表示，考慮到吉田所累積的疲勞和對手缺乏數據資料，他認為「可以考慮派打川擔任先發投手」；但中泉認為除了吉田，沒有其他的選擇。

「我的想法是，既然走到這一步了，已經沒有什麼好保留的。吉田一定會想先發上場，因此我想表現出這一場就完全交給他的感覺。」

吉田如此解釋自己想要先發上場投球的理由。

「如果打川的投球表現太好，反而會搶了我的光彩。」

這是身為王牌投手的思考。

近年來，如果有球隊過度使用投手時，球迷的輿論並不會保持沉默。他們會在網路上批評球隊「以勝利為導向」、「落伍的方式」、「操壞投手等」等。

吉田在第三輪比賽為止，分別間隔了六日、二日、二日以上的休息天數，最大的考驗是半準決賽以後的三場比賽，在近江戰為連續二天上場，日大三戰為間隔一日休息，到了決賽又是連續二天上場。此外，吉田的投球用球數相當多。

1 於二〇一八年選秀會上獲得中日龍隊、讀賣巨人隊、日本火腿鬥士隊、東京養樂多燕子隊等四球團第一指名，最後由中日龍隊中籤，以簽約金一億、年薪一千五百萬、激勵獎金五千萬日圓的合約加盟。根尾昂在一軍表現不如預期，於二〇二二年更換登錄守備位置為投手。

2 二〇一八年選秀會被日本火腿鬥士隊以第五指名選中，進入職棒後表現不佳，直到二〇二二年才首度登上一軍，日本火腿鬥士隊於十月將柿木蓮列為戰力外名單，於十一月與他簽下育成選手合約。

3 二〇一八年選秀會被讀賣巨人隊以第四指名選中，二〇二一年因球隊政策與他改簽育成合約，於二〇二三年升回支配下球員，成為一軍固定先發。

中泉似乎也收到一些「建言」。

「雖然是回到學校後發生的事情，我收到三封鄭重其事的電子郵件。從老子的角度來看，你這傢伙對吉田有多少程度的了解？自以為是地寫了很多批評的內容，但你這傢伙根本不知道吉田平常是怎麼訓練的，所以我不懂這些郵件到底在說什麼。如果不是吉田，我不可能讓一般人這樣投球，這是不可能的事情。由於吉田的下半身十分發達，對於肩膀與手肘沒有造成過度負擔，連醫生都感到驚訝。」

平常沉默寡言的中泉，居然說出「老子」、「你這傢伙」這些粗俗的用語。

在飯店幫吉田治療的物理治療師本名英樹表示，吉田的上半身不太需要保養。

「吉田很少提到上半身有緊繃的情形，他說上半身沒有問題。伸展的重點在於下半身，他的臀部與腿部面積非常大，但相當柔軟，所以不容易受傷，肌肉的狀態良好。」

當筆者詢問伊藤對於吉田連日投球的看法時，他只是冷冷地回了這句話：

「他不就是為此而努力進行訓練的嗎？」

這時候才讓人意識到，對於金足農業而言，這些是毫無意義的爭論。所謂一般的見解，是以標準的多數人為對象。然而，這群球員試圖透過訓練來超越一般的見解，也就是以成為非標準的少數人為目標。像是吉田投球用球數與上場間隔天數，都易於常人，但他們正在前往非尋常世界的路上。對於那些相信自己是例外者的人而言，就算用常理跟他們對話，依舊會有意見不合的情形。

唯獨父親是例外的存在，身為人父，不可能不擔心孩子的身體健康。然而，關於這點，正樹倒是顯得十分豁達。

當筆者問道，身為父親的身分，是否曾經阻止吉田繼續投球時，他以平靜的語氣否認：

「不，沒有這回事。」

正樹甚至露出微笑地說：

「現在有很多人認為，應該要限制投手的單場用球數，但我一直告訴他，實際情況是相反的。有些球員無論投再多球，也不會輕易受傷，這樣才有辦法去打職棒吧。如果因為連日上場投球而受傷，我想這種球員的等級就僅只於此。如果弄傷了肩膀或手肘，通常不是因為投了太多球，有可能是其他原因造成的。鄉民不是常常在網路上談論教練該如何進行投手調度嗎？但我對於教練的調度沒有任何不滿。」

聽完這番話，再次讓人感受到，唯有金足農業活在與眾不同的世界。

準優勝

吉田的異狀

決賽時的吉田，似乎與平常有些不同。

決賽的前一晚，他在帽簷背面寫下這句話。

〈投手丘是我的地盤，拼盡全力投球〉

吉田在賽前接受採訪時，向記者展示帽子上的文字，並傳達自身的幹勁，流露出一絲悲壯感。

「因為無法用正常的方式獲勝，即使歷盡千辛萬苦也要贏球。」

「今天是最後一場比賽，就算竭盡全力，也要跟大家一起拿下冠軍。」

「即使用球數超過一百五十球也無所謂，我要全力投球直到最後。」

吉田說話的語氣相當平靜，眼神冷淡，就像一位即將赴死的士兵。

久米表示，他在觀察吉田熱身的時候，對吉田高度緊繃的情緒感到不太對勁。

「他在熱身的時候，看起來比平常更有氣勢，宛如在主張一定要贏得這場比賽奪下冠軍。看到這一幕，我覺得有點危險，我認為他只是不想表現出自己的弱點。」

游擊手齋藤也察覺到吉田的異狀。前一晚，他跟吉田一起在運動調理室做復健。

「他說感覺下半身很緊綳不太舒服，難得聽到他訴苦，我想他一定很難受。」

下午一點，大阪桐蔭球員從三壘側的練習場走上球場，左外野側阿爾卑斯看台上的觀眾開始發出加油聲。十分鐘後，身穿紫色球衣的金足農業球員從一壘側出現時，換成全場的觀眾發出熱烈的掌聲。

大阪桐蔭總教練西谷浩一回想起，金足農業確定晉級決賽後，外界開始瀰漫著一股無趣的氛圍。

「從前一天晚上到隔天早上的電視新聞，幾乎都在報導金農，最後才補充說：『附帶一提，決賽的對手是大阪桐蔭。』當我半開玩笑地跟球員說：『你們應該感受到所有人都希望金農贏球的氛圍吧！』球員也產生了有種就來挑戰看看的反抗精神，我認為這倒是一件好事。」

兩隊球員進入球場後，先將球具與個人物品放在板凳席上，接著來到外野進行傳接球熱身。齋藤一邊用斜眼看著吉田的傳接球，心中更感憂心，因為他感受不到吉田平常的霸氣。

「決賽的唯一目標就是獲勝，但吉田在這天的傳接球狀態跟以往完全不同，我第一次見到這樣的吉田。」

下午一點三十分，由後攻的大阪桐蔭先進行各位置依序守備練習，金足農業球員所在的一壘板凳席，不時傳來歡呼聲。佐佐木回想：

「看到根尾的游擊區傳球、藤原恭大[4]的中外野回傳球等，讓我們不禁『喔喔喔！』地大叫。畢竟他們太厲害了，反而讓我們感到放鬆許多，想到要跟這些傢伙比賽，就讓人期待萬分。」

大友用「雀躍不已」來形容。

「很開心能現場觀摩他們進行各位置依序守備練習，覺得他們真的好厲害。」

亮太對於他們身穿球衣的姿態感到敬佩不已。

「他們身穿球衣的模樣看起來朝氣蓬勃，身材更顯巨大，我看得目不轉睛。他們可是大阪桐蔭啊！」

雀躍不已、期待萬分、朝氣蓬勃，這些看似不合時宜的激昂感，在比賽開始後立刻轉變為欽佩和感傷。

吉田應該是比任何人更能切身感受到大阪桐蔭實力的人。

「對戰日大三的時候，由於身體還殘留疲勞感，投球策略是盡量讓他們把球打出去；但對上大阪桐蔭的時候，這種投球策略就行不通了。」

吉田在一局下半面對第一棒右打者宮崎仁斗，投到二好三壞滿球數後，第六顆球是一百四十五公里的直球。也許是過度用力，球明顯跑到外角，形成四壞球保送。亮太回想：

「吉田很罕見地在開局就投出明顯的壞球，也許是想刻意壓制打者，球質跟以往沒有太大差別。」

第二棒青地斗舞是左打者，青地揮擊吉田的第三顆球，是偏外角的小幅度下墜快速指叉球，儘管他的打擊姿勢失去平衡，依舊擊中球棒中心，球棒發出叩的乾澀聲響，球穿過一、二壘防線。

這一球讓亮太的信心開始瓦解。

「正常來說，這應該是平凡無奇的二壘滾地球，但沒想到第二棒就能擊出如此強勁的穿越安打，他明明只有輕輕碰到球。大多數的球隊往往會在第一個打席屈居下風，等到下個打席開始做修正。然而，大阪桐蔭的打者在第一個打席就能擊中吉

4 二〇一八年選秀會獲得千葉羅德隊第一指名，於二〇二三年出賽一百零三場，創生涯單季新高。

田強而有力的投球，只能說他們太強了。」

準優勝

「一定會被打出去」

雖然吉田的球「和平常一樣」，但打者的水平卻與以往遇到的打者不同。面對無人出局，一、三壘有人的危機，輪到大阪桐蔭備受矚目的三位左打中心打線，第三棒中川卓也、第四棒藤原恭大，以及第五棒根尾昂。

中川在本屆大會的打擊率為二成五，並不算特別出色；但藤原的打擊成績為四成二九、三支全壘打，根尾為四成七一、二支全壘打，展現出符合外界評價的打擊表現。亮太對這三位打者已經做好最壞的打算。

「雖然沒有跟吉田講過，但我認為他在面對中川、藤原、根尾的時候，一定會被打出去，只希望不要被擊出全壘打就好。即使攻擊打者的內角，如果一直投直球還是會被安打，我跟吉田討論後，決定使用內角的滑球。」

吉田面對中川連續投出一百四十公里上下的直球，球數為一好二壞，亮太在第四球配了一顆二縫線直球；但吉田微微搖了頭，配球更改為直球。吉田投出內角的一百四十四公里快速直球，被中川打出飛越本壘後方護網的界外球，亮太嘆了口氣說：

「太奇怪了，打者居然打得到那顆內角直球。」

儘管如此，吉田還是將中川逼到了二好球，最後按照投捕搭檔的默契，吉田投出一顆從打者胸口下墜的滑球，吉田的高轉速滑球宛如插入地面般下墜，跑進亮太的捕手手套，中川揮了空棒，以前踏腳為軸心，像是陀螺般轉了一圈。

終於製造一人出局。

第四棒藤原面對吉田投出的第二球，是一百四十三公里的直球，藤原盡全力揮出大棒，因出棒時間較慢打出界外球，但還是打中了球。也許是對於出棒時機較慢感到懊悔，藤原在揮棒後立刻往將球棒往反方向揮，似乎在抒發心中的焦躁情緒，亮太對這個動作感到恐懼。

「一般人在全力揮棒後，通常不會這麼快就能恢復正常的姿勢。」

吉田在二好球後，同樣對藤原投出內角滑球，藤原揮棒落空三振出局，球場充滿熱烈的歡呼聲。這就像是在觀看中川的打席重播畫面，同樣讓打者揮棒落空，當吉田連續投出三振後，高橋深信吉田能成為一位職棒球員。

「他的滑球太犀利了，球在一瞬間像是停止般，然後突然彎曲下墜。」吉田製造二個出局數。

面對下一棒根尾，吉田很快投到二好一壞的球數，吉田認為根尾跟不上直球的速度，接著連續投出二顆直球。第四球為外角直球，第五球為內角直球，這二顆球都在邊邊角角的位置，但主審判定為壞球。吉田投出第五球，根尾向後退了一大步，但這顆球並沒有近身到需要後退的程度。亮太回想：

「這一場比賽主審的好球帶很窄，從根尾閃躲的方式來看，他應該無法看清吉田的投球，我決定在下一球同樣配內角球，但中了對方的計。」

吉田投出的最後一球明顯偏向內側，在這一局很快就投出第二次四壞球保送。

甲子園每天最多會進行四場比賽，為了讓每場比賽都能準時開始，每場比賽時的時間必須控制在二個小時左右。為了加速比賽進行，很多人都說主審的好球帶會變得比較寬，實際上的確寬了許多；但這一天的賽程安排只有一場決賽，沒有時間上的壓力，這或多或少也會產生影響。

雖然亮太認為「根尾無法看清吉田的投球」，但根尾的感覺截然不同，高橋還記得根尾站上一壘後，他跟一壘跑壘指導教練的對話內容。

「教練問他：『吉田的球如何？』根尾回說：『我可以看得一清二楚。』我當時心想，什麼？那可是吉田的球喔。」

吉田因為與主審的「契合度」問題，情緒難免受到影響。

「我積極攻擊根尾的內角，有幾顆球有機會被判定為好球。雖然他不是故意的，但閃躲的方式有些誇張，可能是因為球的進壘角度問題，害怕觸身球才會閃躲吧。」

亮太發現吉田的心中有一股隱隱的怒火，當他投出四壞球保送後，立刻走向投手丘安撫他。

「（好球帶）有夠窄，但下一棒打者打不到你的球。」

另一方面，大阪桐蔭的板凳席球員，對於主審的好球帶判決鬆了一口氣，藤原表示：

「原本以為主審會偏袒吉田，但從第一局開始，板凳席的球員紛紛表示『今天主審的好球帶變得比較正常了。』如果主審將壞球判定為好球，投手在投球時會更無往不利。在甲子園經常發生壞球被判好球等讓打者處於劣勢的情形，但我認為這是稀鬆平常的事情。」

對於已經習慣「甲子園好球」的金足農業投捕搭檔而言，會感覺這一場比賽的好球帶變窄了，但正如藤原所說，這是「稀鬆平常」的事情。

不過，也可以這麼說，伊藤提出不同的觀點。

「反向思考的話，大阪桐蔭的打者能有自信地放掉這幾顆球，我想應該就是壞球沒錯。」

準優勝

事與願違的變更暗號

下一棒為第六棒右打者石川瑞貴，亮太完全沒有提防第一棒宮崎、第六棒石川，以及第七棒山田健太。

「就算被打出去，應該也只是一壘安打吧。」

然而，在與石川一決勝負前，金足農業犯下致命的失誤。吉田投出第一球，是外角直接落地的滑球，亮太只有伸出捕手手套接球，導致球滾到本壘後方，三壘跑者跑回本壘，金足農業痛失第一分，讓對手先馳得點。在這個瞬間，大阪桐蔭的總教練忍不住在心中吶喊「真的是這樣！」

「本隊的教練會分析甲子園所有比賽的資料，他們發現當吉田連續面對好幾名左打者後，在面對下一位的右打者時，如果投滑球的話，控球往往會不穩。以隊上打線為例，第二、三、四、五棒為左打者，第六棒的右打者石川就是關鍵，結果吉田對他投出的第一球，就是一顆直接落地彈跳的滑球，但我沒想到捕手會漏接。從那一球來看，石川應該在鎖定他的直球。」

紀錄上雖為投手的暴投，但以亮太的蹲捕技術來看，照理說應該能用身體擋住這顆球。

「這是我第一次犯下這樣的失誤，在滿場的觀眾下，我的情緒變得十分焦急。決賽的氛圍果然完全不同。」

如果是從前的吉田，遇到這種狀況往往會顯露不悅的表情；但這時候的吉田看起來相當平靜。

中泉打算喊暫停派出傳令，但亮太發現後對板凳席舉出右手，示意不用叫暫停。

「畢竟才第一局而已，這時候就用暫停實在太浪費了。」

中泉吐露了真心話。

「其實是為了亮太所叫的暫停，但他示意不用叫暫停，最後取消了暫停。老實說，我當時十分焦躁不安，但如果以結果論，我應該還是要堅持叫暫停才對。」

吉田對石川投出邊邊角角的球，被判為壞球，最後又投到滿球數。吉田投出第六球，是外角偏低的一百四十七公里直球，被石川輕易打成中右外野方向的安打，壘上二名跑者回到本壘得分，比數被對手擴大為零比三。亮太替吉田辯解說：

「吉田投出的球並不差，還是被打者輕易打出去，感覺不妙。」

吉田在第一局就用了三十五球，亮太覺得已經無計可施。

「對手在第一個打席就能打到吉田的直球，變化球也被看得一清二楚，即使打擊姿勢失去平衡，也能把球打到外野，我們找不到更有效的策略了。回到板凳席後，我跟吉田都不禁讚嘆『對手太強了……』」

金足農業在二局上半的進攻也顯露破綻，打者在這局面對大阪桐蔭的先發投手柿木蓮，擊出二支安打，加上犧牲觸擊，形成一人出局一、三壘有人的得分機會，輪到第七棒彪吾上場打擊。中泉策劃在二好二壞後，投手投出第五球的時候發動戰術。

三壘跑者打川執行強迫取分戰術衝向本壘，但彪吾淡定地放過這顆外角球，已經離開三壘的打川，在三壘與本壘之間被觸殺出局。

中泉在前一天晚上提議變更強迫取分的暗號，球隊在大會比賽期間變更暗號是不太尋常的事情，但中泉跟球員都有感覺到，前幾場比賽的強迫取分暗號被對手識破。但是，金足農業在執行強迫取分時，如果發現捕手做出pitch out吊球，三壘跑者要立刻回壘，即使被對手識破，能將傷害減到最小。然而，像日大三這場比賽時，如果捕手直接從好球帶的高度往旁邊移動，跑者很難判斷是否要回壘，當然也能預期大阪桐蔭會採取相同的對策。

變更後的暗號手勢越簡單越好，中泉會在一開始碰觸身體某部位，但彪吾漏看了中泉的第一動作。

「總教練比暗號的速度太快，導致我沒有看清楚他第一個觸摸的部位。」

中泉在比出暗號前，一定會確認是否有跟打者與跑者的眼神交會。

「因為是第一次下達變更後的暗號，我應該要謹慎確認是否有確實傳達才對……」

無論如何，變更暗號造成事與願違的結果，中泉的心中滿是懊悔。

「如果無法執行強迫取分，比賽會打得很辛苦，所以才決定變更暗號，但當初如果沒有變更暗號可能比較好。」

吉田指出在變更暗號後所帶來的心理變化。

「在大舞台的最後一刻變更暗號，感覺不太像是我們平常會做的事情……」

雖然是結果論，但伊藤也對此感到遺憾。

「我們太在意對手了，本應該比照以往的方式，但教練團卻更改打球的風格。如果能利用對手識破暗號這點來將計就計，也許會有不同的結果。」

事實上，大阪桐蔭的球員與教練，並沒有過度提防金足農業的強迫取分戰術。西谷透露：

「我們將金足農業的強迫取分戰術稱為『完美強迫取分』，當捕手做pitch out吊球時，跑者會立刻回壘，但我們也有自己的暗號，因此當對手發動戰術的時候，我們有自己的一套因應策略，沒有過度提防。」

三局上半，金足農業靠著高飛犧牲打終於拿下一分，比數為一比三；但在四局下半，吉田再次陷入亂流。

金足農業的投捕搭擋仍然為主審的好球帶所苦，無人出局一壘有人，吉田對第八棒小泉航平投到二好三壞，接著投出一顆一百四十四公里的直球，球精準地進入擺在外角偏低位置的亮太手套中，但主審判定為壞球，亮太接到球後，手套不動保持一段時間。

「我希望主審能舉起手判好球，所以將手套擺著不動，但主審說：『勸你不要這樣做。』這是侮辱裁判的行為。我很清楚這點，但主審如果沒有判好球，戰局會變得更加嚴峻。」

吉田也露出不滿的表情。

三振第九棒柿木後，形成一人出局一、二壘有人，吉田第三度對決第一棒宮崎。在投出一壞球後，吉田不斷改變球種，陸續投出滑球、快速指叉球、直球，這三球都是內角球，但都被打者打到界外。

吉田繼續投出一顆外角的滑球，再投出一顆內角的一百四十公里直球，宮崎揮出黑色球棒，發出刺耳的金屬聲，是中左外野方向的平飛球，左外野手佐佐木向後跑，但很快就停下來。

亮太目瞪口呆地站在本壘板前方。

「我一邊心想不會吧，一邊著外野手追球，結果飛出大牆……太震驚了。吉田雖然投到偏向中間的位置，通常不會被打出去，這顆球的位置在膝蓋下方耶。如果不是吉田，我不會一直配內角球。正常情況下，當投手投出外角球後，打者會覺得配球已經改到外角，這時候會放掉外角球或打成界外球。」

跟第一局一樣，金足農業被沒有提防的打者打出令人悔恨的一擊。

一比六，在上半場就被大阪桐蔭拉到五分差，是相當巨大的分差。

中泉多少感到死心了。

「老實說，這是致命的一擊。」

另一方面，在宮崎打出全壘打後，西谷堅信勝券在握。提到西谷對付吉田的對策，宛如完全解讀金足農業投捕打搭檔的心思，正中要害。

「簡單來說，就是三、四、五棒以外的打者能否打出安打。觀察之前的比賽，吉田對三、四、五棒中心打線一定會用最高檔位投球，假設中川、藤原、根尾無法發揮，如果一、二、六、七、八棒的打者能打出安打，就一定能贏球。因為第九棒是投手柿木，我對他沒有抱著太大的期待，但如果連三、四、五棒都有發揮的話，有望大獲全勝。」

西谷將第一棒宮崎的全壘打形容為「上鉤拳」。

「第六棒石川在第一局已經打出直拳，接著還需要一發全壘打，三、四、五棒以外的打者，若有人揮出上鉤拳，比賽就會宣告結束。結果，是由宮崎揮出上鉤拳。」

天才根尾

第四局結束，吉田的用球數已經達到九十四球。

「被宮崎打出全壘打的時候，我覺得戰況已經不太樂觀。」

他在帽簷背面寫下的「拼盡全力投球」，已經快要消耗殆盡。

「從第四局開始感覺下半身無法使力……經過幾場比賽所累積的疲勞，造成身體變得沉重。臀部周圍的肌肉疲憊，腳也抬不太起來。」

中泉考慮從第五局開始換上打川中繼，但打川還沒開始準備熱身，只能放棄這個念頭。

五局下半，無人出局一壘有人，輪到第五棒根尾。對亮太而言，根尾是一位令人捉摸不定的打者。

「近距離觀察他的打擊姿勢時，會發現他的身體扭動幅度相當大，讓人以為他絕對打不到內角球，但他卻能打中球。在正常情況下，身體扭動程度那麼大，往往難以把球帶到棒頭，因此他會壓低身體，將擊球點放在前方，我想只有那傢伙才能做到吧。」

根尾是西谷「三年以來一直煩惱如何指導」的球員。

「毫無疑問，他是我目前見過最難指導的球員。他擁有獨特的感性，在某些部分具有優異的天賦，但也有相當笨拙的地方。三年即將過去了，我始終找不到一個指導的開端。」

吉田對根尾投出第一球，是一百三十三公里的外角直球，根尾揮棒落空。第二球為一百三十六公里，一樣是外角直球，根尾打成三壘方向的界外球，球數形成二好球。

亮太感到猶豫。

「真難以形容，他在打這顆界外球時並沒有跟上球速，但揮棒也沒有明顯過慢……因為先拿下取得二好球了，接著可以先投一顆外角球來引誘他。」

亮太蹲在明顯外角壞球的位置。

吉田為了提防一壘跑者，持球時間比平常更長，耐不住等待的根尾一度抬起右腳，以重新調整打擊節奏，接著放下右腳。吉田做好投球預備動作，再投出下一球，他投出外角偏高的直球，但比亮太手套擺放的位置更偏內側，雖然原本的打擊節奏被打亂，根尾依舊完美地跟上球速，輕快地將這顆球打出去，球筆直地飛向中外野方向。

亮太原本覺得「只是普通的中外野飛球」。

中外野手大友一開始打算先往前跑。

「感覺打者擊中球心，結果看到球越飛越遠，太狠了。第一次看到這種軌跡的飛球。」

根尾輕鬆地將球打到打者之眼的左側。

比數變成一比八，而且還是無人出局。這是亮太與吉田組成投補搭檔以來，第一次感覺板凳席如此遙遠。

「感覺這個半局沒完沒了，好想盡快回到板凳席。越強的球隊，角色分工越明確，打擊順序也有強弱之分。但是，桐蔭的每位打者都是第四棒。」

場上投手發生狀況的時候，往往是由菅原或亮太負責走到投手丘安撫，但亮太在這時候無法驅使自己的雙腳。

「在令人感到難受的時刻，即使說再多也於事無補。」

看到亮太沒有行動，菅原於是前往投手丘，沒有過度考慮對方的心情，也是菅原的優點之一。

「輝星看起來相當難受，全身汗如雨下，決賽的炎熱天氣應該是最讓人難受的地方。我跟輝星說：『你再繼續投下去的話，可能會很丟臉。』我直接對他說出丟臉等字眼，這不是一場表演賽之類的話，或是跟他說『你這樣繼續投下去會被嘲笑喔。』結果這傢伙居然開始胡言亂語，他說接下來只要能逆轉就行了，加油吧。他就像是站在黃金獵犬面前的吉娃娃。」

果然只有身為兒時玩伴的菅原，才敢將拼命投球的吉田稱為吉娃娃。

準優勝

「我已經沒辦法再站在投手丘了」

大阪桐蔭沒有停止攻勢，一人出局後，吉田被第七棒山田打出二壘安打，使得中泉叫出這場比賽的第一次暫停。內野手聚集在投手丘，擔任傳令來到投手丘的是日大三戰中曾被吉田趕回去的工藤。

知道工藤接下來要做什麼的三年級生，以三人為一組面對面站著。換句話說，他們正在替工藤創造一個登場的「舞台通道」。工藤快速奔跑過來，先穿越這群球員，接著快要走下投手丘時，又急忙地停下來，再走上投手丘。他只是在表演「一不小心就走過頭」的搞笑梗。

所有球員都笑了出來，這時候中泉一個人坐在板凳席，面露僵硬的表情。

「不行這樣做……」

西谷也直言不諱地說：「我認為這是蠻低級的玩笑。」

「我無意批評，但如果本隊球員做了相同的事情，有可能會受到嚴厲的責罵。但是，這也許就是他們的優點吧，從好的一面來總括，就只是雙方價值觀的差異而已。」

在看著他們的一舉一動時，有時候不曉得他們究竟在開玩笑，還是認真的。女經理金子說：「他們自己懂得在什麼時候要踩煞車停下來。」

「他們不到最後一刻是不會停下來的，實在太過悠哉了。有時候會警告他們不要玩過頭了以免闖禍，很怕他們惹事生非，但他們只是在享受金農棒球的樂趣。」

接下來的吉田就像是被打的沙包，這個半局中間夾帶吉田的野手選擇守備（打者因守備員選擇將球傳至一壘之外的其他壘包而上壘，紀錄上不算安打），被對手連續擊出四支安打。

中泉在這個半局第二次派上傳令，但不是由工藤上場，而是由以往負責傳令的小松傳話。

野手圍成一個圓圈，吉田淡淡地說：

「糟糕，我已經投不下去了。」

打川立刻回說：

「那要換我上來投嗎？」

「拜託了。」

「假裝開玩笑，是身為投手最後的志氣」吉田回想：

「我在那一刻希望能盡快下場，已經不想再站在投手丘上投球……」

從吉田口中說出的所有話語中，這是最令人難以想像的一句話。

即便如此，中泉無法下定決心更換投手的原因有二種，第一是打川之前完全沒有進行投球練習。第二是吉田下場的方式，他認為要給吉田在甲子園的最後一幕有個完美的結尾。

「雖然想盡快換他下場，但我希望他能投完這個半局，而不是在半局中途退場。但是，現在回想起來，當時應該早點換投才對。」

吉田被藤原擊出單場的第三支安打後，光是在這個半局就失了六分，在十五分鐘裡遭十一位打者猛攻的吉田，一臉茫然地走回板凳席。

球場的時鐘指針標示在下午三點三十分的位置，距離開賽已經過了一個半小時，以高中棒球賽而言是較為漫長的比賽，佐佐木以球員代表的身分，向中泉提出申請。

「吉田已經達到極限，請總教練換投手吧。」

中泉毫無異議。

「我走上投手丘跟吉田說：『要換打川上來中繼了。』吉田看起來精神恍惚，我記得他用微弱的聲音說出『好』。」

在整理場地的期間，吉田在頸部後方與腋下等部位放了五個大冰袋。

這年夏天，吉田第一次將「老子的地盤」交給打川。吉田在秋田大會投了四十三局、甲子園五十局，總計投了九十三局，夏季的吉田劇場終於宣告落幕。

六局下半，被換到右外野守備的吉田，在開局前走到投手丘，將手搭在打川的肩膀上對他說：

「抱歉，接下來交給你了。」

吉田跑向右外野的時候，右腿後側感到一陣劇痛。

「在五局投球的途中拉傷肌肉，雖然投球時沒有過度不舒服的感覺，但走到外野守備的時候，傷勢突然變得更為嚴重，當時只希望第六局早點結束。每當回到板凳席的時候，只要冰敷過就會變得比較舒服，因為是最後一場比賽了，不如好好享受比賽的過程，我的心情終於變得輕鬆許多。」

打川第一次站上甲子園的投手丘，而且對手是曾經從吉田手中拿下十二分的大阪桐蔭打線，但打川小聲地說：「我沒有多想什麼。」然而，過了一會兒，他才改口說：

「我只希望他們不要把球打到投手的方向，他們擊出的球都很強勁吧，如果打到我的頭一定會死。在面對根尾或藤原的時候，我只拜託他們不要把球打到這邊。」

金子是如此評論打川的。

「雖然他很遲鈍，但也有較為謙虛的一面。」

打川跟吉田不同，他的投球策略是以變化球為主，盡量讓對手把球打到野手的方向以製造出局。即使壘上有人，他還是專注在投球的進壘點，秉持著沒有提防壘上跑者的「遲鈍」投球方式。

「正如我所預料的那樣，對手的打擊能力很強。中川只是輕輕一揮，就讓球直接擊中外野防護牆；藤原的揮棒方式也很厲害，根尾站在打擊區的氣勢也不錯。因為可以跟在電視上看過的球員對戰，其實蠻開心的。」

面對強力打線，打川從第六局至投到第八局，僅失掉一分，但如同金子所言，打川有其「較為謙虛的一面」。

「面對第二輪的中心打線後，就開始被對手打出安打，因為有關於我的投球資料並不像吉田那麼多，對手也無法在第一時間鎖定我的球種。」

金足農業在第七局追回一分，比數為二比十二，但距離東北地區球隊首度的榮耀已漸行漸遠。

接下來就看要如何結束這場比賽。最後一局，第六棒高橋在一人出局後站上打擊區，把上下球衣都弄得髒兮兮的高橋，他一臉滑稽地走上打擊區，大聲喊著：「無論打到哪裡，我都要把球轟出大牆。」

「我已經沒有任何遺憾了，好好享受比賽就行了。」

一好一壞，投手投出第三球，是紅中的一百四十六公里直球，是最完美的揮棒時機。

「我有機會把這球轟出去，於是全力揮出大棒。」

在這年夏季所見過的數百或數千位球員中，他的揮棒動作比任何其他球員都更強而有力。然而，球棒削過球的下緣，最終落入捕手手套。如果確實擊中球心，的確有可能會飛到任何地方。

但是，高橋最後被外角滑球吊中，揮棒落空三振出局，高橋只能仰望天空。

板凳席靠近外野的邊緣區域，是吉田的專屬位置，菅原站在打川與吉田二人中間，被他們搭著肩膀。二人出局後，大友走到菅原與吉田之間，高橋從後面把手放在打川和吉田的肩膀上。

所有球員都露出神采奕奕的表情，從他們的姿態，就能看出他們走到這一步的原因。

這是讓人無時無刻想要見證的景象。

高中棒球宛如煙火，在人生的某個時刻，僅僅在一瞬間綻放光芒，瞬間消散，這也是讓所有人深深著迷的原因。

然而，吉田說：「我們只是因為勝負已定，想要快樂地度過剩下的時光而已。」他委婉地否定了這種感傷的想法。

「如果我們輸了，我不知道會發生什麼事，也許會被奚落或嗆聲。只要輸了球，高橋或大友可能會說『我們因為那傢伙才會輸球』，被點名的球員也不會忍耐，往往會跟他們吵架。」

第七棒彪吾打出右外野方向的高飛球，在右外野手青地接球前，其他的大阪桐蔭球員已經歡欣鼓舞地準備跑向投手丘。

下午四點十八分，漫長而熱血的金足農夏季宣告結束。全場比賽，吉田不斷流露笑容與大聲吶喊替隊友加油，但隨著第二十七個出局數產生的瞬間，他無法止住雙眼的淚水。

「看到大阪桐蔭的球員齊聚在投手丘慶祝勝利的景象，還是打從心裡羨慕他們。對於秋田的鄉親或是專程前來替我們加油的觀眾們，還是想拿冠軍給他們看。我在想如果我們能再堅持下去，不知道結果會變得如何。」

傍晚，甲子園東邊的天空出現一道巨大的彩虹，站在金足農業所在的一壘板凳席，是最能清楚看見彩虹的位置。

不過，吉田是在搭上回程的巴士後，才發現彩虹的存在，距離比賽結束已經過了一個多小時。

「最後還能看到如此美麗的天空，感覺真好。」

他終於抬起頭來仰望天空。

準優勝

周遭世界產生明顯轉變

在回程巴士的途中，發生一些令人慌亂的插曲。

在準決賽的賽後，日本高野連指示金足農業，要在決賽隔天的二十二日回到秋田，但二十二日的直飛或羽田機場轉機的航班，都無法訂到足夠的機位，因此校方打好預定在二十三日返回秋田的行程表，在決賽當天早上交給大會總部。然而，在上傳資料的過程中，總部負責人立刻來找校方，告知他們明天球隊前往朝日新聞大阪總部後，就要立刻返回學校。久米回想：

「他們說沒有多給一天寬限期的先例，在大會比賽期間，球員們完全沒有購買伴手禮的時間，因此如果可以在二十三日再返回秋田，在決賽隔天就有充裕的時間整理球具或禮品等行李，球員也能去買伴手禮。我們平常工作十分繁忙，也想抽空一天放鬆休息一下。」

久米在準決賽的當天晚上，與東武top tours旅行社職員——高谷二人一同在飯店附近的煎餃專賣店「餃子王將」，一邊用餐一邊喝著啤酒，這是他唯一能小歇片刻的時候。

由於在賽前收到大會總部的第二次通知，久米將瑣碎的聯繫工作交給高谷負責。高谷露出困擾的表情回想：

「總部一再強調一定要盡早返回秋田，我提議可以帶球員去環球影城玩一天時，對方回說：『如果帶孩子們去環球影城，一定會引起騷動，你有辦法保護他們嗎？』因此，當總部提議可以搭新幹線回秋田時，我也是用相同的理由回絕了，因為在新幹線也有可能會吸引球迷圍觀。對方改口說搭乘巴士如何呢，我便回說要讓努力打了好幾場比賽的孩子們，搭十二至十三小時車程的巴士移動，這是不可能的事情，等他們回到家已經半夜了。」

甲子園閉幕典禮結束後，久米收到大會總部的回覆，同意他提出在二十三日返回秋田的計畫。

「我當時心想太幸運了！」

然而，他的喜悅並沒有持續多久，在搭車返回飯店的路上，他數次接到總部負責人的電話。久米一開始還以為自己聽錯了。

「負責人說已經訂到臨時加開的班機，我問他是哪一天的班機，他回說是明天幾點幾分的班機。什麼！明天？騙人的吧。高野連果然不可小覷，既然都已經訂到班機了，我們也只好乖乖回家。」

隔日，金足農業一行人搭乘下午兩點從伊丹機場起飛的臨時加開班機返回秋田，這是一架小型噴射機，總計有九十五個座位，一般的雙人座位左右排列。由於校方人士與家長也一同搭乘，宛如金足農業的專屬包機。

校長渡邊深受感動地談到回程搭乘飛機的情景。

「巴士載我們來到伊丹機場的後門，經過被層層壁板覆蓋的建築，穿越辦公室內部，來到像是會議室的地方，我們被告知要在這裡吃午餐。我嚇了一跳，居然是在這裡吃午餐，這樣不會麻煩大家嗎？當我們搭上飛機的時候，飛機滑行到跑道上時，看到ＪＡＬ的地勤手持著『感謝你們所帶來的感動』橫幅布條，在如此炎熱的天氣，他們一直站在柏油路上歡送，機長也透過廣播對我們說『真是令人感動的比賽』。抵達秋田機場後，聽說前來接機的民眾人數創下最高紀錄，應該有千人以上吧！」

回到秋田，感覺周遭世界產生明顯的轉變。雖然秋田機場的腹地並不大，但入境大廳扣除金足農業全隊通行的空間，已經擠滿人群。

彪吾開玩笑地說：「全體縣民應該都在這裡。」天真的打川則是感到驚訝地說：「沒想到秋田有這麼多人啊！」

從機場搭巴士回到學校的途中，又有新的問題讓久米陷入苦思，也就是有關於

「金農鬆餅」（一百四十五日圓）的包裝設計。

金農鬆餅是由LAWSON便利商店、在地企業TAKEYA製麵包、金足農業共同研發的商品，在秋田縣內的LAWSON便利商店限定於五月下旬起販售一個月。加入醬油製作而成的麵包體中，裡面包有二個蜜漬蘋果內餡，是一項具有飽足感的甜點。隨著金足農業的活躍表現，此商品可望再次上市。久米回想：

「負責設定金農鬆餅包裝的女職員打電話給我，詢問能否可以在包裝印上『恭喜野球部奪下亞軍』之類的文字，我向高野連確認後，得到的回覆是不得涉及商業宣傳的行為。女職員繼續問說，那如果改成『謝謝金農』如何呢，這樣就看不出來是指野球部吧！但是，依舊無法得到高野連的許可，他們說在這個時期提到謝謝的對象，當然只有野球部吧。」

最終，金農鬆餅的包裝維持之前的設計重新販售。

為了搭上這股慶祝金足農業奪下亞軍的順風車，許多商業合作的洽詢和委託源源不絕地湧來。然而，在高中棒球的領域中，為了慶祝球員良好表現而特地舉辦遊行或銷售等活動，往往會因為不適合業餘比賽或商業用途等理由受到禁止，即使當地誕生一支明星球隊，在高野連的管控下，實際上無法採取任何行動。儘管有些人批評高野連的做法不合時宜，但校長渡邊則認為，高野連的嚴格管控對學校來說有一定的幫助。

「我們收到許多的委託，例如要舉辦某場活動，能否請野球部的球員一同出席等，但在高野連的規範下幫我們先行把關，因為沒有獲得高野連的許可，我們可以一律回絕，如果沒有這些規範，事態會變得一發不可收拾。我無法想像舉辦遊行的情況，從機場回到學校的路上，已經像是一場遊行了，經過交流道出口的時候，看到收費站員工舉著橫幅布條迎接；抵達學校時，現場滿是黑壓壓的人群。」

相關人士中，唯有伊藤獨自一人搭乘其他交通工具回到秋田，他搭新幹線經由東京返回秋田。謠傳他不太敢搭飛機，但本人表示他只是想順道前往Louis Vuitton大丸東京店購物。

他買了二個名片夾與二條領帶，當作奪下亞軍的紀念品。名片夾內側刻有銀色的「G．A」、「M．I」縮寫文字，加上金色的「二〇一八」年份文字，金色文字是東京店才有提供的客製化刻字服務。

G．A是「元輝．秋本」、M．I是「誠．伊藤」，由於平日都是由秋本替伊藤指導球隊訓練，這是他送給秋本的犒賞。

伊藤在晚上七點過後抵達秋田車站，當他走出驗票口時，看到高中時期的同學，曾加入橄欖部的豐澤純開車過來迎接他。當初邀請伊藤重回母校執教的校友佐藤說：「因為每個人都受到盛大的歡迎，如果讓makko一個人落單也太可憐了吧。」

球員凱旋歸來後的第一個月，為了避免引發騷動，學校禁止三年級生搭乘大眾交通工具，都是由家長開車接送學生上下課。金足農業在一九八四年夏季打進四強時，並沒有這樣的規定，但當地人的熱情程度，是三十四年前所無法比擬的。

每逢六日，往往有許多人聚集在聚集在球場周圍，還有藝人前來出電視台外景，他們會拍攝校門口、球場或校園等場所。學校周邊的車輛違停情形突然變多，引起附近居民的抗議，在十一月下旬為止，學校雇用警衛在六日駐守，另外以防萬一，還會請警察車巡邏。

球員對於當地居民的熱情款待也感到不解，像是經常光顧的食堂等店家都不跟球員收錢，去理髮廳還能免費理髮。買衣服或配件時能獲得很大的折扣，某位球員表示，他原本要買一條原價接近二萬日圓的項鍊，結果店家算他二千日圓，甚至還有咖啡廳直接幫他們蓋滿集點卡的點數。

成為家鄉英雄的吉田，根本無法走出家門，為了排解壓力，他兩度前往兒時玩伴的小野家。對於吉田來說，小野家就像是他的第二個家。

吉田以前如果被對手打爆的時候，總會把責任歸咎在其他的原因，例如「我不適應那個球場的投手丘」等，他絕對不會讓別人看到自身的弱點。

考慮到吉田的性格，當兩人聊到決賽的話題時，小野試探性地說：「老實講，如果你的身體處於完美狀態，應該可以奪冠吧。」但吉田卻說出令人意外的話。

「不，那些傢伙真的很強喔！」

吉田這麼說，並不會讓人感到任何自卑之處，小野流露羨慕的眼神說：

「他總是滿臉笑容地談論金農的事情，因為他們經常貫徹自身的意見，相互擦出火花，才會變得更加強大。我想應該沒有人能好好地掌控他的行為，連我也辦不到了，因為他跟金農的人們朝夕相處，才能走到這一步。」

說到金足農的人們——

金足農業附近有一間這群人常去的鐵板燒店，筆者曾在這裡看到金農先發九人的簽名。店面中央掛著三年級生的合照，九人的簽名圍繞在旁，最令人驚訝的是他們的簽名字跡，高中生通常都會用正楷書寫，讓人可以清楚閱讀文字；但除了亮太外，其他八人的簽名都跟職棒選手一樣潦草，這就是「金農的人們」。附帶一提，只有亮太用英文手寫體簽名。

秋本表達自身的感受，宛如自己是一位農業縣民。

「秋田縣在三十四年來，一直依賴著稻米品種秋田小町，但秋田小町無法抵抗颱風的侵襲，只要颱風一來，農民就只能放棄收割。相反地，我認為農民需要改良稻米品種，即使遇到颱風也不會倒下。不是有採自然農法栽種而成的「奇蹟蘋果」嗎？成功栽種出奇蹟蘋果的栽種者，當初飽受眾人的嘲笑，大家都認為他不可能種出蘋果，但栽種者本人應該不認為這是奇蹟，我們也不認為這是奇蹟。」

「奇蹟蘋果」是指以不用農藥、不施肥的自然農法所培育而成的蘋果，也不拔除雜草，甚至放任雜草蔓生。金足農業獲得亞軍的過程也是如此，他們是從雜草中誕生的奇蹟果實。

秋本感觸良多地說：

「但是，為了讓他們有所成長，果然還是要打進甲子園才行。甲子園才能讓人成長，而且是戲劇性的成長。成長的姿態具有一股神祕感。」

聖地——。

二〇一八年夏天，金足農業再次告訴我們，為何退役的球員會如此稱呼甲子園。

吉田的球衣與紅色手套是金農熱潮的象徵，在吉田和正樹的同意下，將球衣與手套捐贈給位於甲子園內的甲子園歷史館。

久米將送給歷史館的手套裝箱時，第一次發現繡在手套內側的「唰鏘」文字。

「看到這個刺繡文字，覺得蠻尷尬的……」

過了一陣子，久米前往大阪辦事，順道造訪甲子園歷史館，再次感到尷尬。

棒球手套的手背部位具有豐富的設計性，就像是手套的「容貌」，也就是最明顯的正面。從正面可以清楚看見吉田的刺繡，即管如此，館方將手套放在櫥窗展示時，把吉田的手套朝向後方。

後記「最後的鬥爭」

金足農業因參加福井國民體育大會（簡稱國體），在前往當地的途中，爆發了某「事件」。

曾在甲子園出賽的球隊，能取得國體「高中棒球硬式部門」的參賽資格，往年包括晉級八強的八所學校，總計有十二所學校獲選。二〇一八年國民體育大會預定在九月三十日至十月三日舉行。

距離甲子園賽程結束已過了一個月以上，球員們的髮型已經脫離了平頭。

球隊從秋田搭乘飛機經由小松機場前往福井，抵達機場後，三年級生分頭行動，將行李拉到等候的巴士前，再把行李搬上車的工作交給低年級生，三年級生先行上車。吉田回想：

「我先佔了巴士後方的座位，戴上耳機聽音樂。看到總教練與久米老師也在幫忙搬運行李，我心想應該無所謂吧，雖然大夢、亮太、璃玖都有幫忙。結果，看到總教練怒氣沖沖地走上車，心想不妙了……」

中泉漲紅著臉怒罵：

「你們都給我過來幫忙！」

在具有嚴格上下關係的金足農業，潛規則是低年級生要主動幫忙搬運行李，但參加國體的成員只有小規模的十六人，加上低年級生只有六人，他們的負擔更加沉重。

回想起當時的情形，中泉仍難以抑制內心的激昂。

「我從一開始就告訴大家要互相幫忙……連我們都以身作則幫忙將行李搬上車了，就是希望有人能察覺到這點，但他們還是先上車了，開什麼玩笑。在國體比賽期間，我一直處於煩躁的狀態，難道這些傢伙是想毀掉至今所付出的努力嗎？但他們快要畢業了，我也很難啟齒。然而，一定要有人挺身而出教育他們才行。」

大會賽程結束後，為了備戰國體，三年級生在九月二十四日重新展開團體訓練。高校野球硬式部門的參賽隊伍並不是全國都道府縣的球隊，被視為「特別競技」，不會獲得額外的積分，「吸引觀眾」是不可否認的目的。因此，所有球隊在比賽時不見得會使出全力。

吉田深刻反省說：「因為太過輕鬆，導致有些鬆懈。」

「國體訓練時可以不用喊聲，也不用全力衝刺，甚至連伊藤教練都說：『投球時可以盡量讓對手打。』這樣相對輕鬆許多。在機場的時候我們玩得太過火了。」

國體期間，中泉與三年級生的關係糟到極點，吉田坦言：

「大友可能看不慣總教練發飆，開始對總教練不理不睬，兩人的關係處於冰點，就像是大友跟總教練的對決。」

然而，即使跟總教練交惡，對於比賽過程完全不會造成影響，這也是他們強大的地方。吉田一如既往地充滿信心。

「總教練說：『如果輕易輸球，我不會放過你們的。』但大家在練球的時候都很拼命地練習打擊，沒有人想輸，誓言提前結束比賽，要讓那傢伙啞口無言。」

準優勝

最後的比賽

國體第一天的賽程受到颱風影響，所有比賽取消，隔天也只有打了二場比賽，賽程大幅變更。由於主辦方決定不再進行準決賽和決賽，金足農業在二日的第一場半準決賽，是第一場比賽，也是最後一場比賽。

對手是曾奪下全國冠軍、在當年夏季甲子園獲得二勝的靜岡常葉大菊川。

儘管如此，金足農業依舊展現實力的差距，先發投手吉田主投五局，投出一一次三振沒有失分，他在二局上半投出一顆一百五十二公里外角偏高的直球，創下個人最快球速紀錄。此外，從第六局開始上場中繼的打川，也沒有讓對手得分。

六局下半，包括高橋擊出的左外野方向二分全壘打等，金足農業的打線大爆發，六局結束時已經取得六比〇領先。七局下半，金足農業一、三壘有人，大友執行強迫取分戰術，比數形成七比〇，依照大會規定提前結束比賽。

對於拿下第七分的強迫取分戰術，中泉如此解釋：

「雖然透過強迫取分來提前結束比賽，是違反運動道德的方式，但因為我們還沒有向現場觀眾展現拿手的強迫取分，只能跟菊川說聲抱歉……」

吉田的一百五十二公里快速直球、高橋的全壘打，以及強迫取分戰術，最後一場比賽宛如凝聚了這年夏天的精彩比賽過程。

常葉大菊川的奈良間大己與吉田，兩人曾是U-18世界盃棒球賽日本代表隊隊友，賽後兩人的對話如下。

「結束比賽的方式也太帥了吧！」

「畢竟我們可是金足。」

即使國體比賽結束後，九名先發三年級球員依舊每天來到球場，根據往年經驗，在三年級生引退後，頂多只有一個人，或是無人到場練球。因此，九名球員全員到場是創部以來的首例，這是因為全員在畢業後都會繼續打硬式棒球。

亮太通過考試，如願進入秋田縣廳工作，同時加入當地名門社會人球隊「Golden Rebirth」。Golden Rebirth曾在二〇一八年全日本俱樂部野球選手權賽事中打進八強，是一支強隊。

高橋畢業後就讀位於北海道網走市的東京農業大學北海道鄂霍次克校區，並加入該校棒球隊。球隊於二〇一九年春季全日本大學野球選手權打進四強，創下最佳紀錄，是一支北方勁旅。

「我在將來想成為一名農業高中的老師，原本想當一名體育老師，但各校的體育老師已經很多了。農業系的現任教師，年紀通常較大。」

附帶一提，高橋在打完甲子園後交了女朋友。

「當我還是現役球員時，我沒有交女朋友，因為我不想屈服於誘惑。大友和打川有交女朋友，（菅原）也是。吉田高中三年也沒交過女朋友，畢竟那傢伙沒有女人緣，他是個很邋遢的人，無論是吃完的食物或脫下的衣服，都會直接丟在原地，開門後也不會隨手關門。我真想叫那些整天喊著吉田、吉田的迷妹，一睹他的真面目。」

全隊最有女人緣的菅原，進入JR秋田工作。

「我想加入社會人棒球隊，而且必須留在秋田，因為女朋友也在這裡。」

打川就讀位於福島縣磐城市的東日本國際大，在過去二十個球季中，東日本國際大只有六個球季沒有拿下冠軍，是南東北大學聯盟的常勝軍。提到就讀大學的理由，的確很有打川的風格。

「我其實不想在大學打棒球，但教練把我叫過去，跟我說我沒有拒絕的權利，要我上大學。」

齋藤任職於縣內的大潟村穀倉塔公社，穀倉塔式儲存穀物的農業設施，負責乾燥儲存與販售大潟村收割的稻米與小麥。齋藤也加入了Golden Rebirth，曾以「第二棒，二壘手」的身分在正式比賽上場。

佐佐木進入日本體育大學就讀，他希望能成為一位棒球教練，夢想是回到母校擔任總教練。他的葛瑞夫茲氏病尚未痊癒，畢業後得暫時度過與藥物為伍的生活。

大友任職於在地的伊藤工業，他也是隸屬Golden Rebirth的球員，是隊上固定先發的「第九棒，左外野手」。

「雖然也可以打軟式，但打過甲子園後，果然還是想打硬式。多虧了伊藤教練的指導，讓我從此愛上棒球。」

彪吾進入八戶學院大學，持續棒球生活。本來他打算和吉田一起就讀八戶學院大學，但吉田選擇直接成為職棒球員，所以他最終獨自一人就讀八戶學院大學。

除了佐佐木，其他人一樣在嚴寒地區打棒球，但他們並沒有因寒冷氣候覺得辛苦，反而會因為遇到下雪而有如魚得水的感受。二〇一九年年初的晚上，大雪紛飛，地面積了厚厚的雪。亮太與高橋打算在黑夜中外出跑步，亮太興高彩烈地穿上長靴。

「每當下雪的時候，總會讓人感到精神為之振奮呢！」

話一說完，兩個人腳步輕快地跑到外面。

準優勝

第十位三年級生

金足農業總共有十位三年級生，包含九位正規登錄上場球員，以及未能在甲子園登錄為上場名單的川和田優斗。

川和田在高中入學時，被視為一位具有潛力與可能性的投手，但在高一的秋天，他的慣用右手肘外側被觸身球擊中，經診斷為肌肉挫傷。雖然傷勢不重，但從那時起他的手臂無法像以前那樣靈活伸展，無法隨身所欲地投出拿手的球種。因此，在高二的冬天，川和田改當外野手。

因為他曾是一位投手，與吉田的感情融洽，兩人都是日本男子歌舞團體「三代目J SOUL BROTHERS」的歌迷，有共通的聊天話題。

「三代目有兩位主唱，吉田喜歡今市隆二，我比較喜歡登坂廣臣。吉田經常聽《STORM RIDERS》這類讓人興致高昂的歌曲。」

在某一段時期，川和田經常在訓練時缺席，吉田幫他說話：

「因為他曾受過傷，在冬季訓練時，即使全力衝刺依舊會落隊。我們在訓練時常常一時興起，或是被同伴大力嗆聲，但他與我們不同，屬於個性溫和的類型……我想我們太過熱衷於練習了。」

縣大會最多能登錄二十位上場球員，川和田獲得「二十」號的背號。然而，甲子園的登錄上場名額只有十八位，球隊必須剔除二位球員，難以被預測為即戰力的川和田，是否能獲得登錄上場球員的資格呢？教練團將最終決定權交給川和田之外的九名三年級生。雖然有些殘酷，秋本解釋他的用意：

「由於全隊三年級生只有十人，我們雖然很想把全員放入登錄名單中，但在三年級生之間，似乎產生些許尷尬的氣氛，因為川和田並沒有全程參與所有的訓練。在縣大會的時候，有球員表示：『因為是最後一年了，拜託教練把他放入登錄名單。』但到了甲子園的時候，則有不少球員說：『雖然很想把他放入登錄名單，但希望也能讓學弟有上場的經驗。』」

在開幕儀式的前一天八月四日，球隊在練球前公布了甲子園登錄上場球員名單，沒有被叫到名字的川和田，強忍內心複雜的情緒。

然而，秋元之後把他帶到球場的角落，對他說：「這是你才能擁有的體驗，記住這份懊悔與難過，對於你的將來一定有所幫助。」川和田忍不住啜泣。

在甲子園比賽時，每支球隊都要派出三名登錄名單之外的球員擔任球僮，在板凳區旁邊配置二人、外野配置一人，他們的工作是即時處理界外球，或是將備用球與水遞給主審。川和田雖然沒有背號，但他依舊是球隊成員之一，踏上甲子園的黑土。

川和田任職於秋田生剝鬼農業協同組合[1]。

「我要牢記與發揮內心的懊悔，在職場上要讓大家認為，川和田是不可或缺的存在。」

1 類似台灣的「農業合作社」，簡稱「農協」。

川和田表示他不再從事正規棒球運動，當筆者問及他是不是不太想接受採訪時，他很快就否認說：「不，我沒有這樣想過。」

「因為這是相當難得的經歷，我反而希望能多加分享。」

在川和田的房間，至今依舊掛著乾淨的比賽用球衣。

「遇到難過的事情時，只要看著球衣，就能繼續努力下去。我認為不會有比當時更難過、更痛苦的事情了。」

川和田說話的語氣雖然強而有力，但當他進一步思考自己的未來時，他壓低了聲音說：

「當我有了小孩以後，也許很難對他們開口談到這段經歷，或者不想再去回想往事。」

直到打從心底覺得完全克服那段挫折的日子前，可能還需要一段時間。

自己依舊是金足的頭號球員

隨著甲子園賽程結束，吉田的未來出路是最受矚目的事情。

要升大學或打職棒——。

原本在六月的時候，吉田已經打算就讀八戶學院大學；但他在甲子園的投球表現優異，使得他的內心大幅傾向投身職棒。

父親正樹原本抱持反對的立場。

「我不是反對他加入職棒，如果要打職棒的話，要思考何時加入才是最佳的時間點。因為他在高中畢業以前，都是從家裡到學校上課，我想讓他在大學的宿舍生活中學到各種事情。然而，我想現在應該是他的巔峰時期，但左思右想後還是無法找出最佳的答案。」

如果決定加入職棒，要在十月十一日前提交職棒申請書給日本高校棒球聯盟，十月四日，吉田跟父母、校長渡邊、中泉等教練團進行最終討論。

經過猶豫再三，正樹還是想勸吉田升大學。

「當我說完內心的想法以後，太太被問到有何想法時，她回說：『我也希望他能升大學。』最後問了本人，吉田語帶顧慮地說：『我想去打職棒……』他坐在父母的中間，三人的意見是升大學、升大學、打職棒。我當時心想，這傢伙開始忤逆父母了。」

在最後的最後，校長渡邊選擇站在吉田這邊。

「雖然可以理解身為父母的擔憂，但我還是想親眼目睹吉田成為職棒選手的姿態，我們理想的目標是讓學生步上自己想走的路。如果他們壓抑自己的想法，走上別的道路，那是行不通的。吉田是那種不付諸實行就會感到過意不去的類型，是絕對不會輕言放棄的男子。」

當吉田交出申請書後，正樹也有所覺悟地說：「接下來就只能當他的後盾了。」

大人們所顧慮的是八戶學院大學的正村總教練，對於吉田而言，由於正村親自指導他的投球姿勢，讓他有顯著的進步，可算是他的恩人。更進一步來說，在吉田的帶動下，正村也是金足農業的恩人。

正村毫不隱藏自己的遺憾心情。

「如果我知道他會去打職棒，我就不會指導他投球了。什麼都不教的話，他應該就會來本校就讀。」

金足農業獲得亞軍時，正村的好友送他各一瓶「森伊藏」、「魔王」、「村尾」一升瓶（一千八百毫升）燒酎，這是被燒酎迷稱為「3Ｍ」的三大人氣地瓜燒酎。因為他知道重要人物吉田即將來到八戶學院大，三瓶燒酎至少有四萬日圓的價值。不過，正村幾乎沒有喝這些酒，一直存放在家中。

十月中旬，秋季東北大會在秋田舉行，前往觀賽的正村受到秋本的請託，回程時順便來到金足農業。

正村將車子停在球場旁邊時，吉田立刻跑過來，這是吉田表明要加入職棒後，兩人第一次面對面見面。正村下了車，假裝要打吉田，然後伸出手跟吉田握手。秋本回想：

「正村總教練應該在思考要跟吉田說些什麼，但當他看到吉田的臉時，在他心中『這個可惡的傢伙』情緒就立刻消散了。他們還肩並肩拍了一張紀念照。」

在旁邊聽秋本談話的伊藤接著說：

「吉田的實力不錯，但要在職棒圈立足並不是一件容易的事情。」

在十月二五日的選秀會議上，吉田被北海道日本火腿鬥士隊以第一指名選中，他在一個月後的十一月二十三日出席球團舉行的加盟記者會，球團公布吉田的背號為「十八」號。金足農業第九位職棒選手就此誕生。

兩週後的一二月七日，吉田受邀參加秋田縣高野連的頒獎典禮，他獲得「特別表揚」的殊榮。當時，縣高野連跟他索取親筆簽名的色紙。

當年秋天，秋田誕生兩位職棒球員，一位是吉田，另一位是明櫻的山口。縣高野連的慣例是收集縣內高中獲得選秀順位的球員簽名色紙，並加以收藏，山口已經捐贈一張親筆簽名的色紙，上面寫有職棒球隊名稱與加入職棒後的背號。縣高野連同樣跟吉田索取寫有日本火腿鬥士隊與職棒背號「十八」的簽名，但吉田婉拒了。他當時所說的這句話令人印象深刻。

「因為我還是金足的頭號球員。」

不過，吉田已經換了新的髮型，很有職棒球員的架勢。他模仿「三代目 J SOUL BROTHERS」的今市隆二，將頭髮燙直，把兩側剪短。兒時玩伴小野開玩笑地說：

「他的頭髮變長後變得很毛躁，看起來像是鬃刷，所以每位國中同學都說：『那是假髮吧。』」

金足農活躍表現所造就的「生存力」

打完甲子園後，中泉收到了數十件邀請他演講的通知，但除了其中一件因個人往來關係難以回絕的邀請外，他一一拒絕了其他的邀請。當問及拒絕演講的原因時，他說：

「因為這不像我的行事風格。」

中泉較為罕見的特點之一，是他所說的話聽起來不像是自謙。中泉並不是一位擅用正反話語表達的口齒伶俐之人。

「我無法對他人說一些看似了不起的話，這不太容易。雖然從事教育球員的工作，但我自己也有許多需要向他人學習的地方，所以自己反而是受教的身份。」

身為人類，不可能會抗拒受到他人奉承的感覺；但中泉即使犯錯，他也不會沉溺於此。

仔細觀察中泉，不禁讓人覺得他是一位孤獨的人。他很少與教練團溝通交流，也不太會跟球隊工作人員一起去喝酒，他並不是會跟球員親近的教練類型。

「我並不需要受到球員的喜愛，或是被球員重視等，雖然這麼說可能會讓人覺得我很冷淡，但我認為還有比這更為重要的事情。與其對我表示感謝，我反而更強烈期盼這群球員能有所成長。」

然而，有時候會讓人覺得，他只是在裝作無私無慾。

校長渡邊提到：

「這樣的經歷一生只有一次，農業高中打進決賽，也是百年一遇。」

相信大多數人都有類似的感受。然而，當筆者問中泉是否想再次登上甲子園的決賽舞台時，他回答說：

「決賽不是輸球的場所，在決賽絕對不能輸。提到這點，我想再站起來，想要再次挑戰。」

相信中泉的確體驗到，在大舞台指揮調度所帶來的興奮與快樂。

渡邊回想，二〇一八年宛如「沒有秋天」。

「每天都有人造訪學校，電話接不停，感覺夏天一直持續著，等到回過神來，發現開始下雪了。」

校長室裡，陳列著在漫長夏季獲得的諸多「榮譽」，包括秋田大會冠軍獎牌、甲子園亞軍獎牌、秋田縣縣民榮譽獎獎牌、秋田縣故鄉市民獎本壘造型藝術品、秋田縣體育獎獎牌、秋田市農業委員會致贈的玻璃感謝狀等。

不過，對渡邊來說，以下是最令他感到開心的現象。

複合性設施「PORT TOWER SELION」距離秋田車站二十分鐘左右的車程，設有公路休息站等設施，在地上一百公尺的港口塔展望大廳玻璃窗上，可見紫色的吉田簽名，上頭寫著「輝」與「☆」符號。受惠於吉田的簽名，來客數迅速增加，一樓名產商店的銷售額也隨之成長。

此外，重新上市的金農鬆餅，在許多店家都陸續銷售一空，之後將銷售區域從秋田擴大到東北地區，在二〇一九年還推出了藍莓果醬內餡的新口味金農鬆餅。然而，無論金農鬆餅銷售量再好，學校也不會收取任何版稅。

即便如此，渡邊以升高一階的腔調說：

「身為一所農業高中，我們的使命是振興在地的農業和漁業。因此，我們都十分樂見鬆餅暢銷，也很高興農產品能夠暢銷。對我們來說，只要能看到縣內的農業蓬勃發展，這是最為欣慰的事情。」

農協負責人所說的話，是渡邊收到最好的「禮物」。

「在少子高齡化持續進行中的秋田縣，沒有人口、沒有產業，處於一無所有的狀態。農協負責人說：『金農的棒球帶給人們生存的力量，大人們也要盡力而為。』這是令我最開心的一句話。」

事實上，秋田長年來面臨一大令人煩惱的沉重問題，那就是高自殺率，從一九九五年至二〇一三年連續一九年都是全國最高，二〇一四年自殺率為第二名，從二〇一五年起連續三年第一名。秋田縣的高自殺率，主因之一是高齡化率居全國之冠，加上平均所得水平也是最低。

然而，在引發金農熱潮的二〇一八年，自殺人數為二百零六人，比前一年減少了三十九人，自殺率獲得改善，變成全國第六名，這是相當顯著的變化。全年的自殺人數呈下降趨勢，如果僅檢視八、九月的人數，也是過去四年中最低。

詢問縣廳相關負責人時，他語帶保留地說：「雖然不知道確切的原因，但我相信有很多人因此受到鼓勵。」

原因也許不只一個。

既然如此，我們也許可以這麼說。

原因之一是農協負責人所提到的「生存力」——他所說的生存力，或許不是一種比喻。

結語

金足農業貫徹了前一時代的傳統棒球風格，有時候這種方法似乎與贏球背道而馳。

如果一支球隊在甲子園取得了優異的成績，該球隊的練習方式或思維，將可能會成為未來的標準。然而，對於拿下甲子園亞軍的金足農業來說，從未發生過這樣的現象，未來也不會發生。

秋田商的總教練太田表示：

「即使對手發現他們要採取犧牲觸擊戰術，他們依舊會執行，往往讓人覺得這樣真的沒問題嗎？捨棄犧牲觸擊戰術可是現今棒球的主流。但是，他們常常能用這種方式贏球，我想不會有任何任何一支球隊能模仿金足農業，因為從他們身上根本不會有任何新的發現。」

筆者也有同感，提到金足農業的戰術，風險實在太高。

以賭場的輪盤遊戲來比喻的話，金足農業就是一直下注在「0」的數字上，也就是單點下注，這是被稱為「單一下注」的玩法，在輪盤遊戲中是中獎率最低的方式。由於難以中獎，一般人會摸索中獎率更高的玩法，但金足農業並沒有這樣的心態。

單一下注當然也有必勝法，就是持續下注相同的數字。輪盤分為二種，包括數字從「0」到「36」的歐式輪盤，以及新增「00」數字的美式輪盤。換言之，只要持續採單一下注的方式，就有三十七分之一或三十八分之一的中獎機率，只要中獎就能獲得更多的籌碼回報，金足農業在一九八四年打進四強，以及三十四年後的亞軍也是如此。

如此可以理解，無論方法的好壞，如果一支球隊能經得起環境的考驗，甚至克服環境，就能造就一支強隊。

在高中棒球界，每隔十年就會發生一、兩次只能用「奇蹟」來形容的事件，金足農業奪下亞軍的過程就是其一。

然而，如果只簡單用「奇蹟」兩字畫下句點，像我這樣以採訪為業的人便會失去存在價值。我當初是抱持著這樣的決心開始採訪，但我在填補空白的過程中，我才發現如果不用「奇蹟」來形容，便無法解釋金足農業的壯舉。

但是，我想稱之為奇蹟的，並不是獲勝的事實，而是他們經歷許多無法獲得回報的日子，至今依舊貫徹著單一下注法。

嚴格來說，並不是任何球隊都不去模仿金足農業的風格，而是任何球隊都無法模仿。伊藤說：

「唯有金足的風格，才是我們要在甲子園展現的棒球風格，我們必須身穿紫色球衣，胸前鏽上『KANANO』的字樣。也許很多人會覺得我們的棒球風格很無趣，因為球員一直在做刻苦的練習，但我們贏得多場比賽，也讓在地居民感到歡欣鼓舞，難道不值得我們堅持下去嗎？」

金足農業之所以持續拒絕改變，是因為他們相信在上個時代所傳授觀念中，含有極為重要的教條。作為交換條件，他們接受了與教條密不可分的非邏輯性與非效率性。

艾美許人（Amish），是基督新教重洗派門諾會中的一個信徒分支，艾美許人至今依舊過著沒有電力的生活，住在那裡的人們自然地採納了沒有電視或汽車的古老生活方式。只要來到艾美許人所居住的村落，應該不會有人反對他們的生活方式。

金足農業也是如此，當我們來到金足農業，逐漸解開心中的疑問。這裡的一切都顯得不可思議，如果對每一件事情都耿耿於懷，可能會沒完沒了；但看到球員們看似理所當然地接受這些事情時，不再有任何不協調的感覺。

他們不是盲目的，佐佐木對於衝刺訓練過程中的「喊聲」，不僅能加以理解，並做出以下的解釋。

「那是教練讓我們適時休息的方式，雖然不能中斷喊聲的聲音相當辛苦，但要一邊衝刺一邊持續喊聲更是累人。」

金足農業的訓練方式既老舊又不合邏輯，但團隊的運作卻意外流暢。吉田也咧嘴笑著說：

「在金農進行訓練的時候，最重要的是如何高明地摸魚，在場上跟打者對決的時候，這樣的小聰明或機智也許能派上用場。」

提出這些不合理訓練項目的教練們，也相當明白這一點，伊藤跟吉田一樣竊笑著說：

「對於教練而言，最重要的是能否對於眼前的景象裝作沒看到，欠缺開闊的心胸是不行的。相較於一板一眼的球員，當我們發現一位懂得巧妙摸魚的傢伙時，也許他就能派上用場，這是爾虞我詐的過程。」

儘管球員們假裝嘲笑金農的棒球風格，但他們也某種程度對此感到自豪。當我們親驗見證這份純真時，所謂的正確道理就會失去力量。

上場投球的投手，跟沒有上場投球的投手——。

前者為二〇一八年夏季的主角，後者則是二〇一九年夏季的主角。

不言而喻，上場投球的投手指的是本書的主角吉田，而「沒有上場投球的投手」，是岩手縣立大船渡高中的佐佐木朗希。

曾投出一百六十三公里最快球速直球的佐佐木，是當時備受各職棒球團矚目的右投。二〇一九年七月二五日，總教練以「避免受傷」為理由，決定不讓佐佐木在岩手大會決賽上場投球。保留最強王牌投手的大船渡，以二比十二的懸殊比分輸給花卷東高中，喪失甲子園出賽的資格。

佐佐木同時身為球隊中心打線，總教練甚至不換他上場代打，這種調度方式幾乎視同放棄比賽。

看重「球員的未來」還是「勝利」？總教練似乎選擇了前者，此調度在那年夏天引發巨大的爭議。

自二〇〇〇年後期以來，高中棒球投手用球數過多的問題持續燃燒。二〇一八年夏天，點燃火種的是在一四天比賽期間總共投了八百八十一球的吉田。

金足農業的優異表現給予全國觀眾深深的感動，但另一方面也讓人質疑賽程和規則是否合宜。

也許是受到金農熱潮的影響，當年的十二月，新潟縣高野連決定在春季縣大會實施每位投手單場比賽一百球的用球數限制，但日本高中棒球聯盟認為，如果要引進新的規則，全國應該要統一實施，選擇「靜觀其變」的態度。
高野連宣布將在一定條件下解決投手用球數過多的問題，並在四月成立「預防投手受傷專家會議」，在各方專家討論的期間，剛好發生佐佐木的「事件」，使得會議的風向突然改變。
在事件發生以前，據說會議上對於設立用球數限制的反對意見，遠遠多於贊成的意見。然而，在佐佐木無法上場投球事件發生後，為大船渡的選擇辯護的聲音有所增加，同時社會輿論再次燃起，認為高中棒球是「虐待」和「權力騷擾」的領域，必須進行某種形式的限制。
專家會議小組在一一月提出具體陳述，包括「每位投手在一星期內的用球數限制為五百球以內」，以及「避免連續三天投球」等。在這三年的期間，這些方式都只是作為指導方針之一，之後有望透過重新討論與檢討，正式定為棒球規則。
以二〇一八年夏季的例子來看，吉田在最後一週的四場比賽都有上場投球，總計投了五七〇球，如果套用新的規則，吉田便嚴重違反規則。從制度面來看，未來將不會再有像吉田這樣的投手出現。
二〇一九年夏天，甲子園迎接第一百零一屆賽事，以全新百年的開始為契機，高中棒球在未來有可能會發生翻天覆地的變化，不僅只有限制投手的用球數，在不久的將來，理著大平頭的球員將越來越少，人們也更加重視權力霸凌的問題，大罵球員「滾回去！」的教練也將慢慢消失。

這些都是應當改變，且必須改變的事情。

不過，說實話，當我沉浸在金足農業的世界時，我已經不知道什麼是對的，什麼是錯的。而且那種感覺真的很好。

二〇一九年夏季，從早到晚都會聽到人們在談論佐佐木、佐佐木、佐佐木。一時之間，「懂棒球」的人劇增，相較於無形且根本性的投手疲勞度，有形且個人差異較大的用球數成為眾矢之的，使得「投球＝罪惡」的形象膨脹，這是令人困惑的現象，甚至讓人懷疑在未來的某一天，棒球運動將不復存在。

看到這麼多「懂棒球」的人，絲毫不帶任何一絲懷疑的態度漫步在大街上，令人感到毛骨悚然。

對我來說，裝懂的人遠比完全無知的人更加可怕。

哪些事情才是正確的，往往會因觀察的角度輕易被推翻，原本就沒有事情是從任何角度來檢視都是正確的，只是經過比較後，看起來利大於弊而已。缺乏客觀性的改變並不是改革，而是排除異己的鎮壓。

就像生物一樣，高中棒球之所以有趣，是因為它是多樣化的，並且至今仍保持著生命力。任何破壞多樣性的變化行為，可能會在不久的將來自食惡果。

高中棒球現在正朝正確的方向往前邁出一大步。然而，有時候還是需要保持回頭的彈性空間。

沒錯，世上還存在像金足農業這樣的球隊。

的確，這也許是不合時宜的指導與球員任用方式，吉田對於每場比賽都要上場投球，甚至沒有任何的懷疑。

但這就是金足的風格——

事實上，在二〇一九年秋天，傳出令人震驚的消息，伊藤決定離開野球部。根據相關人士的說法，他的處境似乎變得困難，就跟伊藤當初離開野球部的狀況有些雷同。

金足農業獲得全國亞軍後，之後的比賽成績並不出色。二〇一九年夏季於第三輪比賽止步，隨後在秋季縣大會第一輪失利。

如果無法贏球，伊藤的嚴厲執教方式自然會受到他人的抨擊，即使是在宛如「高中棒球特區」的金足農業，也會因時代的變遷，光憑「因為我們是金足」這句話，慢慢無法適用於任何場合。

然而，這是今後永遠不會改變的事實。

吉田輝星。
菊地亮太。
高橋佑輔。
菅原天空。
打川和輝。
齋藤璃玖。
佐佐木大夢。
大友朝陽。
菊地彪吾。
在二〇一八年夏季，金足農業的九名球員比任何高中的球員更加快樂，實力更為堅強。

1 繁體中文版編註：金足農於二〇二四年由吉田輝星的弟弟——吉田大輝帶領下再次打入夏季甲子園，但可惜的是止步於第一輪比賽。

發光體 10

燃燒吧！金足農：雜草魂棒球軍團的逆襲

金足農業、燃ゆ

作　　者　中村計
譯　　者　楊家昌
封面設計　之一設計　**封面圖片**　每日新聞社　**內文版型設計**　賴賴　**排版**　游淑萍
總 編 輯　林獻瑞　**特約編輯**　李岱樺　**編輯協力**　周佳薇　**行銷企畫**　呂玠忞

出 版 者　好人出版／遠足文化事業股份有限公司
新北市新店區民權路108之2號9樓
電話02-2218-1417　傳真02-8667-1065
發　　行　遠足文化事業股份有限公司（讀書共和國出版集團）
新北市新店區民權路108之2號9樓
電話02-2218-1417　傳真02-8667-1065
電子信箱service@bookrep.com.tw　網址http://www.bookrep.com.tw
郵撥帳號 19504465　遠足文化事業股份有限公司
讀書共和國客服信箱：service@bookrep.com.tw
讀書共和國網路書店：www.bookrep.com.tw
團體訂購請洽業務部(02) 2218-1417 分機1124
法律顧問　華洋法律事務所　蘇文生律師
印　　製　中原造像股份有限公司

出版日期　2024年10月23日　初版一刷
定　　價　560元
ISBN　9786267279922（平裝本）
ISBN　9786267279892（電子書EPUB）
ISBN　9786267279908（電子書PDF）

國家圖書館出版品預行編目(CIP)資料

燃燒吧！金足農：雜草魂棒球軍團的逆襲／中村計作；楊家昌譯. -- 初版. -- 新北市：遠足文化事業股份有限公司好人出版：遠足文化事業股份有限公司發行, 2024.10
416面；14.8*21*2.6公分. --（發光體；10）

ISBN　978-626-7279-92-2（平裝）
1.CST: 棒球 2.CST: 運動競賽 3.CST: 日本

528.955　　113011462